"十二五"辽宁省重点图书出版规划项目

国家社会科学基金青年项目（17CGL061）研究成果

三友会计论丛 第**18**辑

SUNYO ACADEMIC SERIES IN ACCOUNTING

上市公司内部控制缺陷认定标准的影响因素研究

杨婧 著

Study on the Influence Factors
of Identification Standards
of Internal Control Deficiencies

东北财经大学出版社
Dongbei University of Finance & Economics Press

大连

图书在版编目（CIP）数据

上市公司内部控制缺陷认定标准的影响因素研究/杨婧著. —大连：东北财经大学出版社，2022.7
（三友会计论丛·第18辑）
ISBN 978-7-5654-4523-1

Ⅰ．上…　Ⅱ．杨…　Ⅲ．上市公司-企业内部管理-研究-中国　Ⅳ．F279.246

中国版本图书馆CIP数据核字（2022）第074644号

东北财经大学出版社出版
（大连市黑石礁尖山街217号　邮政编码　116025）
网　　　址：http://www.dufep.cn
读者信箱：dufep@dufe.edu.cn

大连永盛印业有限公司印刷　　　　东北财经大学出版社发行

幅面尺寸：170mm×240mm　字数：203千字　印张：13.75　插页：1
2022年7月第1版　　　　　　　　　2022年7月第1次印刷

责任编辑：王　丽　田玉海　孔利利　　　责任校对：志　慧
封面设计：冀贵收　　　　　　　　　　　版式设计：钟福建

定价：46.00元

随着我国以社会主义市场经济体制为取向的会计改革与发展的不断深入,会计基础理论研究的薄弱和滞后已经产生了越来越明显的"瓶颈"效应。这对于广大会计研究人员而言,既是严峻的挑战,又是难得的机遇。说它是"挑战",主要是强调相关理论研究的紧迫性和艰巨性,因为许多实践问题急需相应的理论指导,而这些实践和理论在我国又都是新生的,没有现成的经验和理论可资借鉴;说它是"机遇",主要是强调在经济体制转轨的特定时期,往往最有可能出现"百花齐放,百家争鸣"的昌明景象,步入"名家辈出,名作纷呈"的理论研究繁荣期和活跃期。

迎接"挑战",抓住"机遇",是每一个中国会计改革与发展的参与者和支持者义不容辞的责任。为此,我们与中国会计学会财务成本分会、东北财经大学会计学院联合创办了一个非营利的学术研究机构——三友会计研究所,力求实现学术团体、教学单位、出版机构三方的优势互补,密切联系老、中、青三代会计工作者,发挥理论界、实务界、教育界的积极性,致力于会计、财务、审计三个领域的科学研究和专业服务,以期为我国的会计改革与发展做出应有的贡献。

三友会计研究所的重大行动之一就是设立了"三友会计著作基金",用于资助出版"三友会计论丛"。它旨在荟萃名人力作及新人佳作,传播会计、财务、审计研究与实践的最新成果与动态。"三友会计论丛"于1996年推出第一批著作；自1997年起，本论丛定期遴选并分辑推出。

　　采取这种多方联合、协同运作的方法，如此大规模地遴选、出版会计著作，在国内尚属首次，其艰难程度不言而喻。为此，我们殷切地希望广大会计界同仁给予热情支持和扶助，无论作为作者、读者，还是作为评论者、建议者，您的付出都将激励我们把"三友会计论丛"的出版工作坚持下去，越做越好！

东北财经大学出版社

三友会计论丛编审委员会

内部控制信息进入强制披露阶段以来，披露内部控制缺陷的上市公司数量虽然明显增加，但大多数公司选择披露影响程度较小的一般缺陷。其原因在于《企业内部控制评价指引》规定，企业内部控制重大缺陷、重要缺陷和一般缺陷的认定标准可由企业自行确定，这在赋予企业自由选择和判断权的同时给企业留下了可操纵的空间，企业可能避重就轻，将一些重大缺陷划入重要缺陷和一般缺陷，或无法被认定。造成的后果就是企业内部控制评价规范虚置，内控信息披露流于形式。因此，内部控制缺陷认定标准对于内部控制缺陷披露具有重大的影响和意义。

囿于政策指导和理论依据的不完备，关于内部控制缺陷认定标准的研究尚处于起步阶段，现有研究在数量上不及内部控制其他领域的研究，在研究视角上多是对单一方面进行的尝试和探索。本书通过对2009—2019年中国上市公司内部控制缺陷认定标准的分析和总结，基于新制度经济学理论，构建了包括缺陷认定主体（内部治理）、缺陷认定客体（业务内容）和缺陷认定环境（外部治理）在内的理论框架。从理论分析和框架分析两个方面剖析了缺陷认定标准影响因素的作用机理。其中，理论分析基于新制度经济学，从交易费用理论、产权理论和委托代理理论角度分析了缺陷认定标准的主体影响因素和环境影响因素；框架分析基于内部控制缺陷认定的流程性分析，依据业务流程和控制环节、缺陷识别和认定，剖析了缺陷认定标准的任务影响因素（业务内容），以形成"缺陷认定标准—缺陷信息披露—市场反应—缺陷认定标准"的闭环分析框架。

经过理论分析、实证检验以及案例调研之后，本书认为：①判断内部控制缺陷认定标准是否客观，只是理论上的评判，在现实中，只能尽可能地辨别各种影响其客观性的因素，根据影响路径采取控制手段，降低这些因素对缺陷认定标准的影响。②从内部控制缺陷认定主体角度看，大股东、董事会和管理层及他们所代表的治理结构、股权结构、治理特征等会影响缺陷认定标准。③内部控制缺陷认定标准的制定需要考虑任务的复杂性、重复性、规范化程度、类型和质量，其中最重要的是任务的性质，即任务缺陷对内部控制目标实现产生的影响。④外部利益相关者对内部控制缺陷认定结果和评价结论的接受程度，会反映在上市公司的市场形象、融资成本和谈判地位上，使上市公司产生一系列的连锁反应。

本书构建了关于内部控制缺陷认定标准的全面的、多维的研究框架，结合内部控制缺陷认定流程以及与实务工作者的探讨，提出了关于缺陷认定标准的全新计量方法，在为后续研究提供新选择的同时，也为上市公司对自身缺陷认定标准进行合理选择提供了新的思路。本书基于内部控制视角提出了若干提升上市公司内部治理质量的建议，也剖析了缺陷信息披露对上市公司产生的压力和掣肘，可以为利益相关者看懂披露信息背后的上市公司内部控制现状提供思路，为上市公司提高内部控制评价质量和信息披露水平提供参考，也为监管部门强化监督效力、提高资本市场效率提供助力。

本书是国家社会科学基金青年项目"上市公司内部控制缺陷认定标准的影响因素研究"（17CGL061）的最终成果之一，同时也属于国家自然科学基金面上项目"银行内部控制与信贷风险的动态防控：基于银企信贷契约视角的研究"（72172061）的阶段性成果。在研究过程中，本书参阅了国内外大量的文献和资料，其中信息明确的作者已列于脚注或参考文献之中，信息不全的部分，因无法详细查证其出处，故不能列出。在此，对所有内部控制研究领域的专家和学者致以最诚挚的谢意。

前言

　　特别感谢郑石桥教授、时现教授、池国华教授和齐兴利教授，作为青年教师科研道路的榜样和带路人，不断给予建议和指导。感谢周敏李副教授、孟金卓博士、尹律博士等课题组成员，在企业调研中不辞辛苦、深入一线，他们的工作夯实了研究基础，丰富了框架内容，使得研究更为饱满、立体。感谢东北财经大学出版社为本书的出版所做的努力。

　　由于作者水平有限，书中难免会有疏漏和不足之处，恳请读者批评指正。

杨　婧

2022 年 2 月

目录

第1章

导论

　　信息是人类认识世界、改造世界的基础，从远古时期的口耳相传，到近、现代的电报、电话、邮政系统，直到当代的计算机网络。信息传递的规模、形式和速度发生了颠覆性的变化，但其为决策提供有效数据的本质和用途从未改变。内部控制信息是投资人和社会公众了解上市公司运行状况和管理水平，并据以做出相关决策的主要依据。信息披露是上市公司与投资人和社会公众进行沟通的桥梁，是获得内控信息的主要途径。一直以来，各国政府和监管部门为提高上市公司信息披露质量进行着不懈的努力。然而信息失真如同会审时度势的影子，在所有具有寻租空间的地方，与信息披露跬步不离，引发了严重的信息信任危机，造成了巨大的社会损失，也构成了严峻的经济挑战。进入21世纪以来，各种级别和范围的法律、法规和法案相继出台，规范内控信息披露行为，提高信息披露质量成为世界各国的广泛共识。

　　2008年，财政部会同五部委发布《企业内部控制基本规范》，2010年发布企业内部控制配套指引，开启了内控信息从自愿披露到强制披露的步伐。在这个进程中，伴随着市场经济和互联网技术的迅速发展，公司治理失败、内控失效、信息披露失真事件频发，严重威胁着资本市场秩序和市场经济的长远发展。细究这些事件的发生，大都是毫无征兆和预期的"东窗事发"，内控缺陷鲜有在公司财务报告、内控自我评价报告以及内控审计报告等信息披露过程中被提及，这不仅在监管部门、投资人和公司管理者中引起了热烈的讨论，也引起了学者们的广泛关注，其中内控缺陷认定和认定标准尤其成为学术研究的重点。本研究围绕这一问题，着重讨论了内控缺陷由谁认定、怎么认定、认定标准如何确定，提出了一系列理论假设，并进行了案例分析和实证检验，为优化内控评价体系提供了一种理论假说。

作为一个发展中大国，中国的上市公司优化信息披露、完善内控、提升治理水平的努力和经验总结，必将对其他国家的公司治理和资本市场具有重要的借鉴意义。

1.1 ———————— 研究背景————————

2 1.1.1 历史背景

内控是伴随着组织分工和管理的出现而开始存在的。从公元前 3600 年两河流域的美索不达米亚文明开始，内控便以内部牵制的形式出现在管理活动中，之后历经实践磨练和理论日趋完善成熟，成为组织管理的主要制度之一。

我国内控思想最早见于《周礼》，该书是我国西周时期国家治理体制和制度的缩影，内控制度在此时也基本形成。在这个时期，生产资料归君主所有，生产活动主体需向君主负责，职内（收入会计）、职岁（支出会计）、职币（结存会计）、司书（记账会计）、司会（总记账会计）各司其职，执行国家财政财务核算，生产活动相关信息收集和披露工作通过"上计制度"实现。《周礼·天官·大宰》中记载："岁终，则令百官府各正其治，受其会，听其致事"，即每年年终，司会和小宰对报送来的统计资料和会计报告统一钩考（审核）后，编制总的岁出、岁入报告呈送大宰，由大宰协助君主考核，并将考核结果呈报君主，君主据此进行奖惩。最初的信息收集来自小宰的"听出入以要会"，统计信息和财务报告可以口头报告和账簿（或报表）两种形式进行表述，"受其会，听其致事"。随着社会的发展，这一制度流传并随着国家治理体系的发展被逐步细化和完善。据历史学家考证，战国时期的魏国和秦国均施行上计制；秦代的《仓律》记载了某县上计时的情形；汉朝的《上计律》是规范上计事务的专门条例。在当时，每到年终，各郡国守相，需遣吏至京畿上计，西汉时称该上计之人为长史或丞，东汉时称掾史，是专门的上计人员。此时的上计主要以呈交计书的形式，将本郡国一年之中的官员选举、刑狱公事、田租赋税等情况呈报中央，由皇帝或丞相亲自接受计书，随着治理体制的完善，至西汉末到东汉时期，逐渐发展为由大司徒受计。朝廷根据上呈的计书对郡国守相以及后来汉代的州刺史等治理者进行考核，有功者奖赏，有过者惩罚，计书成为最早的治理层业绩评价依据。

　　为了争取政治地位和经济利益，地方官员上计时时有舞弊行为发生。汉武帝时上谷郡太守郝贤，因欺瞒其贪污戍卒财物的事实而被免官。武帝后期，上计不实之蠹不断蔓延，汉宣帝刘询针对计簿形同虚文的情况予以严格纠正。他命令御史查对核实计簿，对扰乱真伪者严加处罚。汉元帝时的凉州刺史贡禹曾指出，有的地方官员为了逃脱法律的制裁，上计时便委托善于隐瞒作弊之人起草计书。尽管在当时，犯上计欺瞒罪者会受到严惩，但弄虚作假仍层出不穷，往后各朝的情形也大抵如此，甚至有过之而无不及。《朱子语录》中朱熹曾提到，浙东的常平粮仓与省仓本应相离较远不可相连，"每常官吏检点省仓，则挂省仓某号牌子；检点常平仓，则挂常平仓牌子。只是一个仓，互相遮瞒"。还有官员为了自身和地方政绩，丰歉未定时就向朝廷虚报丰收，遇到灾荒就隐瞒灾情。北宋庆历年间，江淮、两浙、荆湖南北路遭遇旱涝灾害，百姓揭竿而起现象屡现，"所在剽掳，官司不能禁"，如此严重的局面却因州县上下欺瞒，朝廷无由知之。对于官员弄虚作假、瞒报谎报的社会现象，中央政府也有管制约束的态度和行为。《宋会要》食货类中记载，宋徽宗赵佶要求对弄虚作假的官员进行"累降处分"，虽罪名很重但徒为文具，法令犹如废纸一张。清雍正皇帝说："地方官弁若虚应故事，阳奉阴违，一经察出，决不轻贷。"但事实上，为己私利虚假呈报是代代相传的社会痼疾和顽症，无法根除。

　　时至今日，上计之事仍活跃在社会活动之中，范围更加广泛、形式更为丰富，主体更显多元。其中上市公司对社会公众进行的内控信息披露是现代经济社会中常规的上计活动之一，虽然有国家法律、法规和条款进行约束和规范，但上计之人因为一己之私而弄虚作假欺瞒受计之人的动机和期望却从未改变。上市公司内控虚假信息披露现象的出现和蔓延是资本市场监管薄弱面的表现，它是信息不完全和信息不对称情况下，利益相关者们行动困境的结果。有虚假披露，就有审查和监管，从《萨班斯-奥克斯利法案》、"COSO 报告"，到我国的《企业内部控制基本规范》《企业内部控制配套指引》，国家和社会所做的监管努力虽然具有相当大的意义，但由于内控信息披露内生动力不足、外部监管处罚力度不够等系统性原因，制度的执行效果距离预期尚有一段距离，如何减少和消除内控虚假信息披露，将是公司治理机制和政府监管机制在很长一段时期内的重要挑战。

1.1.2 国际背景

在国外，内控也有数千年的历史。公元前 3600 年，美索不达米亚文化时代极为粗糙的财务管理活动中，已经有了内部牵制的雏形。负责钱财收支的人员要根据支出编制付款清单，负责记录的人员将清单汇总后进行核对并报告。古埃及法老时期，国库里谷物、银两和其他物资的收发就有严格的管理制度，实物入库时有一名记录人员（记录官）记录，还有一名记录人员（出纳官）实地观察记录入库的实物数量，第三名记录人员（监督官）再将之前两人的记录进行核对，仓库管理人员的上司还会定期对这些记录进行审查。

在过去的 20 年中，全世界对于上市公司信息披露问题给予了前所未有的关注，使之成为一个全球性的话题。如果我们每天关注互联网、广播等媒体会发现，各种虚假信息和丑闻不绝于耳，许多闻名世界的优秀企业都卷入其中。美国施乐公司、国际环球通讯、美国世界通信公司、德国默克制药、日本东芝公司……这一长串企业名字足以让人触目惊心。有的虚假信息披露行为对整个行业乃至国家经济产生了巨大影响，严重破坏了经济的发展。日本东芝公司是曾经制造出日本第一台电冰箱、第一台电视机、第一台洗衣机的跨国企业，内控薄弱导致做假账成为公司常规性行为。长达十几年的造假行为，没有有效的控制体系加以牵制和披露，这个老牌电器企业日趋没落陷入困局，在智能化时代错失革新大潮。财务造假、虚假披露几乎毁了这个有着 140 年历史的国际企业，不少日本民众大呼，日本制造业已没有未来。不仅如此，随着跨国经济和跨国企业的发展，虚假信息披露的影响逐渐超出了国家的边界，成为全球资本市场的公害。2018 年，浙江菲达环保科技股份有限公司及其有关负责人因信息披露及规范运作方面等多项违规事实遭到上海证券交易所的公开谴责，其中包括涉及海外客户的重大损失披露问题。

　　目前在许多国家，信息披露成为监管上市公司治理与控制的热点。这清楚地表明，尽管世界上很多国家和地区的监管部门都在进行着优化信息披露的努力，但虚假信息仍然是威胁资本市场和公众公司有序发展的大敌。从发达资本市场到发展中资本市场，从成熟市场经济环境到体制转轨环境，几乎无一幸免。但是显然，发展中资本市场和体制转轨环境的信息虚假披露问题更为突出，有的甚至处于严重的危机之中，这也威胁着全球投资者对这些地区资本市场的投资信心。到目前为止，各个国家和地区的监管部门都已经深刻意识到公司虚假信息对经济发展的巨大危害，并尝试以多种方式向虚假信息披露行为宣战。美国于 2002 年颁布《萨班斯-奥克斯利法案》（The Sarbanes-Oxley Act，以下简称 SOX 法案），这是美国历史上对于公司治理及规范信息披露行为的重要法案之一，对于资本市场和上市公司行为而言，以其 302 条款和 404 条款的影响最为重要。于 2002 年 8 月正式生效的 302 条款，要求上市公司公开披露内控执行情况。于 2004 年 11 月正式生效的 404 条款，要求上市公司管理层在年报中对公司内控有效性进行自我评价，独立第三方的注册会计师就评价结果发表意见并在年报中披露。404 条款具有明显的强制性特征，要求公司管理层和注册会计师披露发现的内控重大缺陷，以起到警示各利益相关者的作用。

　　当今，虚假信息披露行为已经不是某一个市场或一些国家市场的特有现象，而是各国资本市场都患有的世界通病。分析众多上市公司失败案例可以发现，无论是财务造假、虚假披露、会计丑闻还是其他原因的经营失败，扒开形形色色的表面原因究其根源，其共同特点都是内控机制存在重大缺陷。优化内控体系、约束虚假信息披露行为，不仅需要各个市场监管机构的努力，还需要内部治理和外部治理机制的共同合作。

1.1.3 国内背景

2000 年，我国证监会发布了《公开发行证券公司信息披露编报规则》，鼓励国有银行、商业银行、保险公司、信托公司等金融机构建立健全内控制度，出具内控评价报告，对内控制度的设计和运行、风险管理体系的建立健全情况进行说明，并由注册会计师出具审核意见。公司董事会和管理层收到审核意见后需明确表示是否认同，如审核意见中存有质疑或认定公司存在内控重大缺陷，董事会和管理层还需对质疑进行解释说明，对重大缺陷进行整改。审核意见、接受态度和整改措施应分别在内控评价报告中予以披露，并作为年度财报的补充被送至证券交易所和证监会。该规则的出台表明，早在 SOX 法案之前，内控缺陷问题就已引起我国监管部门的重视。

为了规范上市公司行为、强化资本市场管理，我国监管部门一直致力于推动上市公司内控体系建设及相关信息披露制度的完善。2008 年 5 月，在借鉴美国 SOX 法案实践经验的基础上，结合我国当时的制度背景，财政部会同证监会、审计署、银监会、保监会等五部委联合发布了《企业内部控制基本规范》（简称"基本规范"），核心内容包括"五大目标"和"五大要素"，形成了一个标准而全面的内控制度框架。2010 年 4 月，上述五部委又发布了《企业内部控制配套指引》（简称"配套指引"），即三大指引文件。"配套指引"要求上市公司在年报中以自我评价报告的形式披露内控建设和执行情况，第三方注册会计师对自评报告进行鉴证并出具审计意见。"配套指引"还界定了内控缺陷的识别和分类标准，规定了内控缺陷信息的披露方式和具体要求。"基本规范"和"配套指引"自 2011 年 1 月 1 日起在境内外同时上市的公司及试点公司施行，2012 年 1 月 1 日扩大到国有控股主板上市公司，2013 年 1 月 1 日扩大到一定规模及以上的非国有控股主板上市公司。至此，我国进入内控信息强制披露时代，上市公司内控制度建设也进入快速发展阶段。为了进一步规范上市公司内控信息披露行为，证监会和财政部于 2014 年 1 月颁布《公开发行证券的公司信息披露编报规则第21号——年度内部控制评价报告的一般规定》，对评价报告的核心要素、披露形式和主要内容（包括内控评价范围、评价依据、缺陷认定标准、缺陷认定及整改情况）进行了明确说明，对规范上市公司内控信息披露具有里程碑式的意义。

为了全面、深入地了解上述规范文件的实施情况，财政部、证监会联合山东财经大学，对2014年公开披露年度报告、内控评价报告、内控审计报告等资料的沪、深两市上市公司进行了跟踪分析，并形成了《我国上市公司2014年实施企业内部控制规范体系情况分析报告》。报告中指出，沪、深两市披露内控相关信息的上市公司比例和内控信息披露质量较2013年均有所上升，但披露内容反映出上市公司整体普遍存在重视程度不高、披露内容流于形式、披露信息质量较低等问题。而事实上，监管部门对上市公司内控执行情况和信息披露的关注与日俱增，但重要信息遗漏、缺陷信息虚假披露的现象在资本市场屡见不鲜。2014年1月，知名白酒企业酒鬼酒股份有限公司被他人冲破多重风险控制措施盗取资金1亿元。无独有偶，2014年10月，另一家白酒企业泸州老窖遭遇丢钱风波，1.5亿元银行存款不知踪影。事实上，因内控失效导致上市公司资金管理不善甚至经营失败的事件近年来在资本市场上并不少见。2017年，曾被誉为"中国真皮鞋王"的富贵鸟集团公司因权力失衡、内控失效，陷入严重的债务危机，两年后进入破产财产拍卖流程。2014年至2019年，獐子岛集团因多个重要治理环节的内控失效，六年上演了五次"扇贝逃跑或死亡"，成为A股市场的一大笑话。这些公司均鲜有在其财务年报、内控自我评价报告以及内控审计报告等公开披露的信息中提及重大内控缺陷的存在，当"纸包不住火"时真相才呈现于公众面前。而此类事件的频繁发生，在说明内控信息披露相关制度的实施效果不尽如人意的同时，再次将内控制度建设和信息披露推到了风口浪尖。在此背景下，对内控缺陷认定的探讨不仅是理论研究亟待解决的问题，也有着深刻的现实背景，对于我国上市公司优化内控、完善内控自我评价体系、提升内控信息披露质量以及促进内控相关监管制度完善具有重要的意义。

1.2 概念界定

1.2.1 内部控制缺陷认定标准相关概念

1）内控缺陷及其分类

内控缺陷是内控在设计和运行过程中存在的漏洞，这些漏洞将不同程度地影响内控的有效性，影响控制目标的实现。1992年，美国反虚假财务报告委员会下属的发起组织（COSO委员会）发布内控框架，将内控缺陷定义为："企业内控系统中某些方面已经察觉的、潜在或实际的缺陷，会对企业实现目标的能力造成不利影响，或能通过控制措施提高目标实现可能性的机会。"我国对企业内控缺陷的定义遵循以上描述，根据《企业内部控制基本规范》，内控缺陷是指内控的设计存在漏洞、不能有效防范错误与舞弊，或内控的运行存在弱点和偏差、不能及时发现并纠正错误与舞弊的情形。内控缺陷是内控制度的建立或者执行没有达到预期标准，内控制度无法为企业内控目标的实现提供合理保证。内控缺陷是企业董事会和外部审计师认定内控是否有效的核心要素，只有当不存在重大缺陷时，内控才能被认为是有效的。

2004年，美国公众公司会计监管委员会（PCAOB）发布《第2号审计准则——与财务报表审计合并执行的财务报告内部控制审计》，2007年发布第5号审计准则替代前者。准则中指明，按照内控缺陷导致财务报表发生重大错报的可能性和影响程度，将缺陷划分为控制缺陷、重要缺陷和重大缺陷。其中，控制缺陷是指某项控制的设计和运行不能保证管理层或员工在完成指定任务过程中及时阻止或发现错报；重要缺陷，是指一个或多个控制缺陷的组合，负面影响管理层可靠地按照公认会计原则对外报告财务数据的能力，从而可能导致管理层不能阻止和发现财务错报；重大缺陷，是指一个重要缺陷或多个重要缺陷的组合，存在一个合理可能性导致财务报表重大错报不能被防止或发现。

2）内控缺陷认定及认定标准

SOX 法案颁布以来，内控缺陷问题引起了国外学者的广泛关注，研究者们大都基于上市公司能够客观认定内控缺陷的假设和前提，直接研究缺陷对公司造成的影响以及存在缺陷公司的特征，内控缺陷认定问题被忽略，而这又是上市公司内控评价和审计过程中的基础核心问题。我国《企业内部控制基本规范》中对内控缺陷是用"不能有效防范……""不能及时发现并纠正……"等"否定式"的表述来定义的，对于缺陷认定、缺陷认定标准均未给出明确的定义（王慧芳，2011）。有个别学者在学术研究的过程中，尝试对内控缺陷认定和认定标准进行界定。杨有红和李宇立（2011）认为，内控缺陷认定包括三个步骤，识别出的缺陷按严重性程度可区分为重大缺陷、重要缺陷和一般缺陷。内控缺陷识别和严重性评估属于技术层面问题，缺陷认定则属于管理层面问题。郑石桥（2017）认为，内控鉴证的核心内容是内控缺陷寻找和缺陷分级，前者称为缺陷识别，后者称为缺陷认定，确定内控缺陷等级的标准就是认定标准。他还给出了较为明确的定义："内控缺陷认定就是根据缺陷风险暴露造成的内控目标偏离程度的分级，以这个认识为出发点，提出不同内控目标的缺陷认定定性标准和定量标准体系。"

1.2.2　本研究的定义

本研究界定的内控缺陷认定标准遵循 PCAOB 发布的第 2 号和第 5 号审计准则，以及"基本规范"和"评价指引"中的相关规定，按照重要性程度将内控缺陷分为重大缺陷、重要缺陷和一般缺陷三类。区分三类缺陷的"分割线"就是本研究探讨的内控缺陷认定标准。目前的做法是，每个上市公司按照所处行业和企业自身情况制定定性标准和定量标准，据此判断内控缺陷的严重程度。定量标准是将内控目标偏离程度和偏离可能性进行量化，其中偏离程度的量化用可能损失金额、可能错报金额、可能损失或错报金额占某一个或几个财务指标的百分比来表示，偏离可能性用概率来表示。定性标准侧重于考察内控缺陷的性质，大部分上市公司采用关键控制点认定法，在实际操作中将业务的关键环节作为缺陷认定内容，对其进行监控，一旦发生偏差或错误，即可认定内控缺陷。关键控制环节包括资产的购买和处置、重要对外投资、关联交易、提供担保、融资渠道和信息披露、子公司控制和管理等。还有部分上市公司在关键控制点认定的基础上，加入了定量认定标准，共同作为内控缺陷的定性认定标准。

第 2 章

内部控制缺陷认定标准的研究综述

自 SOX 法案颁布以来，世界各国的学者从不同的角度对内控缺陷和缺陷认定做了很多研究，这为我们分析中国上市公司内控缺陷认定标准的影响因素提供了良好的基础。然而，无论是各个国家和地区的政策规范文件，还是学术界的研究文献，大多停留在内控缺陷的定义、分类和影响因素等方面，很少有对具体的缺陷认定标准进行研究。即使有，也是作为缺陷认定的一个环节一带而过。鉴于此，本研究拟从内控缺陷认定标准这个点扩大至内控缺陷认定这条线，围绕上市公司内控缺陷认定行为，以缺陷认定的理论基础（制约因素）、缺陷认定的行为过程（影响因素）以及缺陷认定的经济后果为逻辑顺序进行研究综述。

基于核心研究议题的理论及制度框架，本研究对现有关于上市公司内控缺陷认定的国内外研究成果，从内控缺陷认定的制度背景、内控缺陷认定及信息披露的影响因素、内控缺陷信息披露的经济后果三个维度进行了系统的梳理和总结。文献综述框架图如图 2-1 所示。

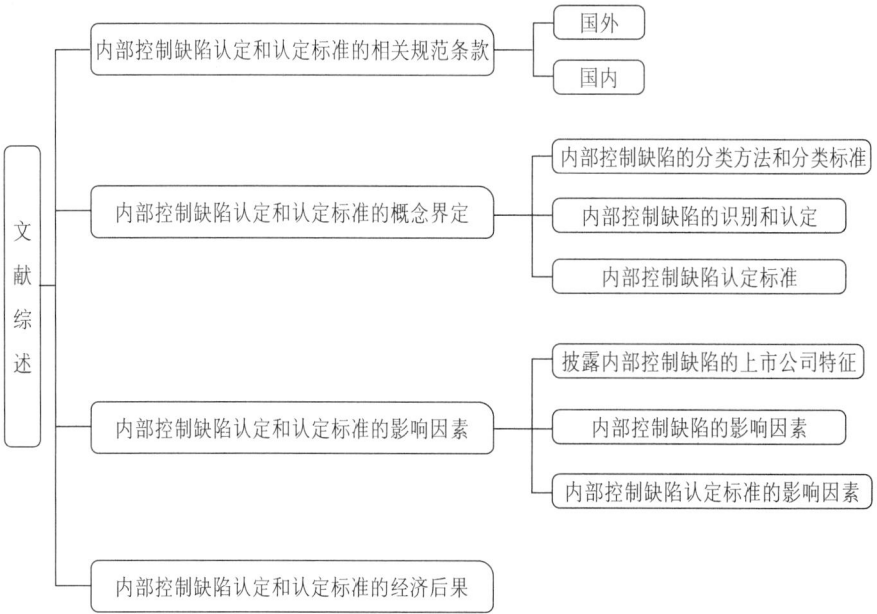

图2-1 文献综述框架图

2.1 ─内部控制缺陷认定和认定标准的相关规范条款─

自安然申请破产保护后，美国会计造假丑闻不断，所涉及公司的规模也屡创新高，投资者对资本市场的信心受到重创。为尽快改变局面，恢复社会公众的信心，美国国会和政府于2002年通过了《上市公司会计改革与投资者保护法案》（即SOX法案），它成为美国历史上有关上市公司内控信息披露最具影响力的法案之一（Arping和Sautner，2013），其中302条款和404条款的影响最为重要。2002年8月生效的302条款要求，上市公司的首席执行官（CEO）和首席财务官（CFO）共同设计内控制度并维护其有效性，按季度公开披露本公司内控制度执行情况，如未按要求执行将受到惩罚。302条款并未对内控重大缺陷进行明确界定，也并未明确要求独立的第三方对上市公司的内控进行鉴证，因此该条款的执行并未引起上市公司和资本市场的较大反响。2004年11月，404条款正式生效，比起302条款，404条款具有明显的强制性特征。该条款要求上市公司管理层在年报中披露内控有效性的评价结果，并由注册会计师发表鉴证意见。其初衷在于管理层和外部审计师在年报中公开披露发现的内控重大缺陷，以警示利益相关者，同时公司的内控被评价为无效。

　　404 条款的实施效果受到理论界和学术界的关注并引起了广泛的讨论，其中如何权衡披露内控缺陷带来的收益与产生的成本成为讨论的焦点，不同立场和视角的人群给出了不同的讨论结论。不可否认的是，SOX法案对于美国企业内控体系的优化和改善具有重大的正面意义，特别是404 条款通过强制企业披露内控缺陷情况并对内控评价进行鉴证，敦促企业建立健全了内控体系，特别是内控制度的优化和会计质量的改善。Cohen et al.（2008）认为，SOX法案实施后，美国企业真实活动的盈余管理水平在提高，应计盈余操作水平在明显下降，企业将更多的注意力放在用真实盈余管理手段进行盈余操纵（Chhaochharia 和 Grinstein，2007；Lobo 和 Zhou，2006）。这虽然会部分抵消该法案的实施效果，但并不妨碍更加严格的内控制度对会计信息质量的提升作用，盈余管理、推迟确认损失以及会计重述等经济行为得到了规范和遏制，企业行为更加理性（Koh et al.，2008；Daniel et al.，2008），信息披露质量得到较大幅度的提升（Brochet，2010），而这些变化得益于高管勤勉程度的增加。SOX法案实施后，资本市场对企业高管提出了新要求，为了补偿高管的风险溢价，小型企业采取提高薪酬的方式，大型企业采取减少薪酬增加持有股权的方式，最大限度地引导高管利益与企业利益趋于一致（Qian et al.，2010）。这些措施达到了预期效果，企业高管的薪酬业绩敏感度更加明显，受到薪酬激励或股权激励的高管具有更稳健的经营行为（Koh et al.，2008；Jiang et al.，2010），会计操作失误、大额错报等会计重述行为尤其得到了改善（Hennes et al.，2008；Plumlee 和 Yohn，2010；Burks，2011），会计质量得以有效提高，投资者对资本市场重拾信心。美国证券交易委员会（SEC）的报告（2009）指出，相较于公司管理层的内控自我评价报告，外部审计师出具的内控审计报告更能给予投资者信心，404 条款的实施对于代理问题较严重的公司更具有价值，由此获得的净收益更高（Jain 和 Rezaee，2006；Duchin et al.，2010）。

　　与理论界的上述正面评价相反，实务界人士给出了不同的负面评价。

2005 年，美国银行家协会的一项咨询报告认为，404 条款的实施对于企业来说是一种负担，会导致资源的无效配置。2009 年，美国证券交易委员会对多家上市公司内控情况进行调研后指出，参与调查的多家上市公司首席财务官并不认为 404 条款能够向投资者提供更多有效信息，也并不能有效提高企业价值。这些观点得到了学术界的验证，很多学者也认为 404 条款为企业经营带来的益处无法弥补审计及信息披露增加的成本（Zhang，2007），上市公司价值并没有因此增加，有些小公司的市场价值反而有所下降（Iliev，2010；Kinney 和 Shepardson，2011）。距离 SOX 法案颁布并实施已过去近 20 年，虽然关于其执行成本和实施效益的对比关系没有定论，但作为公司治理和内控信息披露方面最具影响力的法案之一，其对于增加公司透明度、提高内控信息披露质量的重大意义毋庸置疑。

我国企业的内控概念最早出现在财政部于 1996 年发布的《会计基础工作规范》中，该规范在内部会计管理制度中提出了内部控制的概念，1999 年修订的《中华人民共和国会计法》对此概念进行了明确和细化。此时的内控作为一种新的理念和方法，对中国企业最初的内控建设起到了启蒙和指导的作用，还没有涉及监管层面的关注和规范。2006 年上海证券交易所和深圳证券交易所先后发布了各自的"上市公司内控指引"，并都指出公司董事会需要对内控执行情况进行评价，注册会计师对内控执行情况和评价结论出具审计意见。其中，深圳市上市公司需要将相关评价和审计信息与年报一起对外公开披露。自此，我国上市公司进入内控信息公开披露时代。2008 年 5 月，财政部会同证监会、审计署、银监会、保监会等五部委联合发布了《企业内部控制基本规范》，形成了一个标准而全面的内控制度框架。2010 年 4 月，上述五部委又发布了企业内部控制配套指引，界定了内控缺陷的识别和分类标准，规定了内控缺陷信息的披露方式和具体要求。《企业内部控制基本规范》及其配套指引自 2011 年 1 月 1 日起在境内外同时上市的公司及试点公司施行，2012 年 1 月 1 日扩大到国有控股主板上市公司，2013 年 1 月 1 日扩大到一定规模及以上的非国有控股主板上市公司。至此，我国进入内控信息强制披露时代，上市公司内控制度建设也进入快速发展阶段。为了进一步规范上市公司内控信息披露行为，证监会和财政部于 2014 年 1 月颁布《公开发行证券的公司信息披露编报规则第21号——年度内部控制评价报告的一般规定》，对评价报告的核心要素、披露形式和主要内容进行了明确说明，对规范上市公司内控信息披露具有里程碑式的意义。

2.2 ——内部控制缺陷认定和认定标准的概念界定——

上述权威条款和规范并没有对内控缺陷认定标准进行明确的规范，企业可以根据规模、行业特征、风险偏好和可容忍风险度等自行制定内控缺陷认定标准。现有的学术研究中，只有少量文献涉及内控缺陷认定标准，且大多是在研究内控其他议题时，将内控缺陷认定标准作为其中一个方面呈现，直接对内控缺陷认定标准的研究少之又少。总体来说，关于该议题的研究总体数量少、研究讨论不深入，也没有系统的理论框架（郑石桥，2017）。内控缺陷认定是内控鉴证的核心，缺陷认定标准是缺陷认定的重大挑战（刘玉廷，2010），内控缺陷认定理论框架应包括：内控缺陷的分类方法和分类标准，内控缺陷认定标准，内控整体有效性的判断标准，内控缺陷认定权和认定标准制定权的归属·(杨有红和李宇立，2011；丁友刚和王永超，2015）。

2.2.1　内部控制缺陷的分类方法和分类标准

2003年6月，SEC根据SOX法案的404条款对内控缺陷概念进行了界定和类别划分。该规则认为，内控缺陷源于内控制度设计和运行的漏洞，这些漏洞会对企业目标的实现产生影响。按照严重程度，内控缺陷可以分为控制缺陷（control deficiency）、重要缺陷（significant deficiency）和实质性漏洞（material weakness）。其中，控制缺陷是指某项控制的设计和运行，不能保证管理层或员工在完成指定任务过程中及时阻止或发现错报；重要缺陷是指一个或多个控制缺陷的组合，负面影响管理层可靠地按照公认会计原则对外报告财务数据的能力，从而可能导致管理层不能阻止和发现财务错报；实质性漏洞是指一个重要缺陷或多个重要缺陷的组合，存在一个合理可能性导致财务报表重大错报不能被防止或发现。2004年，美国公众公司会计监管委员会（PCAOB）发布《第2号审计准则——与财务报表审计合并执行的财务报告内控审计》，该审计准则对内控缺陷的分类与《最终规则》的观点基本一致。虽然上述条款对内控缺陷进行了界定和分类，但缺乏内控缺陷严重程度认定方面的实操性指南，在实际运用中仍存在较大困难和执行成本。2007年，SEC发布了关于管理层报告财务报告内部控制的指引，PCAOB紧随其后，发布了第5号审计准则替代之前发布的第2号审计准则。这两项新规对内控缺陷类型进行了修订，提出了"重要不足"这一新的内控缺陷类型。新规中指明，重要不足是若干内控缺陷的集合，这些缺陷会影响财务报告的质量，上市公司应该给予足够的关注。新规对重要缺陷进行了重新界定，重要缺陷也是若干内控缺陷的集合，这些缺陷会对会计信息的确认、计量和报告产生不利影响，使企业难以及时预防和揭露财务报告中的错报和舞弊行为。实质性漏洞在新规中也有了全新的表述，即导致企业无法发现或阻止财务报告中发生重大错报和舞弊行为的内控缺陷或缺陷组合。可见，美国的监管部门主要根据对财务报告可靠性的影响程度为内控缺陷进行界定和分类。除了政策制定者和监管部门，美国实务界在SOX法案实施后，也对内控缺陷开展了积极的讨论和研究。著名的穆迪投资者服务公司（2004）认为，内控缺陷可分为公司层面的缺陷和会计层面的缺陷。公司层面的缺陷定位于公司整体控制环境，通过日常运行对财务报告信息形成全路径产生影响。会计层面的缺陷定位于会计信息形成过程，可通过审计过程中的实质性测试识别出来。如应收账款循环中的控制缺陷，计量和披露或有资产、或有负债等科目时的控制缺陷，开展新业务、实施新制度时的控制缺陷等。比起SEC和PCAOB，穆迪投资者服务公司对内控缺陷的界定和分类，站在了上市公司的整体视角上，对会计层面缺陷的识别和划分考虑了内部审计和外部审计两个角度，覆盖面更广、创新性更强，在实务中更具操作性。

我国于2010年发布的《企业内部控制评价指引》基本遵循美国监管部门的分类原则。按照缺陷成因，可以将内控缺陷分为设计缺陷和运行缺陷。企业为实现内控目标所必需的重要控制措施不足，或者设计不合理，致使内控目标不能实现属于设计缺陷；内控执行者没有依据内控制度的要求执行，或者执行者不具备有效实施内控的能力，致使内控目标不能实现

16

属于运行缺陷。按缺陷影响程度，可以将内控缺陷分为重大缺陷、重要缺陷和一般缺陷。重大缺陷也称实质性漏洞，是指一个或多个控制缺陷的组合，可能严重影响内部整体控制的有效性，进而导致企业无法及时防范或发现严重偏离整体控制目标的情形。重要缺陷是指一个或多个一般缺陷的组合，其严重程度低于重大缺陷，但导致企业无法及时防范或发现严重偏离整体控制目标的严重程度依然重大，需引起管理层关注。例如，有关缺陷造成的负面影响在部分区域流传，给公司声誉带来损害。一般缺陷是指除重要缺陷、重大缺陷外的其他缺陷。按照缺陷影响的内控目标，可以将内控缺陷分为财务报告内控缺陷和非财务报告内控缺陷。财务报告内控缺陷是指内控缺陷可能导致内控无法及时预防、发现或者纠正财务报表的错报，即可能导致影响组织财务报告相关的内控目标的实现。非财务报告内控缺陷是指内控缺陷可能导致内控无法及时预防、发现或者纠正除财务报表错报之外的其他业务经营错误，即可能导致影响组织非财务报告相关的内控目标的实现。这类缺陷包括战略内控缺陷、经营内控缺陷、合规内控缺陷、资产内控缺陷等。

　　学者们从各自的研究视角对内控缺陷进行了分类。Ge 和 McVay（2005）将内控重大缺陷细分成九类，包括会计类、培训类、期末报告和会计政策类、收入确认类、职务分离类、账户核对类、子公司类、高管类和技术类；Jacqueline 和 Hammersley 等（2007）按照执行审计流程的难易程度将内控重大缺陷分为较易审计类和较难审计类。其中较易审计类缺陷包括人员类、控制系统类、交易核算类和日常业务控制类；较难审计类缺陷包括关键人员类、财务报告类和控制环境类。Doyle（2007）将内控重大缺陷按其形成的原因分为人员归因类、复杂性归因类和一般归因类。Klamm 等（2012）基于对企业的持续影响，将内控缺陷分为与信息技术相关的公司层面缺陷、与信息技术不相关的公司层面缺陷以及会计账户层面缺陷。单华军（2010）将内控自我评价报告中的缺陷类型划分成了 11 个类别，对外披露最多的有 4 类，分别是子公司类缺陷、董事会类缺陷、内部审计类缺陷和培训类缺陷。齐堡垒和田高良（2010）将内控重大缺陷分为特定账户类、期末报告与会计政策类、收入确认类和子公司控制类。南京大学会计与财务研究院课题组（2010）基于 COSO 框架中的内控五要素，将内控缺陷分为控制环境类、风险评估类、控制活动类、信息与沟通类以及内部监督类，并进一步将其细分为28个子类。王惠芳（2011）将内控缺陷区分为财务报告缺陷和公司层面缺陷两大类，其中财务报告缺陷被进一步细分为账户核算类、账户核对类、原始凭证类、期末报告类和会计政策遵从类；公司层面缺陷按照COSO五要素分为控制环境缺陷（可进一步细分为管理层越权类、管理层诚信类和关键人员缺乏类等）、风险评估缺陷（可进一步细分为外部风险评估类和经营风险评估类）、控制活动缺陷（可进一步细分为子公司管控类、控制过程类和内控环节衔接类等）、信息与沟通缺陷和监督活动缺陷。刘亚莉等（2011）按财务报告内控缺陷的表现形式将缺陷分为财务管理方法缺陷、会计信息披露缺陷、管理层与投资者沟通缺陷、内控制度缺陷等。董惠娜和朱志雄（2012）按照COSO五要素将内控缺陷归纳为五大类并做了进一步细分，包括控制环境缺陷（可进一步细分为公司治理结构设置类、公司治理结构运行类、内部机构设置类、对子公司的内控类、人力资源类和社会责任类等）、风险评估缺陷（可进一步细分为风险识别类、风险分析类和风险控制类等）、控制活动缺陷（可进一步细分为授权审批控制类、会计系统控制类、财务保护控制类、绩效考评控制类、重大风险预警和突发事件应急处理机制类等）、信息与沟通缺陷（信息收集与传递类、信息系统建设类和反舞弊机制类等）和监督活动缺陷（内部审计机构监督类和内控自我评价类）。石意如（2012）综合考虑了制度规范的客观性和人的主观能动性，将内控缺陷划分为规则类、偏规类和行为类三种，其中，规则类缺陷是指源于客观原因而存在的制度规范设计缺陷，偏规类缺陷是指行为主体偏离制度规范而产生的缺陷，行为类缺陷是指源于行为主体有限理性而产生的缺陷。

国内外的政策制定者、监管机构和专家学者均对内控缺陷进行了界定和分类，由于各自立场、出发角度和服务领域的差异，并没有形成统一的结论。我国内控规范体系尚处于初步建立阶段，诸多方面需要借鉴国外的成熟经验。因此，内控缺陷的界定和分类均与国外趋同，对内控缺陷的界定采用否定式定义，即内控制度设计或运行过程中的偏差，导致无法合理保证内控目标的实现。各方对内控缺陷的分类也较为繁杂，缺陷分类不统一，缺陷认定基于不同的识别认定标准。主要表现在两个方面：一是内控评价对象不同，有些文献针对企业整体的内控设计和运行情况，有些文献针对财务报告内控设计和运行情况；二是内控评价标准不同，有些文献依据《企业内部控制基本规范》，有些文献依据证券交易所和监管部门发布的指导意见。官方已有的重大缺陷、重要缺陷和一般缺陷的分类形式，在实际的内控缺陷认定及分类操作时仍缺乏明确的标准，内控缺陷认定及分类的标准有待斟酌和细化完善。

2.2.2　内部控制缺陷识别和认定

关于内控缺陷识别和认定，公开发布的法规制度主要关注识别和认定模式，如美国公众公司会计监管委员会发布的第5号审计准则及日本发布的《关于财务报告内部控制评价与审计准则以及财务报告内部控制评价与审计实施准则的制定（意见书）》建议，可选择"从上到下，风险导向"的模式识别和认定内控缺陷，此种风险基础法目前也是主流方法。早期的学术文献主要关注内控缺陷识别和认定的逻辑步骤和框架，南京大学会计与财务研究院课题组（2010）以进入21世纪的前十年中，出现影响较大问题的、具有代表性的中国企业为样本，借鉴国外研究的理论框架，基于内控要素，提出了适用于中国市场环境的企业内控评价框架和模式。王慧芳（2011）认为，由于负面信息、企业素质、操作难度、信息一致性等原因，公司内控缺陷认定标准应采用原则式与规则式相结合的指定思路（田娟和余育苗，2012；廖高玲，2013）。陈武朝（2012）研究了SOX法案执行初期美国上市公司对内控重大缺陷的认定和披露情况，认为在认定内控重大缺陷时可根据特定缺陷迹象和重大缺陷定义来进行。随着研究的深入，学者们对内控缺陷识别和认定进行了更为细致的界定。杨有红和李宇立（2011）认为，内控缺陷认定包括三个步骤：识别内控设计和运行缺陷；对识别出缺陷的严重性程度进行评估并区分为重大缺陷、重要缺陷和一般缺陷；根据不同管理层级和不同影响程度进行缺陷认定的赋权。他们还认为，内控缺陷识别和严重性评估属于技术层面问题，缺陷认定则属于管理层面问题。基于管理层视角，内控缺陷识别和认定又有三个步骤：确定风险偏好和风险容忍度，将风险容忍度"自上而下"进行分配，将各层级的容忍度与敞口风险进行对比（李宇立，2012）。李丹平（2013）认为，根据对内控目标的影响程度，可以将内控缺陷分为已造成目标偏离的缺陷和潜在的尚未造成目标偏离的缺陷，分别通过目标偏离结果评价和内控过程评价进行内控缺陷识别和认定。郑石桥（2017）认为，内控鉴证的核心内容是内控缺陷寻找和缺陷分级，前者称为缺陷识别，后者称为缺陷认定，确定内控缺陷等级的标准就是认定标准。他还给出了较为明确的定义："内部控制缺陷认定就是根据缺陷风险暴露造成的内部控制目标偏离程度的分级，以这个认识为出发点，提出不同内部控制目标的缺陷认定定性标准和定量标准体系。"

2.2.3　内部控制缺陷认定标准

关于内控缺陷认定标准，学者们一致认为可以分为定性标准和定量标准。有些文献主张一种内控缺陷使用一个缺陷认定标准，认为财务报告内控缺陷可以采用定量标准方式进行认定，以该缺陷可能导致财务报告错报的可能性和金额大小来确定（田娟和余育苗，2012）。非财务报告内控缺陷既影响财务报告，又影响整个企业经营的合规性、效率性和效果，用定量方法难以认定，可以采用定性标准，如关键控制点认定、关键控制领域认定等（王慧芳，2011）。有些文献主张对某些特定内控缺陷可以同时使用定量和定性认定标准（彭凡，2015）。如杨有红和李宇立（2011）认为，内控缺陷可以从偏离目标的可能性和程度两个维度进行评估和认定，方法可以是定性的也可以是定量的。关于定量认定标准，大部分文献认为可以借鉴财务报表审计中的重要性水平，从错报"发生的可能性"和"错报金额大小"两个维度进行量化（杨有红和李宇立，2011；王慧芳，2011；赖一锋，2012；丁友刚和王永超，2013）。还有一些文献根据上市公司内控评价报告，描述并分析了我国上市公司内控缺陷认定标准的现状，发现目前上市公司缺陷认定定量标准主要有基准指标百分比、绝对值或基准指标百分比和绝对值相结合等三种（杨婧和郑石桥，2017），定性标准主要从内控缺陷的性质、发生的可能性和影响的严重性程度三个方面进行文字描述（丁友刚和王永超，2013）。

目前关于内控缺陷认定及认定标准的研究数量虽然有限，但从内控评价框架和模式、内控缺陷识别和认定的逻辑步骤，到内控缺陷认定和认定标准的具体定义均有所涉及，且讨论焦点已由实务表面延伸至基础理论层面，为后续理论的发展铺陈了道路。

2.3 ——内部控制缺陷认定和认定标准的影响因素——

内控评价报告是各方获取企业内控信息的主要途径，内控缺陷披露是以评价报告作为载体呈现在公众面前的缺陷认定情况，是内控缺陷认定的结果，由于目前缺陷认定过程仍是企业经营这一"黑箱"中的一部分，因此，现有文献大多基于公开披露的内控信息具体内容，重点关注以下几方面内容。

2.3.1　披露内部控制缺陷的上市公司特征

学者们认为，披露内控缺陷的上市公司特征，包括公司组织特征和公司经营特征。建立完善的内控系统需要投入大量的成本，由于拥有的资源不同，公司对内控建设投入的资源是不同的，公司自身组织特征影响内控制度的建立和运行。因此，很多学者认为，成立时间短、规模较小、面临财务困境、治理水平较低的企业较容易出现内控缺陷（Ogneva et al.，2007；Hoitash et al.，2009；Li et al.，2010）。Ashbaugh-Skaife（2007）认为，小公司资源有限，其对信息系统和控制系统建设和维持资源的投入远不及大公司，而信息系统对于加强内控有效性意义重大。因此，比起大公司，小公司更易出现内控缺陷。当公司处于现金流短缺或亏损状态时，其关注的重点是如何扭亏为盈，降低退市的风险，此时内控缺陷出现的可能性更高（Ge 和 McVay，2005）。拥有子公司较多的企业和从事对外贸易的企业，其经营情况更复杂，受到法律和经营环境的影响更大，更容易存在内控缺陷（De Fond，2002；Doyle，2007）。Doyle 等（2005）发现，有内控缺陷的公司，内控缺陷与应计项目及现金流之间的相关性更低，盈余质量更差。日本学者也在本国上市公司和非营利团体中发现了类似结果（Yazawa，2010）。我国学者进行了相关研究，林斌等（2009）认为，上市时间长、发展缓慢的公司，往往财务状况不乐观，内控建设投入没有保障，加之组织变革频繁、违规现象频发，缺乏内控审计和披露的积极性。方红星等（2010）认为，海外交叉上市的企业能够及时发现并更正内控制度中的遗漏。王茜等（2012）认为，容易存在内控缺陷的公司具有盈利能力较差、外部审计师更换频率较高等特点。韩丽荣等（2013）认为，频繁兼并重组、公司业务复杂、内控建设投入较少的企业往往存在内控缺陷。王沈（2013）认为，组织结构存在缺陷、人力资源管理欠缺、发生亏损的制造业上市公司容易出现资金管控缺陷。李跃冬（2014）认为，上市时间和业务复杂程度会对公司是否存在内控缺陷产生影响。

公司经营特征对内控缺陷的影响主要体现在经营业务的复杂程度、财务状况和财务风险水平等方面。经营业务越复杂越需要高质量的内控系统，拥有子公司数量较多、有对外贸易业务往来以及存在并购重组等事项的上市公司，存在内控缺陷的可能性较大；其中并购或重组类事项的存在，更容易使企业出现内控漏洞（田高良，2010）。除此之外，营业额和业务迅速增长的企业需要建立新的内控体系，存货量较大的企业容易发生存货损失和存货成本计算错误，经历兼并或重组的企业涉及多个科目的估计和调整，这些企业都面临着会计错误增加、出现内控缺陷可能性增大的风险（Dechow 和 Ge，2006；Kinney，1989）。

2.3.2 内部控制缺陷的影响因素

基于资本市场的经验证据，国外学者以内控缺陷为核心变量，广泛讨论了内控缺陷的影响因素。有学者认为，公司治理和内控对内控缺陷的影响较大，如组织结构的复杂性、组织变革引起的控制、对内控投入资源的多少等。Holmstrom 和 Kaplan（2003）的研究认为，上市公司治理水平会对内控缺陷产生直接或间接的影响，管理层责任机制可以起到与内控审计相辅相成、互补促进的作用（Wu 和 Tuttle，2014）。董事会是治理结构的重要组成部分，对内控的运行具有监督作用。Hoitash 等（2009）发现，董事会的独立性及其监督作用的发挥与内控缺陷呈负相关关系（Chen 等，2011）。审计委员会作为治理结构中的专门委员会，在内控执行和信息披露中发挥着重要的作用。Raghunandan 等（2001）认为，审计委员会中具有财务专业背景的成员比例越高，越能促进内控的良好运行。Krishnan 和

Visvanathan（2005）发现，审计委员会召开会议的次数越多，委员会的专业性程度越低，公司内控缺陷越多。Krishnan（2005）进一步研究发现，独立的审计委员会受到的外界干扰少可以避免利益牵制，财务专家比例较高可以为内控建设提供更专业的建议。因此，独立性强、财务专业性强的审计委员会可以降低更换审计师时出现内控缺陷的概率。对于存在内控缺陷的公司，独立性强、专业性强的审计委员会改正内控缺陷的效率也更高（W.G.Beng，2009）。但C.P.Cullinans等（2010）研究发现，如果让审计委员会成员拥有股票期权，其所在公司出现内控缺陷的概率会较高，股票期权的福利形式不利于外部董事发挥应有的作用。外部审计是重要的外部监督机制之一，其对公司内控进行评价和监督，会影响内控缺陷的披露。DeAngelo（1981）和Shu（2000）认为，会计师事务所的地位会影响公司内控缺陷的披露，占主导地位的会计师事务所有实力在人员技术和业务培训方面投入更多资源，有助于注册会计师发现公司的内控缺陷。除此之外，占主导地位的会计师事务所更加重视声誉，面临的诉讼风险较其他事务所更高，为了避免支付高额诉讼费用，其在审计业务中会对公司内控系统进行更仔细的检查，更有动力发现内控缺陷（Dye，1993）。为了规避审计失败风险，会计师事务所和注册会计师会选择主动解除与高风险客户的合作，因此，会计师事务所或注册会计师的变更可以看成公司内控缺陷的指示器（Krishnan和Visvanathan；2005）。还有学者认为，业务能力强的审计师拥有较高的议价能力，并且有发现内控缺陷的能力，因此佣金也较高。这个观点得到了Stephens（2011）的支持，他认为，专业素质较强的审计师熟悉专业领域的情况，更关注企业的高风险领域，从而能更好地识别内控缺陷，提高内控质量。还有学者研究了IT系统质量对内控缺陷的影响，K.K.Bonnie等（2009）发现，与IT系统相关的内控缺陷因子较多的公司，存在内控缺陷的可能性更大，IT系统质量出现问题会对内控环境、风险评估水平及监督管理产生负面影响，且IT系统内控缺陷不是孤立存在的。

　　国内学者对内控缺陷影响因素研究的视角和标准并不统一。主流观点认为，内控缺陷性和内控有效性是互补的，可以通过内控缺陷来鉴证内控是否有效，用100%减去内控缺陷性就是内控有效性（陈汉文和张宜霞，

23

2008；杨有红和李宇立，2011；郑石桥，2017）。内控缺陷是内控有效性的反面表现，因此，本研究梳理了内控质量影响因素和内控缺陷影响因素的相关文献。张先治和戴文涛（2010）认为，内控环境影响内控制度的实施效果，公司治理结构对内控环境具有显著影响。董事长和总经理两职合一、国有控股比例以及股权集中度都会对内控有效性产生负面影响。刘启亮等（2012）认为，良好的制度环境能够促进上市公司内控建设。具体来说，中央政府控制企业的内控质量较高；市场化程度越高，内控质量在中央政府控制企业与地方政府控制企业之间的差距越小；政府干预不能促进企业的内控建设（赵渊贤和吴伟荣，2014）。陈汉文和周中胜（2014）认为，内部环境和监督对内控质量至关重要，管理层、组织结构和员工素质与内控有效性密切相关（张继德等，2013）。董事会被看作公司治理的核心，董事会特征会影响内控目标的实现。宋文阁等（2012）认为，董事会的独立性水平越高，越有利于内控目标的实现，两职合一不利于内控目标的实现。作为独立董事占比较高的专门委员会，董事会人数、会议次数和两职分离程度会对内控有效性产生正向影响（孟贵珍，2013）。刘亚莉等（2011）发现，董事长和总经理两职兼任的公司、审计委员会成立时间较短的公司产生内控缺陷的可能性更高。韩传模（2012）认为，审计委员会专业性程度、独立性水平和权责保障程度越高，存在内控缺陷的可能性越小。董卉娜等（2012）认为，上市公司审计委员会成立时间、规模、独立程度和公司存在内控缺陷的可能性成反比。刘焱等（2014）认为，审计委员会主席的专业化程度和委员会成员的专业化程度均会影响公司内控缺陷的发生。审计委员会的独立性、专业性和活跃性可以提高企业的内控质量，但高管集权对审计委员会产生的干预会降低这一效应（刘焱和姚海鑫，2014；赵渊贤和吴晟丰，2016）；将非国有股东引入国有企业形成的分权，可以有效提高上市公司的内控质量（李颖琦，2012）。高管激励水平的提高可以提升内控有效性水平，而具有行政背景的高管可以有效提高内控质量（逯东等，2014）。除此之外，内控质量还会受到外部环境的影响。赵渊贤和吴伟荣（2014）认为，市场化程度、法律制度和媒体关注会对内控质量产生正面影响，政府干预会产生负面影响。

2.3.3　内部控制缺陷认定标准的影响因素

随着研究的深入，近期文献开始直接聚焦内控缺陷认定标准的影响因素。有的是考察内控缺陷认定标准对公司治理的影响，如谢凡等（2018）认为，严格的内控缺陷认定标准能降低第一类代理成本，并与高质量外审和高市场化进程存在互补效应。有的是考察公司治理对缺陷认定标准的影响：如董事会方面，谭燕等（2016）认为，内控缺陷认定标准的确定以及重大缺陷的认定，是董事会权力基于收益成本的考量和各种职能的均衡，董事会的监督职能越强，内控缺陷认定标准越严格，监督职能和咨询职能的改进对缺陷认定标准具有显著影响。管理层行为方面，尹律（2016）发现，公司治理是决定内控缺陷认定标准的关键必要条件，盈余管理程度越高，内控缺陷认定标准越不透明；王俊和吴溪（2017）认为，新任管理层在首个完整任职年份内会选择宽松的内控缺陷认定标准，以减少责任、降低考评压力，即通过提高内控缺陷的重要性水平，调整内控缺陷认定标准，实现降低报告内控缺陷的目的。外部约束方面，尹律等（2017）认为，产品市场竞争有助于提升内控缺陷认定标准的披露质量，其中环境敏感性具有正向调节作用；杨婧和郑石桥（2017）发现，内控缺陷认定标准具有行业异质性特征，不同行业的企业有着宽松程度不同的内控缺陷认定标准。

2.4 ——内部控制缺陷认定和认定标准的经济后果——

完善内控制度和提高内控质量的目的在于规范公司的经济行为，提高公司的经营效率和股东价值，因此，学者们针对内控信息披露后果进行了广泛的研究。本研究的主题是内控缺陷认定和认定标准，缺陷认定是缺陷披露的前提，缺陷披露是缺陷认定的结果。因此，接下来将主要梳理内控缺陷披露及缺陷披露的经济后果等相关文献。

内控缺陷，特别是重大缺陷的披露，是企业内控失败的表现，不仅使企业资本成本增加、监管部门惩罚损失增加，还会造成投资人信心缺失，引发市场恐慌，对企业所在行业也是一种冲击。因此，国内外学者从公司成本对内控缺陷披露引发的公司风险的补偿角度，进行了大量的有益探索。Ogneva等（2007）和 Ashbaugh-Skaife 等（2009）认为，内控缺陷的存在意味着公司经营存在高风险，其获得债务资本和权益资本的成本均会增加，公司更易陷入财务困境。Dhaliwal 等（2011）得出了相同的结论。Hammersley 等（2008）认为，公司披露内控缺陷后，投资者需要对风险溢价进行补偿，方式就是提高资金成本和修正投资合同条款（Kim et al.，2011）。由于资本市场成熟度以及内控信息披露制度发展程度不同，国内学者的研究大多以内控质量为介质，以内控自我评价报告为载体，讨论内控信息和资金成本之间的关系。陈汉文和周中胜（2014）认为，良好的内控可以降低公司的债务资本，但所有制形式、所处地区和所处行业等公司特征会使影响程度发生变化。总体来说，国有性质、处于金融发达地区、处于竞争激烈行业的公司，内控质量对资金成本的影响更为显著。王艺霖和王爱群（2014）认为，公开披露内控缺陷的公司承担着较高的债务资金成本，而这些公司选择内控审计会进一步增加资金成本，其原因在于相关制度和市场尚处于完善阶段，资本市场无法做出理性反应。也有学者得出了令人欣慰的结论，张然等（2012）发现，在内控强制披露初期，不管是国有上市公司还是民营上市公司，披露内控自我评价报告的公司拥有较低的资金成本，披露内控鉴证报告的公司的资金成本更低，高质量的内控有效缓解了上市公司的融资约束问题（程小可等，2013）。

内控缺陷披露对资金成本的影响是学者们讨论的焦点，除此之外，还有学者基于不同视角对内控缺陷披露的经济后果进行了讨论。Jams（2006）分别研究了302条款和404条款下内控缺陷披露的信息含量，他发现，收益挥发度和交易量均与内控重大缺陷的披露呈现显著正相关关系。Irving（2006）则对内控缺陷披露的信息含量进行了考察，他发现，投资人对内控重大缺陷信息的反应很显著，这些信息为投资人决策提供了依据。De Franco 等（2005）研究了内控缺陷披露引起的投资人财富转移，发现在内控缺陷信息披露的窗口期，财富由大投资者转移至小投资者处，这表明，内控缺陷信息披露的最大受益者是小投资者。Gupta（2007）、Nayar和Beneish（2006）以及Hammersley（2008）的研究发现，股票价格与内控缺陷的披露呈显著负相关关系。Richardson 等（2003）发现，资本市场对财务报告重述行为有着严重的惩罚，经历过这种惩罚的管理层更会努力避免惩罚的发生，同时为了向市场传递正面信号，会有强烈的动机披露内控缺陷。国内资本市场的特点和成熟度与国外不同，但学者们发现，中国的资本市场也会对内控缺陷信息做出反应，但反应机理较为复杂（于忠泊和田高良，2009）。冯建和蔡从光（2008）发现，内控缺陷信息的披露使投资者质疑公司的财务报告，降低对股票的评价，导致股价下跌。公司所披露内控缺陷的严重程度显著影响个人投资者的风险认知水平（池国华等，2012）。程智荣（2012）认为，对于内控质量较低的公司，投资者会要求更高的期望报酬补偿，债权人与投资人对内控质量的反应一致，权益资本成本和债务资本成本均与内控质量成反比。李晓慧（2013）认为，上市公司的内控质量高，债权人能够感受到自身权益受到保护，因此降低债务契约条件，如增加放款额度、降低利率、延长债务期限等，在债权人的权益保护感受方面，内控治理能达到比公司治理更好的效果。

27

2.5　研究述评

经过文献梳理发现，内控和内控缺陷领域的研究已形成了大量且有深度的研究成果，但内控缺陷认定和认定标准的研究尚处于起步阶段，且由于缺乏监管机构的规范条文，相关研究缺乏理论依据，成为内控研究的重要困境领域，许多问题亟待进一步拓展与讨论：

（1）理论上内控质量改善与现实中内控缺陷频现的矛盾。能够帮助内控评价主体科学合理地识别、认定（包括分类）并披露内控缺陷是缺陷认定标准的首要出发点，如果上市公司认定并披露的内控缺陷不准确，缺陷认定标准便失去意义。随着内控信息强制披露时代的到来，我国上市公司内控信息披露的比例逐年上升，内控缺陷披露的比例却逐年下降（杨婧和郑石桥，2017）。在实践中，上市公司拥有内控缺陷认定标准的自由量裁权，每个公司的缺陷认定标准对于定量或定性的选择不同，如定量标准中的基准指标不同、基准指标的个数不同、定性指标的描述不同等。为何会出现形态各异的内控缺陷认定标准？为何会出现多个"纸包不住火"的内控失败案例？对于这些现象，现有研究难以给出合理的解释。因此，本研究认为，如何对内控缺陷认定标准影响因素理论进行整合，是现有研究领域较为缺乏的研究视角。

（2）内控缺陷认定和披露制度的执行效果如何？由于国外较早进入内控信息的强制披露时代，学者们可以获取研究所需的数据和信息，关于内控缺陷的研究相对丰富且成熟。国内学者们可直接利用的公开披露的内控缺陷信息相对较少，现有研究大多以内控质量和内控缺陷为核心展开，较少讨论内控缺陷认定和认定标准等话题。内控缺陷认定是否帮助上市公司填补了内控漏洞、提升了内控质量，内控自我评价制度是否实质改善了治理水平？这些议题还需进一步讨论和挖掘。本研究基于现阶段我国上市公司内控缺陷认定和披露现状的描述和分析，为优化上市公司内控自我评价制度、改进内控质量提供初步的参考。

（3）上市公司内控缺陷认定标准是如何形成的？本研究认为，现有针对上市公司内控缺陷认定标准制定动机的研究尚不充分，缺陷认定标准制定动机对真实内控缺陷认定的影响还需进一步挖掘。内控缺陷认定并披露的条件有三个：一是公司存在内控缺陷；二是能够发现存在的内控缺陷；三是管理层能够披露发现的内控缺陷（Doyle，2002；Ashbaugh Skaife，2007；Andrew J. Leone，2007）。大多数文献的假设前提是，上市公司发现内控缺陷就会披露缺陷，忽略了"发现"和"披露"之间的"认定"环节。因此，现有研究就内控缺陷的影响因素及经济后果进行了广泛讨论，弱化了对内控缺陷认定和认定标准影响因素的探讨。存在并被发现的内控缺陷是否能够被合理认定并披露是相关领域研究的重要局限之一，本研究将关口前移，就上市公司内控缺陷认定标准的形成机理和影响因素进行深入探讨，以期对现有研究进行有益补充。

（4）上市公司内控缺陷认定标准的影响因素有哪些？现有研究缺乏对内控缺陷认定标准影响因素的探讨。上市公司内控缺陷认定行为的影响因素是多方面的，因此，内控缺陷认定标准的制定是各利益相关方博弈和权衡的结果（李宇立，2012）。现有该领域的研究大多基于单一视角，缺乏对多重视角下权、责、利的权衡进行深入探讨。本研究基于上市公司内部和外部双重视角，全面且综合地探讨内控缺陷认定标准的影响因素，厘清我国上市公司内控信息披露行为对内控质量的影响机制。

　　制定内控缺陷认定标准是发现和披露内控缺陷的前置环节，同一内控事项，在宽松的缺陷认定标准下不构成重大缺陷，在严格的缺陷认定标准下就有可能构成重大缺陷。缺陷认定标准是深埋于内控缺陷认定和披露行为内里的标尺，是揭开内控评价"黑箱"的关键所在，发现和披露内控缺陷是表现形式，缺陷认定标准才是其行为实质。

第 3 章

内部控制缺陷认定标准的特点、类型与变化趋势

　　从 2008 年《企业内部控制基本规范》发布至今已有十多个年头，这期间《企业内部控制配套指引》《企业内部控制规范体系实施中相关问题解释第 1 号》《企业内部控制规范体系实施中相关问题解释第 2 号》等一系列规范条文不断出台，在对内控信息披露要求不断提高的同时，也对上市公司、资本市场、监管机构的工作重点和关注焦点形成一波又一波的扰动和影响。本研究通过对 2009—2019 年中国上市公司内控信息披露情况的梳理和分析，根据内控评价报告反映出的信息动向，将纵向时间轴分为《企业内部控制基本规范》发布初期、《企业内部控制配套指引》发布初期和近五年三个时期，将横向类型轴分为财务报告内控缺陷认定标准、非财务报告内控缺陷认定标准、定性标准、定量标准等多个维度，在分析中国上市公司不同时期、不同类型内控缺陷认定标准的特点和类型的基础上，总结了缺陷认定标准的发展趋势。

3.1 强制披露阶段内部控制缺陷认定标准的总体状况

3.1.1 《企业内部控制基本规范》发布初期内部控制缺陷认定 标准的总体状况

2008 年 5 月，财政部会同证监会、审计署、银监会和保监会等五部委联合发布了《企业内部控制基本规范》，开创性地建立了以企业为主体、以政府监管为促进、以中介机构审计为重要组成部分的内控实施机制，要求企业实行内控自我评价制度，但尚未对内控缺陷认定及认定标准提出要求。因此，2008—2010 年，部分上市公司发布了内控自我评价报告，并在报告中披露了内控缺陷，但没有公司对内控缺陷认定标准进行披露。具体来说，2008 年，沪、深两市共有 655 家上市公司发布了内控自我评价报告，占上市公司总数的 40.25%，这些上市公司共披露了 290 个内控重要缺陷或一般缺陷，655 家上市公司均得出内控整体有效的结论。2009 年，沪、深两市共有 1 075 家上市公司发布了内控自我评价报告，占上市公司总数的 62.35%，这些上市公司共披露了 342 个内控缺陷，1 072 家上市公司得出内控整体有效的结论，2 家上市公司得出内控整体无效的结论，1 家上市公司无法出具结论。2010 年，沪、深两市共有 1 278 家上市公司发布了内控自我评价报告，占上市公司总数的 61.83%，这些上市公司共披露了 335 个内控缺陷，1 275 家上市公司得出内控整体有效的结论，2 家上市公司得出内控整体无效的结论，1 家上市公司无法出具结论。在这一阶段，上市公司披露的内控信息和内控缺陷的情况非常有限，主要是为了满足《企业内部控制基本规范》的要求，内控自我评价尚处于探索阶段。

3.1.2 《企业内部控制配套指引》发布初期内部控制缺陷认定 标准的总体状况

2010 年 4 月，财政部、证监会、审计署、银监会和保监会等五部委联合发布了《企业内部控制配套指引》，该配套指引包括 18 项《企业内部控制应用指引》（简称"应用指引"）、《企业内部控制评价指引》（简称"评价指引"）和《企业内部控制审计指引》（简称"审计指引"），连同《企业内部控制基本规范》成为我国内控规范体系的基础和框架。为保证内控规范体系的平稳过渡和顺利实施，五部委为不同性质的上市公司制定了差异化的时间表。其中，境内外同时上市的公司自2011年1月1日起执行，沪、深两市主板上市公司自2012年1月1日起执行，中小板和创业板上市公司择机执行。关于内控缺陷认定标准，在现有内控规范体系文件中，"评价指引"中给出了相关规定，但未做特别说明，只是规定内控评价报告的内容至少应包括内控缺陷及其认定情况，各类缺陷的具体认定标准，由企业根据各类缺陷的定义自行确定。"审计指引"要求注册会计师在计划审计工作时，评价重要性、风险等与确定内控重大缺陷相关的因素对内控、财务报表以及审计工作的影响。同时给出了判断可能存在内控重大缺陷的迹象，包括注册会计师发现董事、监事和高级管理人员舞弊；企业更正已经公布的财务报表；注册会计师发现当期财务报表存在重大错报，而内控在运行过程中未能发现该错报；企业审计委员会和内部审计机构对内控的监督无效。

32

  2011年，沪、深两市共有A股上市公司2 345家，共披露了1 619份内控评价报告和341个内控缺陷，1 614家上市公司得出内控整体有效的结论，3家上市公司得出内控整体无效的结论，2家上市公司无法出具结论。由于处于"评价指引"开始执行的第一个年度，且报表日、报告日和披露日间天然存在时间差，2011年只有8家上市公司披露了内控缺陷认定标准，占比0.49%。其中3家公司只在评价报告的字里行间微微透露认定标准的意思，另外5家公司对认定标准进行了专门的描述，且均引用了如下这段话代表内控缺陷认定标准的依据和总体情况："公司董事会根据基本规范、评价指引对重大缺陷、重要缺陷和一般缺陷的认定要求，结合公司规模、行业特征、风险水平等因素，研究确定了适用本公司的内控缺陷具体认定标准。"在此基础上，有2家公司对认定标准进行了进一步描述："公司采用影响程度与发生可能性的综合评估标准，影响程度分别以财务影响项与非财务影响项来评估，发生可能性分为制度设计、制度发布、制度执行、人员以及控制执行固有频率评估。"有1家公司细化了重大缺陷、重要缺陷和一般缺陷的概念："重大缺陷指企业会计报表及其附注存在重大不真实、不准确或不完整的情况；被有关部门或监管机构处罚；因内控失效而导致资产发生重大损失；高管舞弊等。重要缺陷指一个或多个控制缺陷的组合，其严重程度和造成的经济损失要低于重大缺陷，但仍可能导致企业偏离控制目标的控制缺陷。重大缺陷和重要缺陷以外的为一般缺陷。"还有1家公司按照"评价指引"对内控评价报告内容的要求，完整描述了本企业制定的内控缺陷认定标准。该公司按照基本规范和评价指引的要求，本着是否直接影响财务报告的原则，将内控缺陷区分为财务报告内控缺陷和非财务报告内控缺陷。财务报告内控缺陷认定标准分为定性标准和定量标准，其中定性标准参考"审计指引"中可能存在内控重大缺陷的迹象描述，定量标准选取了利润总额、资产总额、营业收入和所有者权益四个基准指标，分别用不同的百分比区分重大、重要和一般缺陷。非财务报告内控缺陷以直接财产损失金额和重大负面影响作为评价指标，分别以直接财产损失金额大小和重大负面影响程度作为评价标准。这种严格按照"评价指引"中的内容和格式要求进行信息披露的方式，在对上市公司信息披露行为监管日益规范的今天，必将成为上市公司披露内控信息的标准动作。

有了2011年的过渡，2012年上市公司内控自我评价信息披露在数量和信息含量上都有所提升。2012年，沪、深两市共有A股上市公司2 497家，共披露了1 847份内控自我评价报告和231个内控缺陷，1 844家上市公司得出内控整体有效的结论，2家上市公司得出内控整体无效的结论，1家上市公司无法出具结论。175家上市公司披露了内控缺陷认定标准，占发布内控自我评价报告上市公司的9.5%。披露的缺陷认定标准分成财务报告内控缺陷认定标准（进一步分为定量标准和定性标准）和非财务报告内控缺陷认定标准（进一步分为定量标准和定性标准）。其中，关于财务报告内控缺陷认定的定量标准，1家上市公司以偏离控制目标的程度作为缺陷认定标准，4家上市公司以财务报表重要性水平作为缺陷认定标准，1家上市公司以缺陷发生的频率和财务指标比例共同作为缺陷认定标准，6家上市公司以错报发生的可能性和财务指标比例共同作为缺陷认定标准，1家上市公司以错报发生的可能性和财务报表重要性水平共同作为缺陷认定标准，97家上市公司没有明确给出，65家上市公司分别按照净利润、净资产、营业收入、资产总额、税前利润、所有者权益中的1至4个财务指标的相应比例作为缺陷认定标准，而其中又有9家上市公司虽给出了作为缺陷认定标准的财务指标，但未给出具体的认定比例或认定金额。关于财务报告内控缺陷认定的定性标准，105家上市公司没有明确给出，66家上市公司参考了"审计指引"中可能存在内控重大缺陷的迹象描述，4家上市公司给出了本企业的定性认定标准。关于非财务报告内控缺陷认定的定量标准，111家上市公司没有明确给出，2家上市公司以偏离控制目标的程度作为缺陷认定标准，22家上市公司分别以净利润、净资产、营业收入、资产总额、税前利润、所有者权益中的1至4个财务指标比例作为缺陷认定标准，11家上市公司以直接财产损失作为缺陷认定标准，26家上市公司以直接财产损失和负面影响共同作为缺陷认定标准，2家上市公司以直接财产损失和财务指标比例共同作为缺陷认定标准，1家上市公司的认定标准中除了财务指标比例之外还出现了伤亡人数、人员健康安全、声誉、现金流、处罚金额、赔偿金额、安全事故、环境损害等认定标准。关于非财务报告内控缺陷认定的定性标准，107家上市公司没有明确给出，68家上市公司给出了本企业的定性认定标准。2012年，上市公司内控缺陷认定标准的披露内容在缺陷认定标准种类、描述语言和认定方式等方面初步形成了范例和模板，以后年度披露的缺陷认定标准相关内容均与之大同小异。

自2012年起，内控规范体系在我国境内主板上市公司正式实施，部分公司还存在理解上的不到位和实际执行上的偏差。为了稳步推进规范体系的贯彻实施，财政部等部委针对实施过程中出现的新情况和新问题进行了认真研究，并征求了有关上市公司、咨询机构和有关部门的意见，分别于2012年2月和2012年9月制定并印发了《企业内部控制规范体系实施中相关问题解释第1号》（简称《解释公告1号》）和《企业内部控制规范体系实施中相关问题解释第2号》（简称《解释公告2号》），这些公告的发布进一步规范了上市公司内控信息的披露行为。其中，《解释公告1号》就内控缺陷的认定标准进行了解释："企业可以根据《企业内部控制基本规范》及其配套指引，结合企业规模、行业特征、风险水平等因素，研究确定适合本企业的内部控制重大缺陷、重要缺陷和一般缺陷的具体认定标准。企业确定的内部控制缺陷标准应当从定性和定量的角度综合考虑，并保持相对稳定。通过不断的实践，总结经验，形成一套行之有效的内部控制缺陷认定方法。"有了这一系列的规定和条款解读，2013年，上市公司内控自我评价报告的披露格式和内容进一步规范，信息含量和质量进一步提升。2013年，沪、深两市共有A股上市公司2 496家，共披露了2 244份内控自我评价报告和507个内控缺陷，2 240家上市公司得出内控整体有效的结论，4家上市公司得出内控整体无效的结论。739家上市公司披露了内控缺陷认定标准，占发布内控自我评价报告上市公司的32.93%。披露的缺陷认定标准分成财务报告内控缺陷认定标准（进一步分为定量标准和定性标准）和非财务报告内控缺陷认定标准（进一步分为定量标准和定性标准）。其中，294家上市公司没有明确给出财务报告内控缺陷认定的定量标准，379家上市公司没有明确给出财务报告内控缺陷认定的定性标准，463家上市公司没有明确给出非财务报告内控缺陷认定的定量标准，443家上市公司没有明确给出非财务报告内控缺陷认定的定性标准。其中，给出明确的内控缺陷认定标准的上市公司，其认定标准的主要内容与2012年较为相似，这里不做赘述。

3.1.3　近五年内部控制缺陷认定标准的总体状况

经过几年的过渡和摸索，上市公司内控信息披露逐渐常态化和规范化，但监管机构在审查过程中仍发现一些问题，比如内控自我评价报告内容与格式不统一，内控缺陷认定和分类标准制定不恰当，披露不充分，缺陷认定主观性强、随意性大，评价结论不客观等。为进一步规范内控信息披露，2014年1月，财政部和证监会联合发布了《公开发行证券的公司信息披露编报规则第21号——年度内部控制评价报告的一般规定》。该规定明确了内控自我评价报告的构成要素，并针对重要声明、内控评价结论、内控评价工作情况等核心构成要素需要披露的主要内容和相关要求逐一进行了说明。对于内控评价结论，该规定要求披露财务报告内控是否有效的结论，并披露是否发现非财务报告内控重大缺陷。对于内控评价工作情况，该规定要求区分财务报告内控与非财务报告内控，分别披露重大缺陷认定标准、重要缺陷认定标准、缺陷认定和整改情况等。

得益于上述规定，2014年上市公司内控自我评价报告的内容和格式较以前年度更为规范，内控评价结论更为细化，更多的上市公司披露了内控缺陷认定标准，并首次出现了独立董事和监事会对内控自我评价报告的独立意见报告。具体来说，2014年，沪、深两市共有A股上市公司2 614家，共披露了2 360份内控自我评价报告和321个内控缺陷，2 333家上市公司得出内控整体有效的结论，7家上市公司得出内控整体无效的结论，2家上市公司无法出具结论，还有18家上市公司得出财务报告内控无效、非财务报告内控有效的结论。1 810家上市公司披露了内控缺陷认定标准，占发布内控自我评价报告上市公司的76.69%。内控缺陷认定标准的内容基于上述2012年的具体情况有些微调，认定标准的类型、描述语言和认定方式没有大的变动。还有125家上市公司发布了独立董事对内控自我评价报告的独立意见报告，354家上市公司发布了监事会对内控自我评价报告的独立意见报告。2014年上市公司内控自我评价报告在内控信息披露内容、格式、评价结论和缺陷认定标准等方面为以后年度提供了范例和模板，2015—2019年上市公司内控自我评价报告均在此框架下进行内控信息的披露。其中关于内控缺陷认定标准的披露情况如下：2015年，沪、深两市共披露了2 606份内控自我评价报告和351个内控缺陷，2 161家上市公司披露了内控缺陷认定标准，占发布内控自我评价报告上市公司的82.92%；2016年，沪、深两市共披露了2 688份内控自我评价报告和495个内控缺陷，2 638家上市公司披露了内控缺陷认定标准，占发布内控自我评价报告上市公司的98.14%；2017年，沪、深两市共披露了2 881份内控自我评价报告和529个内控缺陷，2 831家上市公司披露了内控缺陷认定标准，占发布内控自我评价报告上市公司的98.26%；2018年，沪、深两市共披露了3 245份内控评价报告和472个内控缺陷，2 804家上市公司披露了内控缺陷认定标准，占发布内控自我评价报告上市公司的86.41%；2019年，沪、深两市共披露了3 476份内控自我评价报告和643个内控缺陷，3 454家上市公司披露了内控缺陷认定标准，占发布内控自我评价报告上市公司的99.37%。

总的来说，《企业内部控制基本规范》为企业内控体系建设勾勒了基本框架，对上市公司内控自我评价和信息披露进行了初步规范，《企业内部控制配套指引》是《企业内部控制基本规范》的补充和说明，为上市公司自我评价提供了细化和明确的操作指南，为内控缺陷认定提供了指导和示范。上市公司内控体系不断完善，已经形成了制度、评价、鉴证、监督相结合的综合框架，内控缺陷认定和披露仍是社会关注的热点之一，内控自我评价报告的信息含量和质量在逐步提升。

3.2 ———内部控制缺陷认定标准的类型和特点———

　　内控规范体系规定，上市公司内控缺陷认定标准包括财务报告内控缺陷认定标准和非财务报告内控缺陷认定标准。财务报告内控是指公司的董事会、监事会、经理层及全体员工实施的，旨在合理保证财务报告及相关信息真实、完整而设计和运行的内控，以及用于保护资产安全的内控中，与财务报告可靠性目标相关的控制。财务报告内控的目标主要体现在财务报告的可靠性。因此，财务报告内控缺陷主要指不能合理保证财务报告可靠性的内控设计和运行缺陷，企业一般采用定性和定量相结合的方法划分重大缺陷、重要缺陷和一般缺陷。财务报告内控以外的其他内控，属于非财务报告内控。非财务报告内控缺陷主要包括不能合理保证企业发展战略、法规遵循、经营的效率效果等控制目标实现的内控设计和运行缺陷，企业一般也采用定性和定量相结合的方法划分重大缺陷、重要缺陷和一般缺陷。

3.2.1　财务报告内部控制缺陷定量认定标准的类型

　　财务报告内控缺陷的定量认定标准，从内容上可划分为五类：偏离控制目标程度、财务报表重要性水平、财务指标比例、缺陷发生的可能性和财务指标比例、错报发生的可能性和财务指标比例。这种分类是对2009—2019年中国上市公司内控自我评价报告中出现过的财务报告内控缺陷定量认定标准的初步划分。在实践中，各种类型的认定标准往往是交织在一起的，被上市公司单独或同时采用。以上划分有助于我们描述和理解现有的财务报告内控缺陷定量认定标准。

具体来说，以偏离控制目标程度作为缺陷认定标准的上市公司，按照偏离控制目标程度的百分比作为判断重大缺陷、重要缺陷和一般缺陷的认定标准。以财务报表重要性水平作为缺陷认定标准的上市公司规定，错报金额大于等于财务报表重要性水平时，认定公司存在重大缺陷，以错报金额占财务报表重要性水平的比例作为判断重要缺陷和一般缺陷的认定标准。以财务指标比例作为缺陷认定标准的上市公司，其选择的财务指标包括净利润、净资产、主营业务收入、营业收入、资产、收入、税前利润、所有者权益、近三年加权平均净利润等。上市公司分别选择其中的1至4个指标，乘以规定的比例后作为临界值来判断重大缺陷、重要缺陷和一般缺陷。以缺陷发生的可能性和财务指标比例作为缺陷认定标准的上市公司规定，缺陷发生的可能性包括发生的频率和合规程度两个方面。以某公司为例，其规定重大缺陷的认定标准为发生重复的主要缺陷、重大控制不达标，重要缺陷的认定标准为发生重复的非主要缺陷、主要控制不达标，一般缺陷的认定标准是未重复发生、非主要控制不达标；除此之外，还加入财务指标比例，以潜在导致财务损失或会计报表错报的情况，认定该缺陷对财务报告的影响。以错报发生的可能性和财务指标比例作为缺陷认定标准的上市公司，对错报发生的可能性有两种描述：一是认为错报发生的可能性，大于或小于"微小"是判断重大缺陷、重要缺陷和一般缺陷的认定标准；二是规定错报发生的比例，以此作为判断重大缺陷、重要缺陷和一般缺陷的认定标准。除此之外，还加入财务指标比例，以潜在导致财务损失或会计报表错报的情况，认定该缺陷对财务报告的影响。

3.2.2 财务报告内部控制缺陷定性认定标准的类型

关于财务报告内控缺陷的定性认定标准，上市公司采用最多的是"审计指引"中给出的可能存在内控重大缺陷的迹象描述：董事、监事和高级管理人员滥用职权，发生贪污、受贿、挪用公款等舞弊行为；公司因发现以前年度存在重大会计差错，更正已上报或披露的财务报告；公司审计委员会和内部审计机构对内控监督无效；外部审计师发现当期财务报告存在重大错报，且内控运行未能发现该错报。

部分上市公司在上述标准的基础上添加了符合所处行业和企业自身特点的，适用于本企业的财务报告内控缺陷定性认定标准。例如，某化学原料和化学制品制造行业上市公司添加了如下内控重大缺陷认定标准：负面消息在全国各地流传，对企业声誉造成重大损害；致使多位职工或公民死亡；对周围环境造成严重污染或者需高额恢复成本；严重违规操作，接受政府机构调查，使业务受到监管层限制，或受到重大诉讼和巨额罚款。某非金属矿物制造行业上市公司添加了如下内控重大缺陷认定标准：未依程序及授权办理，造成重大损失的；中高级管理人员和高级技术人员严重流失；重要业务缺乏制度控制或制度控制失效。某餐饮行业上市公司添加了如下内控重大缺陷认定标准：已经发现并报告给管理层的重大缺陷，在合理的时间内未加以改正；决策程序导致重大失误；违反国家法律法规并受到处罚；中高级管理人员和高级技术人员流失严重；媒体频现负面新闻，涉及面广；重要业务缺乏制度控制或制度体系失效；其他可能影响报表使用者正确判断的缺陷。某畜牧行业上市公司添加了如下内控重大缺陷认定标准：风险评估职能无效；控制环境无效；重大缺陷没有在合理期间得到整改；企业缺乏民主决策程序，如缺乏"三重一大"决策程序；企业决策程序不科学，如决策失误，导致重大交易失败；违反国家法律、法规，如环境污染等；管理人员或技术人员大量流失；媒体负面新闻频现；重要业务缺乏制度控制或制度系统性失效。

部分上市公司没有采用"审计指引"中的认定标准，而是根据所处行业和企业自身特点制定了适用于本企业的财务报告内控缺陷定性认定标准。例如，某电气机械和器材制造行业上市公司制定了如下内控重大缺陷认定标准：是否存在会计基础缺陷。是否存在财务报告相关的关键信息系统缺陷。是否对公司的经营管理造成重大影响，如对以下因素的影响：生产安全、质量、合规性，以及可能需要高级管理层介入处理；该项控制与其他控制的相互作用或关系，该项缺陷与其他缺陷之间的相互作用；控制缺陷在未来可能产生的影响。某计算机、通信和其他电子设备制造行业上市公司制定了如下内控重大缺陷认定标准：因舞弊导致错报而对以前发表的财务报表进行重报；注册会计师发现公司当期财务报表的重大错误，但该错误最初没有被公司财务报告相关的内控发现；合规性监管职能失效，违反法规的行为可能对财务报告的可靠性产生重大影响；发现涉及高级管理人员的任何程度的舞弊行为；已向管理层汇报但经过合理期限后，管理层仍然没有对重要缺陷进行纠正。某医药制造行业上市公司制定了如下内控重大缺陷认定标准：会计科目及披露事项和相关认定的性质；相关资产或债务受损或舞弊影响的程度；确定涉及金额所需判断的主观性和复杂性或程度；例外事项产生的原因和频率；与其他控制之间的互动关系，即控制的相互依赖和控制之间的冗余；缺陷可能导致的未来后果；历史上（包括当前年度）存在的错报情况所提示的增长趋势风险；调整后的影响水平与总体重要性水平的比较。

3.2.3 非财务报告内部控制缺陷定量认定标准的类型

相较于财务报告内控缺陷定量认定标准，非财务报告内控缺陷定量认定标准更多样、更个性化，也更开放。近些年，上市公司内控自我评价报告中出现过的非财务报告内控缺陷定量认定标准种类繁多，主要包括：偏离控制目标程度、财务报表重要性水平、财务指标比例、直接财产损失（用财务指标比例或直接金额表示）、直接财产损失和负面影响。还有上市公司采用了伤亡人数、人员健康安全、声誉、现金流、处罚金额、赔偿金额、安全事故、环境损害等认定标准。这些标准的具体使用方法和认定方式与上述财务报告内控缺陷的认定基本相同，上市公司单独或同时采用这些认定标准，但相较于财务报告内控缺陷定量认定标准，非财务报告内控缺陷定量认定标准不论在采用数量上还是描述详细程度上，都更为简单，部分上市公司直接选取财务报告内控缺陷定量认定标准中的某个或某些指标作为非财务报告内控缺陷定量认定标准。

3.2.4 非财务报告内部控制缺陷定性认定标准的类型

相较于财务报告内控缺陷定性认定标准，非财务报告内控缺陷定性认定标准的制定更具个性化，大部分上市公司根据所处行业和企业自身特点制定了适用于本企业的非财务报告内控缺陷定性认定标准。例如，某汽车制造行业上市公司制定了如下非财务报告内控重大缺陷定性认定标准：如果缺陷发生的可能性高，会严重降低工作效率或效果、或严重加大效果的不确定性、或使之严重偏离预期目标的为重大缺陷。某计算机、通信和其他电子设备制造行业上市公司制定了如下非财务报告内控重大缺陷定性认定标准：缺乏民主决策程序；公司决策程序不科学，如决策失误，导致并购不成功；违反国家法律、法规，如环境污染；内控评价的结果特别是重大或重要缺陷未得到整改；重要业务缺乏制度控制或控制系统性失效；董事、监事和高级管理人员在公司管理活动中存在重大舞弊；在审计过程中注册会计师发现当期财务报告存在重大错报，而公司的内控在运行过程中未能发现；公司的审计委员会和内部审计机构对内控的监督无效；因会计差错导致证券监管机构的行政处罚。某电气机械和器材制造行业上市公司制定了如下非财务报告内控重大缺陷定性认定标准：安全：多位职工死亡；公司声誉：负面消息流传各地，政府或监管机构进行调查，引起公众关注，造成客户大量流失，或需登报说明。某水上运输行业上市公司制定了如下非财务报告内控重大缺陷定性认定标准：如果缺陷发生的可能性高，会严重降低工作效率或效果、或严重加大效果的不确定性、或使之严重偏离预期目标的为重大缺陷。某医药制造行业上市公司制定了如下非财务报告内控重大缺陷定性认定标准：关于公司安全、环保、社会责任、职业道德、经营状况的负面消息流传全国各地，被政府或监管机构专项调查，引起公众媒体连续专题报道，公司因此出现资金借贷与回收、行政许可被暂停或吊销、资产被质押、大量索偿等不利事件。

3.2.5　内部控制缺陷认定标准的特点

从内控的雏形——内部牵制阶段——开始，财与物的管理活动就是其关注的重点。15 世纪末，意大利出现的复式记账法标志着内部牵制制度日趋成熟，其主要内容是账目间的相互核对及一定程度的岗位分离，目的是防范财产物资流转和管理中的舞弊，保证企业资产的安全和完整。1934年美国发布的《证券交易法》第一次提出了内部会计控制系统，之后经过实践的验证和时间的打磨，在会计和财务相关控制的基础上，相继加入了其他控制，并于 1958 发布了第 29 号审计程序公报《独立审计人员评价内部控制的范围》，将内控分为内部会计控制和内部管理控制两类，而其检查会计信息的准确性和可靠性、保护资产安全的目的和宗旨未曾改变。直到 COSO《内部控制——整合框架》的发布，防治会计信息失真仍然是其主要的控制内容，财务报告内控对于遏制财务舞弊、实现企业现代化管理的责任和职责历久弥新。因此，财务报告内控是上市公司内控自我评价工作的重点关注内容，财务报告内控设计和运行是否有效，是否存在缺陷，存在何种缺陷，缺陷认定标准如何制定，既是公司董事会和管理层关心的内容，也是注册会计师重点关注的内容。

财务报告反映了上市公司某个时间点上的财务状况和一段时期内的经营成果，一直以来都是利益相关者了解企业经营情况的主要途径。财务报告通过表中信息以及基于表中信息的财务分析，为利益相关者的经济决策提供参考，报告信息的真实性、可靠性和公允性直接影响经济决策的效率和效果，而这一切都取决于财务报告内控是否有效。财务报告内控缺陷认定标准是判断财务报告内控是否有效、是否存在缺陷和存在何种缺陷的判断标准，决定了报告使用者是否能够基于财务报告做出正确的经济决策。因此，详细而全面的财务报告内控缺陷认定标准描述，既是公司董事会和管理层的责任，也是利益相关者的诉求。财务报告内控缺陷认定标准分为定量标准和定性标准，其中，定量标准包括偏离控制目标程度、财务报表重要性水平、财务指标比例、缺陷发生的可能性和财务指标比例、错报发生的可能性和财务指标比例。在实际操作中，各种类型的认定标准往往是交织在一起的，被上市公司单独或同时采用。定性标准主要采用"审计指引"给出的模板，或在此基础上考虑所处行业和企业自身的特点。总体来说，上市公司内控自我评价报告中披露的财务报告内控缺陷认定标准普遍较为细致和规范，是理论和实践中进行内控缺陷识别和认定的主要依据。

非财务报告内控为企业战略目标、经营目标、合规目标、资产安全目标等除财务报告目标之外的所有目标提供合理保证。因此，相较于有着标准格式和已知内容的财务报告内控，非财务报告内控有着开放的边界和范畴。处于不同行业的上市公司有着不同的控制内容，处于不同生命周期的上市公司有着不同的控制重点，处于不同规模的上市公司有着不同的控制模式。因此，部分上市公司内控自我评价报告中所披露的非财务报告内控缺陷认定标准有着强烈的个体特征，这符合理论解释和实践操作。也有部分上市公司选择了"放之四海而皆准"的认定标准，这些标准均属于原则式标准，所针对的内容较为基础和大众，适用于所有上市公司。如果从描述内容和文字数量来看，非财务报告内控缺陷比财务报告内控缺陷认定标准的内容更多，涉及面更广，甚至有些方面更具体。但与非财务报告内控覆盖的业务范畴和辐射的控制边界相比，其缺陷认定标准在全面性、具体性和详细性方面就相形见绌了。

综上所述，上市公司对财务报告内控缺陷认定标准的制定和披露更为详细和全面，对非财务报告内控缺陷认定标准的制定和披露稍显简单和片面，其中定量认定标准比定性认定标准又更为规范和细致，这与内控发展的历史进程、缺陷认定标准所针对的业务特征以及公众对内控信息披露的关注重点不无关系。

3.3 —— **内部控制缺陷认定标准的总体趋势** ——

让利益相关者了解企业的内控状况是内控自我评价的目的，内控是否有效是自我评价的结论，是否存在缺陷是判断内控是否有效的标准，而缺陷认定标准是判断内控是否存在缺陷的标准。由于内控缺陷具有隐秘特征，且企业内外部信息不对称，如果企业不能客观披露，外部利益相关者很难清楚地了解企业到底存在多少缺陷，缺陷会引起多大的经济损失，缺陷严重程度如何，而这一直是研究内控缺陷问题的难点。随着《企业内部控制基本规范》及其配套指引等法规的发布，上市公司内控信息的披露数量和质量都有了很大的提升，越来越多的公司披露了自身存在的内控缺陷，内控缺陷数量逐年增加，这得益于相关法规提高了企业内控信息的透明度。但另一方面，"评价指引"鼓励企业保持稳定的内控缺陷认定标准，而缺陷数量的增加是否意味着上市公司治理水平的下降？要回答这一问题，就不得不考察和分析近些年相关法规条文下的内控缺陷认定标准的发展趋势。

2011年1月1日，我国境内外同时上市的公司开始执行《企业内部控制配套指引》，内控信息披露进入强制阶段。当年披露内控自我评价报告的上市公司中，有8家披露了内控缺陷认定标准，占比0.49%，其中1家公司按照"评价指引"对内控评价报告内容的要求，完整描述了本企业制定的内控缺陷认定标准，实现了零的突破。2012年，175家上市公司披露了内控缺陷认定标准，占发布内控自我评价报告上市公司的9.5%。披露的缺陷认定标准也分成了财务报告内控缺陷认定标准（进一步分为定量标准和定性标准）和非财务报告内控缺陷认定标准（进一步分为定量标准和定性标准），这一年也形成了内控缺陷认定标准种类、描述语言和认定方式的范例和模板，以后年度均是基于此框架进行数量和质量的提升（见表3-1）。

表3-1　　　　2009—2019年中国上市公司内控信息披露概况表

年份	公司数量	披露内控信息数量	内控评价结论				披露标准	披露缺陷	独董声明	监事声明
			结论为有效	结论为无效	非标结论	无结论				
2008	1 627	655	655	0	0	0	0	290	0	0
2009	1 724	1 075	1 072	2	0	1	0	342	0	0
2010	2 067	1 278	1 275	2	0	1	0	335	0	0
2011	2 345	1 619	1 614	3	0	2	8	341	0	0
2012	2 497	1 847	1 844	2	0	1	175	231	0	0
2013	2 496	2 244	2 240	4	0	0	751	507	0	0
2014	2 614	2 360	2 333	7	18	2	1 810	321	125	354
2015	2 818	2 606	2 571	8	27	0	2 161	351	112	336
2016	3 011	2 688	2 656	7	25	0	2 638	495	184	422
2017	3 500	2 881	2 851	4	26	0	2 831	529	67	339
2018	3 583	3 245	3 165	39	41	0	2 804	472	61	340
2019	3 770	3 476	3 362	41	73	0	3 454	643	41	57

3.3.1　内部控制缺陷定量认定标准的变化趋势

2009—2019年，上市公司财务报告内控缺陷定量认定标准经历了一个从随意到标准，从多样到统一的过程。从2011年到2019年，上市公司内控自我评价报告中出现过如下财务报告内控缺陷定量认定标准类型：偏离控制目标程度、财务报表重要性水平、财务指标比例、缺陷发生的可能性和财务指标比例、错报发生的可能性和财务指标比例。每年出现的认定标准类型数量，在2009—2019年中呈现倒U形趋势，即2011年和2012年的内控自我评价报告中，认定标准类型数量较少，这和规范条款颁布初期披露评价报告的公司数量较少有关。2013年和2014年是认定标准种类数量的高峰期，披露认定标准的公司数量迎来第一次跳跃式增长，初次披露和多次披露的上市公司交织在一起，缺陷认定标准的类型也花样百出，之后披露的相关内容均大同小异。2015—2019年上市公司发布的内控自我评价报告中，认定标准类型数量不断减少，逐渐趋于规范和统一。如2019年，几乎所有上市公司均以财务指标比例作为缺陷认定标准，至此形成2009—2019年倒U形的内控缺陷认定标准类型数量趋势。

就上市公司个体而言，除了符合上述内控缺陷认定标准类型数量的总体趋势之外，大部分公司按照"评价指引"的要求，多年来保持了一致的缺陷认定标准，但也有部分公司进行了调整，调整情况大致分为以下三类：

一是更换或增减认定标准中的财务指标数量。这一调整方式在上市公司中较多见，表现为：一段时间内保持缺陷认定标准中的财务指标内容和数量不变，某一年增加或减少了原有的指标数量或内容，在之后的几年里保持调整后的认定标准不变。例如长信科技（300088），2014年，其财务报告内控缺陷定量认定标准为税前利润（重大缺陷临界值比例为2%）；2015—2019年，该认定标准为资产总额（重大缺陷临界值比例为2%）。盐田港（000088），2013—2014年，其财务报告内控缺陷定量认定标准为净利润（重大缺陷临界值比例为10%）；2015—2019年，该认定标准为净资产（重大缺陷临界值比例为0.5%）。中联重科（000157），2012—2013年，没有披露适用的财务报告内控缺陷定量认定标准；2014—2015年，该缺陷定量认定标准为税前利润（重大缺陷临界值比例为5%）；2015—2017年，该认定标准为销售收入（重大缺陷临界值比例为0.4%）。三五互联（300051），2016—2018年，其财务报告内控缺陷定量认定标准为营业收入（重大缺陷临界值比例为5%）和资产总额（重大缺陷临界值比例为5%）；2019年，该认定标准为资产总额（重大缺陷临界值比例为5%）、利润总额（重大缺陷临界值比例为10%）和所有者权益（重大缺陷临界值比例为1%）。

二是调整认定标准中财务指标的比例。这一调整方式没有改变缺陷认定标准的种类和内容，通过调整财务指标对应的比例，改变了判断是否存在缺陷以及缺陷种类的具体标准。调整方式分为两类，即阶段性调整和波动式调整。前者类似于上述财务指标数量的调整，特征为调整前和调整后均在一段时间内保持不变。阶段性调整又分为调增和调减，调增表示财务指标比例增大，缺陷认定标准有趋于宽松的态势；调减表示财务指标比例减小，缺陷认定标准有收紧趋势。例如中能电气（300062），2014—2015年，没有披露适用的财务报告内控缺陷定量认定标准；2016—2018年，该认定标准为资产总额（重大缺陷临界值比例为1%）和营业收入（重大缺陷临界值比例为1%）；2019年，该认定标准仍为资产总额和营业收入，但营业收入的重大缺陷认定临界值比例调整为5%。新国都（300130），2014—2015年，没有披露适用的财务报告内控缺陷定量认定标准；2016年，该认定标准为资产总额（重大缺陷临界值比例为0.05%）和营业收入（重大缺陷临界值比例为0.5%）；2017—2019年，该认定标准仍为资产总额和营业收入，但资产总额的重大缺陷认定临界值比例调整为0.25%。宝利国际（300135），2014—2016年，其财务报告内控缺陷定量认定标准为资产总额（重大缺陷临界值比例为1%）和营业收入（重大缺陷临界值比例为1%）；2017—2019年，该认定标准仍为资产总额和营业收入，但二者的重大缺陷认定临界值比例均调整为5%。晨光生物（300138），2014年，没有披露适用的财务报告内控缺陷定量认定标准；2015—2018年，该认定标准为资产总额（重大缺陷临界值比例为2%）、营业收入（重大缺陷临界值比例为2%）和利润总额（重大缺陷临界值比例为10%）；2019年，该认定标准仍为资产总额、营业收入和利润总额，但利润总额的重大缺陷认定临界值比例调整为5%。

波动式调整是指一段时期内（2011—2019年），上市公司的财务报表内控缺陷定量认定标准采用相同的财务指标，但其判断是否存在缺陷以及存在何种缺陷的指标比例有波浪式变动，表现为第一阶段指标比例保持不变，第二阶段指标比例发生调整，被调增或调减，第三阶段指标比例再次发生调整，调整后或与第一阶段的指标比例相同，或不与任何阶段指标比例相同。例如方大集团（000055），2013—2014年，其财务报告内控缺陷定量认定标准为利润总额（重大缺陷临界值比例为5%）和资产总额（重大缺陷临界值比例为5%）；2015年，作为缺陷认定标准的财务指标还是利润总额和资产总额，但其重大缺陷临界值比例均调整为1%；2016—2019年，采用与2013—2014年相同的认定标准，即利润总额（重大缺陷临界值比例为5%）和资产总额（重大缺陷临界值比例为5%）。龙源技术（300105），2013—2014年，其财务报告内控缺陷定量认定标准为营业收入（重大缺陷临界值比例为5%）和资产总额（重大缺陷临界值比例为5%）；2015年，作为缺陷认定标准的财务指标还是营业收入和资产总额，但其重大缺陷临界值比例均调整为2%；2016—2019年，采用与2013—2014年相同的认定标准，即营业收入（重大缺陷临界值比例为5%）和资产总额（重大缺陷临界值比例为5%）。

三是既调整财务指标又调整财务指标比例。这一调整方式结合了上述两类调整的特征，表现为认定标准中财务指标内容、数量及比例的变化，有时多种变化交织在一起，形成无规律的变化趋势。例如深物业A（000011），2014年，其财务报告内控缺陷定量认定标准为营业收入（重大缺陷临界值比例为3%）、利润总额（重大缺陷临界值比例为5%）和资产总额（重大缺陷临界值比例为3%）；2015年，该认定标准调整为营业收入和资产总额，其重大缺陷临界值比例分别调整为1.5%和0.5%；2016—2019年，缺陷认定标准的财务指标为营业收入和资产总额，其中营业收入的重大缺陷临界值比例每年保持不变，资产总额的重大缺陷临界值比例每年都有调整，分别为0.25%、0.3%、0.5%和0.25%。泛海控股（000046），2014—2015年，其财务报告内控缺陷定量认定标准包括利润总额（小于等于6亿元，重大缺陷临界值为错报6 000万元；大于6亿元，重大缺陷临界值比例为10%）、资产总额（重大缺陷临界值比例为1%）和营业收入（重大缺陷临界值为错报1亿元）；2016—2019年，其认定标准包括利润总额（小于等于12亿元，重大缺陷临界值为错报6 000万元；大于12亿元，重大缺陷临界值比例为5%）、资产总额（重大缺陷临界值比例为1%）和营业收入（重大缺陷临界值比例为1%）。深天马（000050），

47

2013 年，其财务报告内控缺陷定量认定标准为资产总额（重大缺陷临界值比例为 5%）、净资产（重大缺陷临界值比例为 5%）、营业收入（重大缺陷临界值比例为 5%）和净利润（重大缺陷临界值比例为 5%）；2014—2019 年，该认定标准调整为资产总额、营业收入和净利润，其重大缺陷临界值比例分别调整为 0.5%、0.5% 和 10%。探路者（300005），2014—2016 年，财务报告内控缺陷定量认定标准为税前利润（重大缺陷临界值比例为 10%）和资产总额（重大缺陷临界值比例为 2%）；2017—2018 年，该认定标准为资产总额（重大缺陷临界值比例为 2%）；2019 年，该认定标准为资产总额（重大缺陷临界值比例为 0.5%）。

　　非财务报告内控缺陷定量认定标准的变化趋势与财务报告内控缺陷定量认定标准的总体变化趋势大致相同，即从个性多样到规范统一。从 2011 年到 2019 年，上市公司发布的内控自我评价报告中，出现过如下非财务报告内控缺陷定量认定标准类型：偏离控制目标程度、财务报表重要性水平、财务指标比例、直接财产损失（用财务指标比例或直接金额表示）、直接财产损失和负面影响，还有上市公司采用了伤亡人数、人员健康安全、声誉、现金流、处罚金额、赔偿金额、安全事故、环境损害等认定标准。到 2019 年，大多数上市公司采用财务指标比例或（和）直接财产损失作为非财务报告内控缺陷定量认定标准。就个体上市公司而言，大部分公司按照"评价指引"的要求，多年来保持了一致的内控缺陷认定标准，但也有部分公司进行了调整，调整情况与财务报告内控缺陷定量认定标准相似，此处不做赘述。与其不同的是，采用直接财产损失作为缺陷认定标准的上市公司较多，其中直接财产损失往往以固定金额表示。近些年，部分上市公司的该固定金额发生了变化，且大都呈现增长趋势，部分上市公司的该固定金额没有变化。考虑到通货膨胀，该固定金额不断增加属于正常现象，至于没有变化的，从表面来看属于缺陷认定标准的收紧，但少有上市公司仅用固定金额作为判断内控缺陷的认定标准。因此，判断单个公司内控缺陷认定标准的收紧和放松，需结合其他认定标准做出结论。例如中信海直（000099），2012—2019 年，均以直接财产损失作为非财务报告内控缺陷定量认定标准，其重大缺陷临界值为 50 万元。英特集团（000411），2014—2019 年，均以直接财产损失作为非财务报告内控缺陷定量认定标准，其重大缺陷临界值为 1 000 万元。沙河股份（000014），2014—2019 年，均以资产总额和直接财产损失作为非财务报告内控缺陷定量认定标准，其重大缺陷临界值比例为资产总额的 3‰，直接财产损失金额为 500 万元。万达信息（300168），2014—2018 年，以直接财产损失占利润总额的比例作为非财务报告内控缺陷定量认定标准，其重大缺陷临界值均为利润总额的 5%；2019 年，以直接财产损失占营业收入的比例作为非财务报告内控缺陷定量认定标准，其重大缺陷临界值为 2 000 万元。

3.3.2　内部控制缺陷定性认定标准的变化趋势

关于内控缺陷定性认定标准，上市公司主要采用"审计指引"加自身特点的方式制定，描述内容丰富、描述方式多样、描述重点各异，开放性特征较明显，缺陷认定标准没有发生变化的公司多年来一如既往，发生变化的公司表现出的变化趋势各不相同。

一是内控缺陷定性认定标准多年保持不变。例如飞亚达 A（000026），2013—2019 年的财务报告内控缺陷定性认定标准均表述如下：该缺陷涉及董事、监事和高级管理人员舞弊；更正已经公布的财务报表；注册会计师发现当期财务报表存在重大错报，而内控在运行过程中未能发现该错报；企业审计委员会和监察审计部对内控的监督无效。中兴通讯（000063），2014—2019 年的财务报告内控缺陷定性认定标准均表述如下：公司财务报告及信息披露等方面发生重大违规事件；公司审计委员会和内部审计机构对内控的监督无效；公司以前年度公告的财务报告出现重大错报，而内控在运行过程中未能发现该错报。

二是内控缺陷定性认定标准发生阶段性变化。例如中粮地产（000031），2014—2016 年的财务报告内控缺陷定性认定标准表述如下：（1）公司董事、监事和高级管理人员的舞弊行为；（2）公司更正已公布的财务报告，注册会计师发现的却未被公司内控识别的当期财务报告中的重大错报；（3）审计委员会和审计部对公司的对外财务报告和财务报告内控监督无效。中粮地产 2017—2018 年的披露保留了之前（1）和（2）的表述，将（3）改为"注册会计师发现的却未被公司内控识别的当期财务报告中的重大错报"。2019 年在 2017 年和 2018 年表述的基础上，增加了

"(4) 审计委员会和审计部对公司的对外财务报告和财务报告内控监督无效。"华联控股（000036），2014—2018 年的财务报告内控缺陷定性认定标准表述如下：（1）企业经营活动严重违反国家法律法规；（2）发现董事、监事和管理层的对财务报告构成重大影响的舞弊行为；（3）更正已发表的财务报告，以反映对错误或舞弊导致的重大错报的纠正；（4）注册会计师发现当期财务报告存在重大错报，而内控在运行过程中未能发现该错报。2019 年，在以前年度表述的基础上增加了"（5）已报告给管理层、董事会的重大缺陷在经过合理的时间后，未加以改正；（6）发生对公司造成严重负面影响的重大诉讼案件，影响到公司的持续经营"。深天地 A（000023），2013 年的财务报告内控缺陷定性认定标准表述如下：（1）缺乏民主决策程序导致重大失误；（2）违反国家法律法规并受到处罚；（3）中高级管理人员和高级技术人员严重流失；（4）媒体频现负面新闻，波及面广，引起相关部门关注并展开调查；（5）重要业务缺乏制度控制或制度系统失效；（6）业务流程的一般控制与关键控制组合缺失；（7）管理层及治理层舞弊；（8）内控重大缺陷未得到整改。2014—2019 年的表述如下：（1）公司董事、监事和高级管理人员舞弊并给公司造成重大的财务损失；（2）注册会计师发现当期财务报表存在重大错报，而内控在运行过程中未能发现错报；（3）董事会或其授权机构及内审部门对公司内控的监督无效。

3.3.3 内部控制缺陷认定标准的变化趋势

通过对 2009—2019 年我国上市公司内控缺陷认定标准的观察和分析可以发现，内控缺陷定量认定标准的总体趋势是从随意到标准、从多样到统一，定性认定标准的总体趋势是保持描述内容丰富、描述方式多样、描述重点各异等开放性特征。就单个上市公司而言，内控缺陷定量认定标准的变化方式主要是调整判断缺陷的财务指标和财务指标比例；定性认定标准均为语言描述，内容丰富形式多样，不具有规律性特征，但大都以"审计指引"为参考，在其基础上按照本企业的实际情况添加适用的其他事项。"评价指引"鼓励上市公司保持稳定的内控缺陷认定标准，但认定标准发生变化的公司不在少数，究其原因可能包括上市公司自身原因和环境原因两种。其中，自身原因有两个方面：一是时间因素。观察发现，在披露内控缺陷认定标准的第二或第三年，对认定标准进行调整的上市公司较多，其原因可能在于：经过一两年的摸索和实践后，企业才能归纳总结出符合自身情况的内控缺陷认定标准。二是自身需要。内控制度的执行需要考虑成本效益问题，过度严格的缺陷认定标准虽然体现了企业"严于律己"的经营态度，但确实会产生较大的执行和控制成本，过度宽松的缺陷认定标准具有成本优势，但不利于企业塑造良好的市场形象。因此，上市公司会在内控执行成本和收益之间进行权衡，调整缺陷认定标准。环境原因也包括两个方面：一是政策变化。观察发现，相关政策出台前后，部分上市公司的内控缺陷认定标准会出现调整。如2013年12月《上海证券交易所上市公司董事会审计委员会运作指引》出台，其中规定了上市公司审计委员会的运作。2014—2015年披露的上市公司内控自我评价报告中，部分公司加入了"审计委员会"的相关内容。2018年4月，沪深交易所分别发布修订的《上海证券交易所股票上市规则》、《深圳证券交易所股票上市规则》及《深圳证券交易所创业板股票上市规则》，要求上市公司董事会下必须设置审计委员会，从"可有"变成"必须有"，反映出监管层的态度。2019年，"审计委员会"成为内控缺陷认定标准中的高频词汇。这些反应和影响符合上市公司的行为逻辑和发展常识。二是行业波动。内控缺陷认定标准具有行业异质性特征，同一行业内的上市公司，其内控缺陷认定标准具有趋同性特征。例如2019年，大部分房地产行业上市公司的内控缺陷定性认定标准发生了调整，缺陷认定趋于收紧态势。

综上所述，上市公司内控缺陷认定标准的制定和变化均基于特定的原因和环境，本研究将根据对2009—2019年缺陷认定标准变化趋势的观察，进一步挖掘和讨论上市公司内控缺陷认定标准的影响因素。

第 4 章

内部控制缺陷认定标准影响因素的理论分析

《企业内部控制基本规范》及其配套指引将内控缺陷按其影响程度划分为重大缺陷、重要缺陷和一般缺陷，没有明晰各类缺陷之间的关系，没有给出明确的认定标准。内控缺陷认定标准缺乏细化指导规则而引起的混乱和争议，如同会计准则中原则导向和规则导向的争议。监管层采用原则导向的认定标准，没有对上市公司内控认定标准做明确界定和指导，仅针对"基本规范"和"应用指引"中的内控活动流程提出应该遵循的原则；没有力图回答所有可能出现的问题，而是给予企业"自由量裁权"，自行研究确定适合本企业的具体的内控缺陷认定标准。然而，内控缺陷认定是上市公司建立、评价和审计内控工作的核心和前提，缺陷认定标准的缺失给企业留下了操纵的空间，企业出于趋利避害的自身利益考虑，将重大缺陷"内部消化"，直接导致了上市公司内控信息披露质量问题。这一问题已引起监管层的关注，早在2010年，时任财政部会计司司长刘玉廷便指出："内部控制缺陷的认定，特别是非财务报告内部控制缺陷的认定，是企业内部控制评价工作中面临的重大挑战之一。"

内控缺陷认定标准的确定需要考虑多方面因素，包括企业规模、所处行业特征、管理层风险偏好、所处发展阶段等，它就像是一个"黑匣子"，学者们为了揭开其中的奥秘付出了许多努力。在一个企业中，内控缺陷认定标准由谁确定？怎么确定？特别是在中国目前经济转轨的大环境下，哪些因素在上市公司内控缺陷认定标准的制定过程中起到了关键性作用？这是一个亟待破解的谜题。本研究将从理论分析和框架分析两个方面深入剖析内控缺陷认定标准影响因素的作用机理（如图4-1所示），其中，理论分析基于新制度经济学理论，从交易费用理论、产权理论和委托代理理论分析内控缺陷认定标准的影响因素；框架分析基于内控缺陷认定的流程性分析，依据业务流程和控制环节、缺陷识别和认定，深入剖析缺陷认定标准的任务因素。外部市场反应是影响内控缺陷认定标准的认定环境因素，与认定主体因素和认定任务因素形成"缺陷认定标准—缺陷信息披露—市场反应—缺陷认定标准"的闭环分析框架。本章将全面、系统、深入地分析各因素对内控缺陷认定标准的影响作用、传导路径和反馈机制，为研究内控缺陷认定标准的影响因素提供理论支撑。

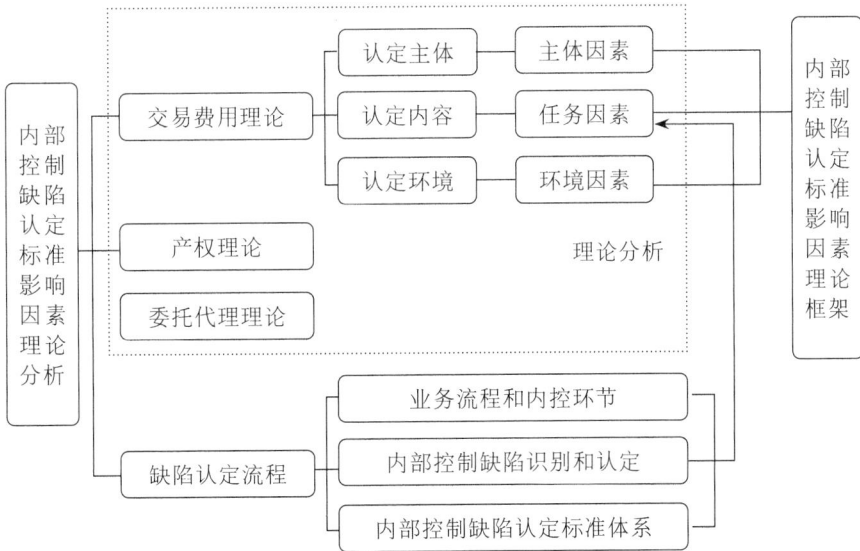

图4-1　内控缺陷认定标准影响因素理论分析

4.1 —内部控制缺陷认定标准影响因素作用机理分析—

新制度经济学是用经济学方法研究分析制度的理论体系，发展至今，体系初具规模，已形成多个理论支流，其中交易费用理论是其核心概念和理论框架。内控缺陷认定，强调如实识别并认定存在的内控缺陷，特别是重大缺陷，究其本质是内部信息公开化的行为方式，涉及交易费用、信息传递和市场反应等一系列经济行为。缺陷认定标准的高低，会对信息提供者和信息使用者之间的交易成本产生影响，这与新制度经济学的基本原理相契合。基于此，本研究基于新制度经济学构建主要研究框架，从交易费用理论、产权理论、委托代理理论等角度，对上市公司内控缺陷认定标准的影响因素进行理论分析。

4.1.1 交易费用理论与内部控制缺陷认定标准

1960年，Coase在《社会成本问题》中首次使用交易费用的概念，并将其运用于实际经济问题的分析之中。Williamson（1977）在其基础上深化了交易成本的决定因素，将其归纳为人的因素、与特定交易有关的因素和市场环境因素三个维度。其中，人的因素体现为两个行为假设，即有限理性和机会主义行为；与特定交易有关的因素体现为三个交易性质决定因素，即资产的专用性、交易的不确定性和频率；市场环境因素体现为潜在交易对手。本研究延承交易费用理论的研究框架，也将内控缺陷认定标准的影响因素归为三类，但根据内控缺陷认定标准的业务特点，对具体内容进行了重塑和延展。交易费用理论框架图如图4-2所示。

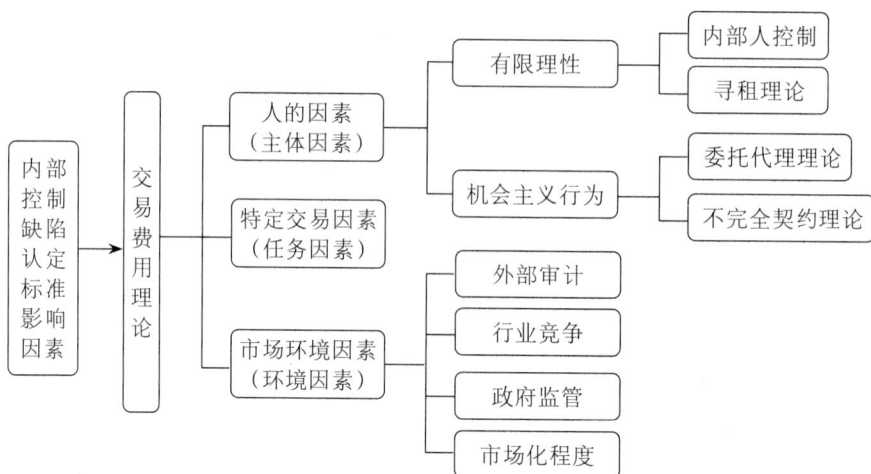

图4-2　交易费用理论框架图

　　根据图4-2，基于交易费用的决定因素，内控缺陷认定标准的影响因素可以分为主体因素、任务因素和环境因素。主体因素主要指影响内控缺陷认定标准制定主体的因素，延承有限理性和机会主义行为两方面研究视角，以有限理性为假设前提，回答为什么需要制定并披露内控缺陷认定标准的问题；以机会主义行为为假设前提，回答为什么出现松紧程度不同的内控缺陷认定标准的问题。任务因素主要指影响特定事项内控缺陷认定标准的因素，包括业务流程和内控环节、内控缺陷的识别认定等，回答怎样制定内控缺陷认定标准的问题。环境因素主要是指企业外部对内控缺陷认定标准产生影响的因素，如外部审计、行业竞争、政府监管和市场化程度等，回答制定内控缺陷认定标准有哪些束缚和制衡的问题。

　　1）内控缺陷认定标准主体影响因素的理论分析

　　（1）有限理性与内控缺陷认定标准

　　有限理性是指人的行为既是有意识的理性也是有限的理性，"有限理性经济人"的知识、信息、经验和能力均是有限的，其决策只能是最满意的解决方案，不会是也不可能是最优的解决方案（Simmons，1947）。在内控缺陷认定过程中，企业管理层掌握内部信息，占有信息优势，作为交易另一方的外部投资人则处于信息劣势，既不能在事前充分了解企业的经营管理，又不能准确预测未来发生的可能事项，不完全契约产生。作为有限理性经济人，外部投资人会通过高投资回报率补偿风险，交易成本增加，市场运行效率受到影响。因此，要实现在有限理性经济人参与交易的情况下降低交易成本，可以通过尽可能全面的事前信息和尽可能准确的事后预测，来达到减少交易双方分歧、提高市场运行效率的目的。根据有效市场理论，市场可以划分为弱势、半强势和强势市场三类。我国资本市场处于弱势市场阶段，投资人仅能根据历史价格和相关信息进行交易，不能获得额外利润。有限理性的投资人迫切需要有效的资本市场，提升理性程度和空间，解决途径之一是提高上市公司内控信息披露质量，缺陷信息是判断内控有效性的重要指标。高质量的内控信息，可以为投资人决策提供可靠支撑，保护投资人利益，稳定资本市场，有利于推进市场有效性的发展。与此同时，有效市场与高质量信息披露是相互作用、相辅相成的，高质量的信息披露降低了信息不对称程度，降低信息成本，提高资本市场的有效性程度。有效性程度较高的资本市场，会对信息披露程度和质量提出更高要求，这也解释了内控缺陷认定标准从不需披露到强制披露的转变。

（2）机会主义行为与内控缺陷认定标准

机会主义行为可以分为事前机会主义行为和事后机会主义行为，前者主要体现为逆向选择，后者主要体现为道德风险和代理成本。逆向选择基于信息不对称的假设前提，拥有信息优势的交易方在交易中损人利己，信息劣势方难以做出正确决策，交易价格被扭曲，市场效率被降低。企业管理层是内控信息的优势方，在信息不对称的情况下，利用信息披露损人利己，企业内控信息市场价值下降，劣币驱逐良币，信息披露市场将会出现平均质量下降的现象。结果，据实认定缺陷的企业不愿披露内控信息，披露内控信息的企业多数降低缺陷等级披露或不披露缺陷。随着内控信息进入强制披露阶段，现实中的上市公司为了回避缺陷信息披露所带来的负面影响，大多会选择降级披露或不披露缺陷。随着法规条款的完善，内控信息披露的范围和数量日益加大，缺陷认定标准也需在自我评价报告中同时披露，虚假披露不得不"关口前移"，于是就出现了松紧程度不一的内控缺陷认定标准。

2）内控缺陷认定标准任务影响因素的理论分析

内控存在缺陷是认定和披露的必要前提和条件。"应用指引"根据业务特点对内控缺陷进行了分类和描述，在企业的各项内控业务中，有些业务容易出现缺陷，有些业务则不容易出现缺陷。在内控五要素中，内部环境和控制活动分别对应公司层面控制和业务层面控制，相关业务内控缺陷的理论解释和实务操作均较为容易理解和掌握。对与风险评估、信息与沟通和内部监督相关内控缺陷的理解，无论是《企业内部控制配套指引》还是各种内控手册，均给出一些原则性的要求，没有下沉至业务操作层面。根据"应用指引"的具体内容，本研究主要讨论与内部环境、控制活动、控制手段等三个模块相关的内控缺陷，以期解释影响内控缺陷认定标准的任务因素。不同业务类型所对应的业务环节、风险点、控制措施及缺陷形式和内容均不相同，大而泛的内控缺陷认定标准及影响因素不适用于任务因素的分析和讨论。本研究暂将"应用指引"中用于指导识别和认定内控缺陷的内容梳理至此，作为研究的原则性理论框架，影响内控缺陷认定标准的具体任务因素将在下文中举例描述。

3）内控缺陷认定标准环境影响因素的理论分析

（1）信号传递理论与内控缺陷认定标准

信号传递理论可以合理解释内控缺陷信息披露的经济后果。在资源有限的资本市场中，上市公司希望通过向潜在投资人传递利好消息，以吸引更多资金的注入。越来越多的公司通过降低内控信息不对称程度，树立企业业绩良好、前景稳定的优质形象。特别是在非强制信息披露阶段，上市公司自愿披露内控制度的建立和运行情况，甚至内控缺陷信息及其整改情况。这不但增强了投资者对公司财务状况和经营成果的认可程度，也增加了其对公司信息真实性和可靠性的信任程度。随着内控信息强制披露时代的到来，所有的上市公司都要按照规定披露内控信息，且信息披露的广度和深度也限制了上市公司自我标榜和粉饰业绩的空间。市场是公平的，投资者的眼光也是犀利的，在强制披露时代，透明的信息、真实的披露仍然是优质上市公司区别于其他企业的标志之一。优质上市公司通过披露内控缺陷信息及整改情况，提供内控自我评价报告和内控审计报告，向投资者如实反映内控制度的建立健全情况，投资者因心存顾虑而低估企业价值的可能性大大降低，良好的市场形象也将促进企业价值的上涨。与此同时，投资者通过企业披露的内控缺陷及整改信息，能看到企业为完善内控、提升治理水平所作的努力，会对企业的发展前景充满信心，愿意将资金投资于企业，无形中降低了企业的筹资成本。而那些内控存在问题又刻意隐瞒不利信息的企业，一旦"纸包不住火"，内控缺陷被公众获知，反而会失去投资者的信任，给企业带来负面影响。从另一个角度看，真实披露内控信息还有助于降低诉讼成本，向利益相关者传递内控缺陷信息，等同于传递了公司存在不确定性风险的信号。这一行为虽然不能避免未来诉讼的发生，但相较于隐瞒内控缺陷的行为，企业承担的潜在诉讼成本较低。另外，内控缺陷的存在意味着公司治理过程中存在或多或少的漏洞，而规避风险是投资者的普遍态度。披露内控缺陷的公司，虽能够树立起信息透明、真实披露的市场形象，但其筹资能力和市场价值可能会由于缺陷的披露大打折扣。潜在投资者可能会考虑向不存在内控缺陷的低风险公司投资，这种情况会影响上市公司披露真实内控缺陷信息的动机。

（2）制度监管理论与内控缺陷认定标准

制度监管理论认为，当市场自我调节功能失效时，市场将无法规范各交易方的行为，此时需要强有力的制度来保证资源的有效分配（Taylor和Turley，1986）。内控信息强制披露制度，降低了企业和外部利益相关者之间的信息不对称程度，加大了披露的信息含量，但由于市场化程度和制度完备程度尚未改善，企业可以绕过强制性披露制度，选择性地披露内控缺陷信息。当市场失效，公众对有效的内控信息披露监管制度产生了需求。制度通过对市场参与者的强制监管，降低了市场失效带来的损失和不利影响，制度的制定需要权衡制度运行过程中产生的成本和社会效益的投入产出比，以做出最优决策。但由于利益相关者的需求存在差异，内控信息价值存在不确定性，如何制定监管制度以及监管的范围和力度如何设置，又是另外一个复杂的论题。

4.1.2 委托代理理论与内部控制缺陷认定标准

基于契约理论发展起来的委托代理理论，是内控制度产生的理论基础之一。根据委托代理理论，治理制度的设计和运行主要体现在建立合理的治理结构（如董事会、审计委员会、内部审计部门等），对管理层进行监督和制衡，减少逆向选择和道德风险等代理问题以降低代理成本。但由于契约的不完备性，在股东与管理层之间，大股东与小股东之间，仍然存在尚未解决的利益冲突和高昂的代理成本。

内控制度是一种弥补契约不完备性的有效制度安排，从制度层面浸润经营活动的机构设置、权责分配和业务流程，实现对企业全员、全面、全程的监督和制衡，有助于缓解委托代理问题。内控活动存在于公司日常经营环境之中，通过各个控制环节制衡各级代理人的行为，降低了信息不对称程度，提高了公司经营的透明度。内控缺陷信息披露是管理层履行契约的责任和义务之一，报告内控缺陷行为本身就是契约履行情况的反映。因此，从理论上说，管理层有动机主动向股东报告。管理层向股东报告内控存在的缺陷，报告内控缺陷的改进情况和完善过程，同时也是向股东传递自身对内控建设的贡献和成效。随着代理成本的增加，为了获得更好的职业前景和薪酬，管理层有强烈动机披露内控缺陷信息。除此之外，广义的委托代理关系还存在于企业和外部监管机构之间。例如，为了规避审计风险，维护职业声誉，会计师事务所有足够的动机发现并披露企业的内控缺陷；为了履行监管职责、树立公众形象，政府监管部门有动机鼓励企业发现并整改内控缺陷，对隐瞒或欺骗行为进行处理或处罚。

4.1.3　产权理论与内部控制缺陷认定标准

在内控信息披露中，产权是指由于内控信息披露而产生的市场交易双方之间相互认可的行为关系，产权交易的实质就是各企业产权主体间的相互作用。在企业治理结构中，产权主体构成复杂、界限模糊，各个产权主体难以清晰划分。但主流观点认为，上市公司的产权主体包括：董事会（决策主体）、管理层（管理主体）、股东（投资主体）、债权人（债权主体）、外部利益相关者（外部主体）。内控缺陷认定和信息披露需要消耗企业资源，是一种信息商品，具有产权。从生产、披露到使用形成完整的商品流转过程，符合一般商品的流转规律，归属于不同产权主体的内控信息，在产权主体间的相互运动中完成其流转。

产权主体理论框架图如图4-3所示，内控信息流转过程主要涉及信息生产产权主体（管理层）、信息披露产权主体（董事会）和信息使用产权主体（外部利益相关者）。作为信息生产产权主体，企业管理层负责企业的日常经营活动，制定并监督执行内控制度，制定内控缺陷认定标准，根据标准对内控缺陷进行识别和认定，结合实际情况分析缺陷性质和产生原因。其中内控缺陷认定标准的制定是其职能的重要环节，决定了内控缺陷的重要性程度、内控信息披露的内容和企业内控自我评价结论。董事会是内控信息披露的产权主体，对外披露内控信息是其信息披露职责之一。董事会基于管理层提供的内控缺陷及缺陷认定相关信息，对企业的内控有效性进行审议评估，形成内控自我评价报告并对外披露，其常设机构——审计委员会——负责对自评报告进行审查，并就缺陷整改近况进行监督。信息使用产权主体主要是企业外部利益相关者，他们基于企业披露的内控信息做出经济决策。清晰界定内控信息产权归属，能够通过信息披露使得内控缺陷及缺陷认定信息在不同产权主体之间顺利流转，有利于企业价值最大化的实现。不同的产权制度安排会对企业的资源配置效率产生不同的影响，根据产权理论的描述，产权对资源配置的影响体现在两个方面：一是促进经济的运行。在内控信息披露中，表现为明确交易双方任务，约束双方行为，减少交易费用和风险，促进交易完成。二是激励主体。在内控信息披露中，表现为上市公司如实认定并披露内控缺陷，树立良好的市场形象，以吸引更多的外部投资人，降低资金成本，获得较高利润。在此良性循环下，董事会和管理层受到激励，继续提高内控信息披露质量，保持企业内外部的良好循环。

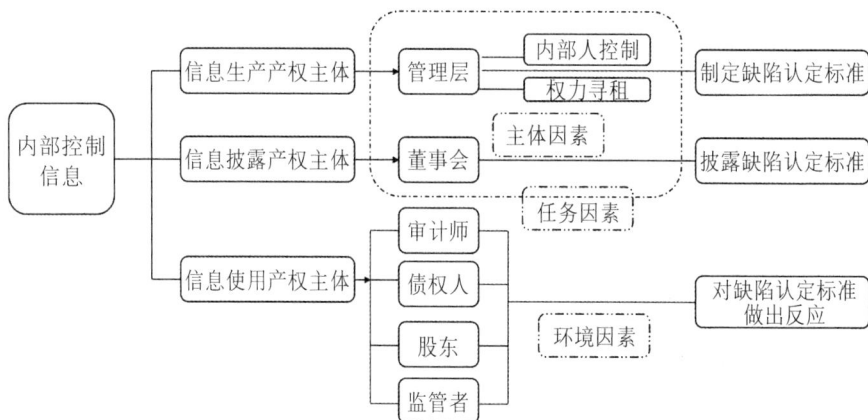

图4-3　产权主体理论框架图

新制度经济学理论回答了为什么要制定内控缺陷认定标准，谁来制定内控缺陷认定标准，内控缺陷认定标准怎么制定等问题；为内控缺陷存在的原因、不同松紧程度的缺陷认定标准提供了合理解释；为内控缺陷认定和信息披露提供了理论依据，为本研究分析内控缺陷认定标准的影响因素提供了分析思路。

4.2 —内部控制缺陷认定标准的制定流程和体系构建—

内控缺陷认定标准是内控缺陷识别和认定的前置环节，上市公司基于认定标准识别、认定并披露内控缺陷。上节内容基于新制度经济学理论，分析了内控缺陷认定标准的作用机理，不管是交易费用理论、委托代理理论还是产权理论，分析过程无一例外地与人的行为、动机、相互博弈交织在一起，这是由制度经济学的本质决定的。那么内控评价作为公司治理基本理论的一部分，剥去主观动机和行为的包装，内控缺陷认定标准的业务本质和底层逻辑是什么呢？本节内容回归内控缺陷认定标准的基本内容，回答内控缺陷识别和认定的流程、内控缺陷认定标准的制定路径、内控评价的关键环节等问题。

4.2.1 内部控制缺陷认定标准的制定流程

1）内控缺陷识别和认定流程

目前，中国上市公司公开披露的内控缺陷信息仍是"犹抱琵琶半遮面"，但或多或少反映了企业内控的真实情况，受到公众的广泛关注。上市公司内控缺陷认定标准越客观，披露的内控缺陷越真实，内控评价结果越可信，内控信息质量越高。内控评价包括三个步骤：内控缺陷识别，即寻找内控缺陷；内控缺陷认定，即对识别的缺陷进行等级划分和分类；内控有效性判断，即根据内控缺陷识别和认定的结果，得出内控有效与否的结论（郑石桥，2017）。内控缺陷认定标准作用于中间环节——内控缺陷认定，但认定标准的制定可追溯至内控体系建设之初，因此内控缺陷识别和认定是一个过程（李宇立，2012）。

确定风险容忍度是内控缺陷认定的初步环节，也是内控缺陷认定标准的基础。风险容忍度由公司决策者的风险偏好决定，风险偏好又涉及文化影响，向下衍生至宗教信仰、社会取向、教育方式等，这些与本研究主题有些距离，故不做过多讨论。首先，将公司总体的风险容忍度按照经营业务层级"自上而下"进行分配，形成不同层级、部门和岗位的风险容忍度，并根据具体控制目标做出相应调整。其次，通过审计程序，寻找内控偏差，即进行内控缺陷识别。一般来说，内控缺陷识别方法有两种：一是控制基础法，即通过符合性测试判断识别内控缺陷；二是风险基础法，即根据企业已经发生的内控目标不能实现的迹象，识别内控缺陷。在此基础上，将识别出的缺陷所造成的敞口风险与对应层级的风险容忍度进行对比，如果敞口风险超过风险容忍度，可以确认内控缺陷。再次，评估内控缺陷的等级（或严重性程度），这是内控缺陷认定的核心，包括定性评估和定量评估。"评价指引"对内控缺陷认定标准（即评估标准）给出了原

61

则导向，给予企业自由量裁权，允许企业根据自身的现实情况选择具体的定性或定量认定标准。定性标准主要以文字的形式，描述内控目标的偏离程度和偏离可能性，如"可能性小""可能性大""高水平""中水平""低水平"等；定量标准用数量或频率的形式，描述内控目标的偏离程度和偏离可能性，如"可能损失金额""错报占收入的百分比"等。最后，根据内控缺陷认定标准对缺陷进行最终认定并提出整改措施，认定过程根据敞口风险进行"自下而上"的认定。

在上述内控缺陷识别和认定的过程中，上市公司管理层和董事会承担着制定、执行、监督、报告、整改、确认、反馈等一系列责任。管理层是上市公司日常业务开展和管控的主体，牵头制定和执行内控制度，确定内控缺陷认定标准并上报董事会，组织内部监督部门对内控进行日常评价和专项评价。针对各级管理层，对其业务活动进行时时监督和管控，及时关注可能偏离内控目标的事项。根据各自的风险容忍度，关注偏离内控目标可能性较低，或者偏离目标程度较低的一般性内控缺陷，采取应对措施予以降低，使实际风险水平低于风险容忍度。重点关注内控重要缺陷和重大缺陷，对于发现的此类缺陷需经过识别、认定和确认等环节后上报董事会。董事会收到管理层上报的内控重要缺陷和重大缺陷后，首先要对这些缺陷进行评估和确认。属于内控设计缺陷的，应组织相关部门和人员梳理相关业务流程并修订内控制度；属于内控执行缺陷的，应严控执行过程，加强流程监督。对于确认后的内控缺陷，应督促缺陷对应的部门和个人进行缺陷整改，审批整改计划、监督整改过程、评估整改效果。同时，应随同年报在内控自我评价报告中披露内控缺陷，特别是重大内控缺陷的内容及整改计划和措施。

2）内控缺陷识别和认定标准的制定路径

内控缺陷认定标准具有个性化和多样性特征，不存在放之四海而皆准的标准，"评价指引"允许上市公司根据企业自己的情况，选择内控缺陷认定标准。因此，如何制定适用于本企业的缺陷认定标准，就成为上市公司需要考虑的重要问题。进行内控缺陷认定一般包括两个环节：一是找到或发现内控缺陷；二是对内控缺陷进行等级划分或分类。因此，这里最少需要两个判断标准：一是判断是否是内控缺陷的标准；二是判断内控缺陷属于哪一类或哪个层级的标准。接下来，将分别讨论这两个标准的制定路径。①

（1）内控缺陷与内控局限

内控缺陷和内控局限是两个结果相同但意义不同的事项，两者都会导致内控目标不能实现或存在一定程度的偏离，但两者产生的原因各不相同。"局限"一词的本义是指限制在一定范围之内。内控局限是由于经济效益原则而将内控范围进行限定，从而导致的风险遗留或风险暴露。这些遗留或暴露的风险，在很大程度上不会影响内控整体目标的实现。但如果对这些风险遗留或风险暴露设计内控措施进行管控，不符合经济效益原则。因此，内控局限是两害相较取其轻的结果，在不影响大局的前提下，有意识地暴露一些已知风险。内控缺陷不是有意识的风险遗留或暴露，控制措施所涉及的控制环节和风险应对措施，都是符合成本效益原则的。现有的风险遗留和暴露或源于识别缺陷，即没有进行恰当的实质性测试，而导致不能识别出内控缺陷；或源于设计缺陷，即现有的内控设计缺失或无效，而导致应对措施不能将风险控制在风险容忍度之内；或源于执行缺陷，即设计合理有效的风险应对措施没有得到有效执行。因此，关于内控缺陷认定，首先需要将所有可能导致内控目标产生偏差的事项找出来，区分内控缺陷和内控局限。

（2）内控缺陷的识别

内控缺陷识别是指找到内控缺陷。除了业务负责人或岗位责任人可以通过日常业务流程发现内控漏洞或缺陷外，一般需要通过审计程序来实现。目前的主流做法是基于风险导向，自上而下地寻找内控缺陷。在寻找和发现内控缺陷的过程中，会遇到各种与理论不相符的类似于"缺陷"的事项，但这些可能不全是真正的内控缺陷。有些是前面讨论的内控局限，有些只是源于特殊情况的例外事项，只有部分才是真正的内控缺陷。真正的内控缺陷意味着风险敞口或风险暴露，其产生的原因有两个：一是未能有效识别风险，导致没有设计相应的风险应对措施，或设计的风险应对措

---

① 目前关于内控缺陷识别和认定的权威规范和研究文献，均未解决或明晰与内控缺陷相关的基础性问题，如概念定义、逻辑框架等。南京审计大学的郑石桥教授于2017年在《会计之友》发表系列文章，对内控鉴证主题进行了基础性研究，得到了学术界的一致认可，本研究中关于内控缺陷认定标准的诸多观点以他的研究为理论基础进行讨论。

施不足以应对实际风险；二是识别出了风险且设计了有效的风险应对措施，但由于应对措施没有得到有效执行，导致形成风险暴露。

对于已发现的内控缺陷，要根据各自的内控目标进行风险暴露评估。将根据内控目标所确认的风险容忍度与风险暴露作比较，如果前者大于后者，可以认为未达到内控缺陷的最低程度，不用确认为内控缺陷。反之，如果前者小于后者，就应该确认为内控缺陷（李宇立，2013；郑石桥，2017）。内控缺陷识别流程如图4-4所示。

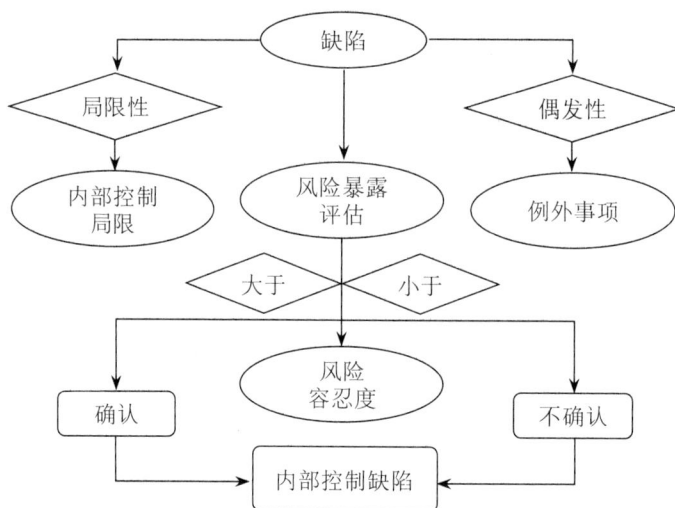

图4-4　内控缺陷识别流程

（3）内控缺陷的认定

内控缺陷认定，是将内控缺陷识别环节确认的内控缺陷进行分类和等级划分的过程。缺陷认定标准主要涉及两个方面：一是根据缺陷认定标准，可以将内控缺陷分为哪些种类和等级；二是如何根据内控缺陷认定标准，将内控缺陷进行分类（郑石桥，2017）。内控缺陷的本质是导致内控目标不能实现或发生偏离，不同的内控缺陷对应着不同的内控目标。因此，要制定认定标准对内控缺陷进行认定，首先要明确内控目标体系，根据内控目标分析可能存在的缺陷类型和程度，进而制定缺陷认定标准。

《企业内部控制基本规范》规定，内控的目标是合理保证企业经营管理合法合规、资产安全、财务报告及相关信息真实完整、提高经营效率和效果、促进企业实现发展战略。这是目前所有权威规范中，最全面的内控目标界定。这些目标对应着不同的内控缺陷认定内容，包括：与战略目标相关的内控缺陷认定，与经营目标相关的内控缺陷认定，与报告目标相关的内控缺陷认定，与合规目标相关的内控缺陷认定，与资产安全目标相关的内控缺陷认定。由于所处控制层级和业务类型的不同，会有不同的风险容忍度，随着目标偏离程度的变化，可区分为不同的内控缺陷等级。内控缺陷等级的划分主要取决于缺陷的严重程度，即缺陷可能导致内控目标发生偏离的程度。目前，权威规范和主流研究均将内控缺陷分为三个等级：重大缺陷、重要缺陷、一般缺陷。虽然在定义或表达方面有些区别，但其实质基本相同：重大缺陷，是指使内控目标产生严重偏离的缺陷或缺陷组合；重要缺陷，是指使内控目标发生偏离的严重程度低于重大缺陷，但仍会使内控目标产生偏离的缺陷或缺陷组合；一般缺陷，是指除重大缺陷和重要缺陷以外的其他缺陷。将内控缺陷认定的内容和等级结合起来，再根据不同目标、内容、类型和等级的内控缺陷，确定内控缺陷认定标准，就可以形成内控缺陷认定标准体系。本研究借鉴郑石桥（2017）构建的内控缺陷体系和缺陷认定标准体系（见表4-1）展开后续讨论。

65

表4-1　　　　**内控缺陷体系和缺陷认定标准体系**

项目		内控目标类型				
		合规目标	资产目标	信息目标	经营目标	战略目标
内控目标偏离程度	重大偏离	★	★	★	★	★
	重要偏离	☆	☆	☆	☆	☆
	一般偏离	◇	◇	◇	◇	◇

★表示重大缺陷，☆表示重要缺陷，◇表示一般缺陷

内控缺陷是由于"缺陷"导致的风险暴露超过了风险容忍度，因此对内控缺陷等级的判断需要基于对风险暴露的评估。目前，评估风险暴露的方法有定性和定量两种，理论上和实务中的内控缺陷认定标准也分为定性标准和定量标准。定性标准是以风险事项的性质作为标准，评估可能导致内控目标发生偏差的可能性和程度，并进行缺陷等级的划分。一般来说，定性标准难以量化，往往采用文字描述的方法进行列示。由于重大缺陷是

判断内控是否整体有效的主要指标，外部审计师和监管机构主要关注重大缺陷。对于企业内部，不同等级的内控缺陷意味着不同权限的责任人和整改方，需要进一步划分重要缺陷和一般缺陷。

当风险暴露可能导致内控目标发生的偏离程度和可能性可以量化时，内控缺陷的认定可以采用定量标准。现有实务中的定量标准都是基于一定的财务指标来确认内控缺陷等级的，一种是用财务指标的百分比，另一种是用财务指标的绝对值。

综上所述，内控缺陷认定标准根据认定内容和等级划分，形成内控缺陷认定标准体系，在认定的过程中，基于量化的可能性又分为定性标准和定量标准。内控缺陷认定流程如图4-5所示。

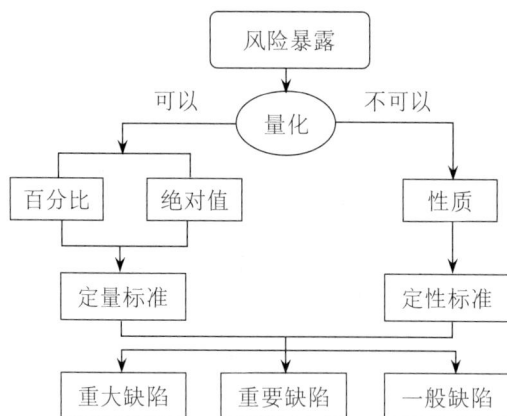

图4-5 内控缺陷认定流程

3）内控缺陷认定的关键环节

内控环节存在于内控五要素之中，通过评价各控制环节的有效性得出内控是否存在缺陷、存在何种类型的缺陷以及内控是否有效的结论。在评价的过程中，缺陷导致内控目标发生偏离的程度和缺陷发生的可能性程度，是内控缺陷认定的关键环节，也是内控缺陷认定标准形成的基础。在实务中，内控缺陷认定标准（特别是财务报告内控缺陷定量认定标准）的制定，均参考审计中的财务报表重要性水平，甚至有些企业直接将重要性水平作为内控缺陷认定标准。因此，确定重要性水平是内控缺陷认定的关键环节。

如前文讨论，可以采用定量和定性相结合的方法，对内控环节的风险暴露进行评估，结合业务所对应的风险容忍度，判断重要性水平。在进行重要性水平确定的最初阶段，可以借鉴风险管理部门对业务环节进行风险分析得出的评估结果，以判断各控制点上的重要性水平。这个途径可以是通过正式的信息系统获取，也可以是通过非正式的访谈、交谈获知。在借助这些信息判断重要性水平时，应明确信息在适用性、及时性和可靠性等方面满足要求，结合控制点的风险容忍度做出判断。当无法获取风险管理部门的相关数据，或相关数据不满足使用条件时，可以采用定性和定量相结合的方法判断重要性水平。

（1）理解内控目标

理解内控目标是判断重要性水平的第一步。内控目标，从层级来看，分为企业整体层面的目标和业务层面的目标；从内容来看，分为合规性目标、资产安全目标、战略目标、经营目标和报告目标。战略目标是企业内控的最高目标，整体层面的目标是企业最高层次的目标。各个业务单元、部门或个人的合规性目标、资产安全目标、经营目标和报告目标，均服从于企业整体层面目标和战略目标，各控制环节目标与风险容忍度相互协调制约后，形成不同类型和层级的内控目标。

（2）风险评估

在理解内控目标的基础上，根据潜在事项的固有风险和剩余风险，评估各个控制环节或控制点的风险水平。风险评估一般从发生的可能性程度和产生的影响两方面进行。可能性程度一般用概率表示，定量分析时可以用百分比、次数、频率等量化指标表示，定性分析时可以用大、中、小或高、中、低等判断标准表示。产生的影响也可以从定量和定性两方面表示，定量分析时可以用潜在事项对财务指标、工程进度、业务范围以及产品质量的影响数量或产生波动的金额表示，定性分析时同样可以用大、中、小或高、中、低等判断标准表示。对内控环节进行风险评估时可采用访谈、调查问卷、职业判断、风险排序等评估方法和程序。

潜在事项单独或连同其他潜在事项一起，会影响信息使用者的判断和决策，此时该潜在事项具有重要性，该潜在事项所处的水平叫作重要性水平，包括发生的概率和产生的后果。影响内控目标的达成，使内控目标发生偏离的事项叫作内控缺陷；判断是否构成内控缺陷的标准就是认定标准。这两个概念在含义和表述上是有区别的，但其所反映的逻辑原理是一致的，即都是一种衡量对目标达成产生影响的计量标准。因此，在实务中，两者"同气连枝"也是可以理解的。但内控缺陷认定标准作为企业对内控进行自我评价的标准和门槛，其似乎比审计重要性水平多带了一些"主观意愿"的色彩，具体是什么原因造成的，我们将在后面的讨论中一一进行论述。

4.2.2 内部控制缺陷认定标准的体系构建

内控缺陷认定标准由认定内容和等级划分构成，不同认定内容与不同等级划分之间的排列组合，形成内控缺陷内容体系。在内控缺陷认定的过程中，基于缺陷发生的可能性和产生的影响是否可以量化，将缺陷认定标准分成定性标准和定量标准；基于缺陷相关的内控是否与财务报告相关，又将缺陷认定标准分为财务报告内控缺陷认定标准和非财务报告内控缺陷认定标准。内控缺陷内容体系与认定体系相互交织，共同构成内控缺陷认定标准体系。在观察了中国上市公司2010—2019年的内控评价报告后发现，目前上市公司披露的内控缺陷信息比较零散，缺陷认定标准针对的内控事项也较为随意，既不能反映内控评价的全貌，也不能体现公司内控设计和执行的真实情况。为了解决现有上市公司内控缺陷认定内容随意、零散的问题，本研究基于内控五要素，逐条梳理了可能发生内控缺陷的控制事项，尝试构建内控缺陷认定内容体系。在此基础上，对2019年沪、深两市A股上市公司披露的内控评价报告进行筛选，按缺陷认定内容体系提取缺陷严重程度标准，尝试以清单列表的方式呈现中国上市公司内控缺陷认定标准体系。

1）内控缺陷内容体系

《企业内部控制基本规范》提出，建立和实施有效的内控系统，包括内部环境、风险评估、控制活动、信息与沟通以及内部监督等五大要素。内部环境是影响内控制度建立和执行的总体背景，是内控运行的环境基调；风险评估是识别分析经营过程中的风险，并提出风险应对措施的过程；控制活动是指根据风险评估的结果采取控制措施，使风险水平低于风险容忍度；信息与沟通是实施内控的重要条件，指信息的收集和传递，以及企业内部的、与外部的有效沟通；内部监督是实施内控的重要保证。这五个要素是相互支撑、紧密联系的逻辑整体，基于这个整体，结合"评价指引"的内容规范，本研究构建了内控缺陷内容体系。①

（1）内部环境

①组织架构

组织架构下的关键风险点包括组织架构设计和组织架构运行。从总体上看，前者的风险主要体现在：治理结构形同虚设，缺乏科学决策、良性运行机制和执行力，导致经营失败，难以实现战略目标。后者的风险主要体现在：内部机构设计不科学，权责分配不合理，导致职能交叉或缺失，运行效率低下。具体来说，董事会方面可能存在的内控缺陷包括但不限于：董事会运行机制不完善；独立董事选聘制度不完善；尚未建立健全战略决策、提名、审计、薪酬与考核等专业委员会；审计委员会的设置在形式上符合相关法律法规的要求，其成员实际并不能胜任专业工作，也没有意愿履行职责。监事会方面可能存在的内控缺陷包括但不限于：监事的选聘制度不完善；监事会职能发挥有缺陷。经理层方面可能存在的内控缺陷包括但不限于：公司日常经营管理运行机制不完善；经理层对董事会决议的有效实施不完善；总经理的任职资格和履职情况不完善；"三重一大"制度执行不完善。

②发展战略

企业制定和实施发展战略过程中可能存在的关键风险点包括：缺乏明确的发展战略；发展战略实施不到位；发展战略过于激进，脱离企业实际能力；发展战略因主观原因频繁变动。可能发生的内控缺陷包括但不限于组织机构和战略决策两方面：前者包括战略委员会设置缺失、战略委员会运行机制不规范；后者包括企业的发展战略定位模糊、发展战略变动风险超出可控范围、发展战略协同度不高。

③人力资源

企业人力资源管理关键风险点包括：人力资源缺乏或过剩；人力资源

69

---

① 在归纳具体的内控缺陷内容时，参考了南京审计大学池国华教授主编的《内控学》（第三版）。

结构不合理、开发机制不健全；人力资源激励约束制度不合理；关键岗位人员管理不完善；人力资源退出机制不当。可能发生的内控缺陷包括但不限于人员素质、人才引进和人员考核等环节，包括：人员招聘和退出机制不完善；员工变动频繁；员工绩效考评机制不科学；薪酬机制不完善；关键岗位人员专业知识不丰富；内部培训制度不完善。

④社会责任

企业履行社会责任过程中的关键风险点包括：安全生产措施不到位，责任不落实；产品质量低劣；环境保护投入不足，资源消耗大；促进就业和员工权益保护不够。可能发生的内控缺陷包括但不限于：生产过程中的安全保护措施不健全；产品设计、生产、检测过程中质量监督程序不健全；产品生产过程和产品本身不符合相关环保要求；员工权益保障措施不健全。

⑤企业文化

企业文化建设的关键风险点包括：缺乏积极向上的企业文化；缺乏开拓创新、团队协作和风险意识；缺乏诚实守信的经营理念。可能发生的内控缺陷包括但不限于：企业文化、品牌建设和外部宣传工作不完善。

（2）风险评估

风险评估属于企业较"私密"的控制环节，每个企业所处环境和自身情况有差别，进行风险评估具有个性化特征。本研究根据风险评估的环节，梳理出一些普适的内控缺陷，更为细节性的内容，需要根据不同行业、不同业务、不同时期结合具体情况进行讨论。目标设定是风险评估的起点，是风险识别、分析和应对的前提。该环节可能发生的内控缺陷包括但不限于：战略目标的设定不明确、不可度量、不可实现、不相关或不具时限性；业务层面目标的设定不完善；目标设定与风险容忍度存在偏差。风险识别主要解决以下问题：企业存在哪些风险，哪些风险应予以考虑，引发风险的原因，风险的后果及其严重程度等。该环节可能发生的内控缺陷包括但不限于：风险识别方法不科学、不适用；没有开展业务活动层面的风险识别；风险识别存在漏洞和偏差。风险分析是采用定性和定量的方法，按照风险发生的可能性和影响程度，对识别出的风险进行分析和排序。该环节可能发生的内控缺陷包括但不限于：风险分析流程不完善；分析策划不合理；分析数据不真实或有缺失；分析技术和方法不适用。风险应对根据风险分析的结果，结合风险容忍度，确定风险应对策略。该环节可能发生的内控缺陷包括但不限于：风险应对措施选择不当；风险降低措施无效；风险分担方式选择有误；承受了超出可承受范围的风险。

（3）控制活动

控制活动贯穿于企业的所有层级和职能部门，有助于确保管理层的指令得以执行，从业务类型上可以分为资金控制活动、资产控制活动、销售控制活动、研发控制活动、预算控制活动、工程项目控制活动、担保业务控制活动、外包业务控制活动以及财务报告控制活动。在资金控制活动业务流程中，可能发生的内控缺陷包括但不限于：筹资活动决策流程不严密，如业务缺乏必要的审批，形成账外资金，未发行的证券保管不严，已收回的证券处理不当，筹资会计记录有误；投资活动决策流程不完善；资金使用审批管理不完善；预付货款和定金管理机制不完善。在资产控制活动业务流程中，可能发生的内控缺陷包括但不限于：固定资产的使用、维护和管理机制不完善，如固定资产采购未注明是否在预算范围之内，未计入正确的会计期间，未建立固定资产调拨流程，固定资产账实不符、账账不符，未定期进行固定资产盘点或盘点未形成盘点报告等；存货审批管理流程不完善；无形资产购买决策机制不完善；与各类资产相关的会计处理和相关信息披露不符合规定。在销售控制活动业务流程中，可能发生的内控缺陷包括但不限于：销售策略的制定不符合实际情况；市场预测不准确；销售渠道不合理；客户信用管理系统不完善；应收账款的审核和管理流程不完善。在研发控制活动业务流程中，可能发生的内控缺陷包括但不限于：研究技术验证不严密；研究成果保护不完善。在预算控制活动业务流程中，可能发生的内控缺陷包括但不限于：预算编制委员会的设立和运作流程不完善；预算指标设计不完善；预算指标分解和责任落实不严密；重大事项监督机制不完善。在工程项目控制活动业务流程中，可能发生的内控缺陷包括但不限于：工程项目的招标、评标、定标流程设计和实施不完善；工程的成本控制制度设计不严密。在担保控制活动业务流程中，可能发生的内控缺

71

陷包括但不限于：对担保申请人资信状况调查不深、审批不严或越权审批；对担保人的财务困境监控不力；应对措施不当；担保过程存在舞弊行为。在外包业务控制活动业务流程中，可能发生的内控缺陷包括但不限于：对承包方的相关资质审核流程不完善；外包管理制度设计不完善；验收标准及程序设计和运行不完善。在财务报告控制活动业务流程中，可能发生的内控缺陷包括但不限于：财务报告编制与相关信息的披露不符合相关规定；财务报告的审核制度设计和运行不规范。

（4）信息沟通

企业建立信息沟通制度的目的在于，明确内控相关信息的收集、处理和传递，确保信息的及时沟通，促进内控有效运行。在信息沟通控制活动中，可能发生的内控缺陷包括但不限于：内部报告系统缺失、功能不健全、内容不完整；内部信息传递不通畅、不及时；信息传递过程中泄露商业机密。

（5）内部监督

内部监督是对内控建立和实施情况进行监督检查、评价内控有效性，发现内控缺陷并及时加以改进。在内部监督中，可能发生的内控缺陷包括但不限于：内部监督制度不完整；内部监督实施过程不完善；对内控缺陷的分析和报告不真实、不客观；对内控缺陷整改不积极、不到位。

2）内控缺陷认定标准体系

确定了内控缺陷内容体系，判断缺陷的严重程度并进行等级划分和分类，就可以进行内控缺陷认定。目前，对内控缺陷严重程度的等级划分均为三类：重大、重要和一般；分类标准较为多样，其中最常见的是定量标准和定性标准，按照是否与财务报告内控相关，又分为财务报告内控缺陷认定定量标准和定性标准、非财务报告内控缺陷认定定量标准和定性标准。根据"审计指引"中关于内控缺陷的描述和界定，结合上市公司内控自我评价报告，本研究梳理总结了一个内控缺陷认定标准体系。但如同没有"放之四海而皆准"的内控缺陷认定标准，这个体系也仅限于为特定时期、部分行业、若干企业的内控自我评价提供借鉴，具体见表4-2。

表4-2　　　　　　　　　　　内控缺陷认定标准体系

分类	性质	重大缺陷	重要缺陷	一般缺陷
财务报告内部控制缺陷认定标准	定性标准	控制环境无效；公司董事、监事和高级管理人员舞弊，并给企业造成重大损失和不利影响；注册会计师发现当期财务报告存在重大错报，而内控在运行过程中未能发现该错报；已经发现并报告给管理层的重要缺陷，在合理的时间内未加以改正；审计委员会和内部审计部门对公司的内控监督无效；未建立基本的财务核算体系，无法保证财务信息的完整、及时和准确；错误信息可能会导致使用者做出重大的错误决策，或截然相反的决策，造成重大损失；内控缺陷对财务报告真实性、完整性、可靠性以及有关的资产安全造成严重影响；违规泄露财务数据、重大资金往来等信息，导致公司股价严重波动或对公司形象产生严重负面影响；重要业务缺乏制度控制或制度系统性失效	未依照公认会计准则选择和应用会计政策；未建立反舞弊程序和控制措施；财务报告过程中出现单独或多项缺陷，虽然未达到重大缺陷认定标准，但影响财务报告达到真实、准确的目标；未建立规范的约束董事、监事和高级管理人员行为的内控措施；对于非常规或特殊交易的账务处理没有建立相应的控制机制或没有实施且没有相应的补偿性控制；重要财务内控制度不健全或没有得到严格执行	除重大缺陷、重要缺陷之外的其他控制缺陷。如：注册会计师发现的却未被公司内控识别的当期财务报告中的小额错报；公司审计委员会和内部审计机构对内控的监督存在一般缺陷；决策程序效率不高；违反内部规章，但未造成损失；一般岗位业务人员流失严重；媒体出现负面新闻，但影响不大；一般业务制度或系统存在缺陷；一般缺陷未得到整改；存在其他缺陷
	定量标准	错报≥营业收入总额的 a_1%（$0.5 \leqslant a_1 \leqslant 5$）；错报≥利润总额的 a_2%（$3 \leqslant a_2 \leqslant 10$）；错报≥所有者权益总额的 a_3%（$1 \leqslant a_3 \leqslant 5$）；错报≥资产总额的 a_4%（$0.05 \leqslant a_4 \leqslant 5$）	营业收入总额的 b_1%≤错报＜营业收入总额的 a_1%；利润总额的 b_2%≤错报＜利润总额的 a_2%；所有者权益总额的 b_3%≤错报＜所有者权益总额的 a_3%；资产总额的 b_4%≤错报＜资产总额的 a_4%	错报＜营业收入总额的 b_1%（$0.1 \leqslant b_1 \leqslant 1$）；错报＜利润总额的 b_2%（$0.5 \leqslant b_2 \leqslant 5$）；错报＜所有者权益总额的 b_3%（$0.3 \leqslant b_3 \leqslant 2$）；错报＜资产总额的 b_4%（$0.005 \leqslant b_4 \leqslant 1$）

73

分类	性质	重大缺陷	重要缺陷	一般缺陷
非财务报告内部控制缺陷认定标准	定性标准	公司经营活动严重违反国家法律法规； 公司决策程序不科学导致重大失误； 公司中高级管理人员和高级技术人员流失严重； 媒体频现负面新闻，涉及面广且负面影响一直未能消除； 公司内控重大或重要缺陷未得到整改； 民主决策程序失效，如重大问题决策、重要干部任免、重大项目投资决策、大额资金使用（三重一大）决策程序失效； 非财务制度体系失效或重要业务缺乏制度控制； 其他对公司产生重大负面影响的情形	公司违反国家法律法规受到轻微处罚； 公司决策程序导致出现一般失误； 公司违反企业内部规章，形成损失； 公司关键岗位业务人员流失严重； 媒体出现负面新闻，波及局部区域； 公司内控重要或一般缺陷未得到整改； 非财务制度体系存在重要漏洞，给公司经营效率和效果造成重要损失； 其他对公司产生较大负面影响的情形	除重大缺陷、重要缺陷以外的其他非财务报告内控定性缺陷。如一般业务制度存在缺陷；公司决策程序效率不高；一般岗位业务人员流失严重；一般缺陷未得到整改
	定量标准	错报≥营业收入总额的 $a_1\%$（$0.5 \leqslant a_1 \leqslant 5$）； 错报≥利润总额的 $a_2\%$（$3 \leqslant a_2 \leqslant 10$）； 错报≥所有者权益总额的 $a_3\%$（$1 \leqslant a_3 \leqslant 5$）； 错报≥资产总额的 $a_4\%$（$0.05 \leqslant a_4 \leqslant 5$）	营业收入总额的 $b_1\% \leqslant$ 错报＜营业收入总额的 $a_1\%$； 利润总额的 $b_2\% \leqslant$ 错报＜利润总额的 $a_2\%$； 所有者权益总额的 $b_3\% \leqslant$ 错报＜所有者权益总额的 $a_3\%$； 资产总额的 $b_4\% \leqslant$ 错报＜资产总额的 $a_4\%$	错报＜营业收入总额的 $b_1\%$（$0.1 \leqslant b_1 \leqslant 1$）； 错报＜利润总额的 $b_2\%$（$0.5 \leqslant b_2 \leqslant 5$）； 错报＜所有者权益总额的 $b_3\%$（$0.3 \leqslant b_3 \leqslant 2$）； 错报＜资产总额的 $b_4\%$（$0.005 \leqslant b_4 \leqslant 1$）

4.3 ——内部控制缺陷认定标准影响因素的体系构建——

在对上市公司内控缺陷认定行为进行理论分析的基础上，将缺陷影响因素和认定标准制定流程相结合，分析、梳理内控缺陷认定标准的影响因素。在之前的理论分析中，根据交易费用理论、产权理论和委托代理理论，结合现有文献的研究成果，本研究大致勾勒出了内控缺陷认定标准的影响因素，包括：人的因素，即认定主体因素。任何一个内控缺陷认定标准都是由特定的某个人或某些人做出的，人是内控缺陷认定标准的主体，他们的目的、动机和行为直接影响着内控缺陷认定标准。事的因素（或任务因素），即认定客体因素。要制定内控缺陷认定标准仅有人是不够的，还必须有特定的缺陷认定任务。环境因素，即认定环境因素。和其他事务一样，内控缺陷认定系统不是孤立存在的，同样受到环境的影响，反过来也影响着环境，两者相互联系并进行互动。可以说，每个内控缺陷认定标准的制定，都是人、任务和环境互动的结果。因此，内控缺陷认定标准影响因素的理论框架构建思路如下：首先，明确内控缺陷认定标准的内涵；讨论内控缺陷认定标准的评价方法。从认定主体、认定客体和认定环境三个方面进行理论分析和实证检验，共同构成内控缺陷认定标准影响因素理论框架。研究思路如图4-6所示。

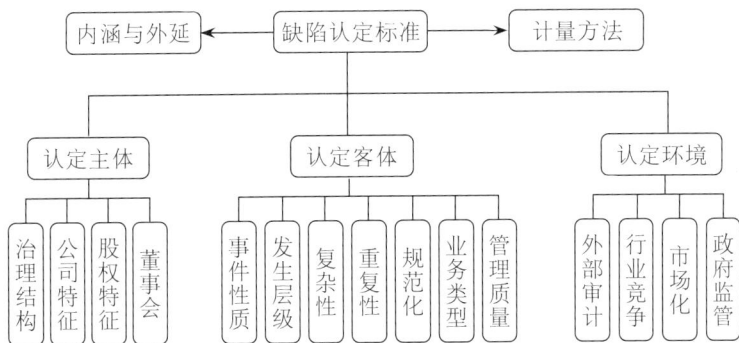

图4-6　研究思路图

4.3.1　内部控制缺陷认定标准的内涵和评价标准

从概念角度来看，内控缺陷认定标准是判断企业的内控制度在设计和执行过程中是否存在缺陷、存在何种程度的缺陷的标准，是满足企业内控自我评价需要的内部信息。按照"评价指引"，上市公司管理层是内控缺陷认定标准的制定者，同时也是识别和认定内控缺陷工作的指挥者和领导者。管理层将内控缺陷认定标准和认定的内控缺陷（一般是重大缺陷和重要缺陷）上报董事会，由董事会进行评估后进行内控评价并对外披露。因此，与其说上市公司拥有内控缺陷认定标准的自由量裁权，不如说管理层拥有是否披露内控缺陷，以及披露何种程度内控缺陷的自主选择权（薛爽和蒋义宏，2008；盖地和盛常艳，2012）。如果在内控评价的过程中识别出重大内控缺陷，则认定该公司的内控整体无效，同时会导致投资者对公司前景和管理层治理水平的质疑。目前，我国内控信息披露的客观情况是，由于内部治理机制不健全、外部监管机制较薄弱，作为"理性经济人"的管理层出于自利本性，会利用内控缺陷认定标准的自由量裁权，隐瞒不利于自身业绩评价的缺陷认定标准。在这样的现实背景下，如何评价内控缺陷认定标准的质量呢？现实生活中不存在完美无缺的内控系统，当然也不存在没有内控缺陷的公司，但内控缺陷对公司的影响确实可以按照发生的可能性和产生的影响分为若干类别。因此理论上，公司的内控缺陷认定可能会有两种情况：一种是管理层制定了客观的内控缺陷认定标准，根据该标准，识别和认定出了恰当的内控缺陷类别并进行披露；另一种情况是，管理层操纵了内控缺陷认定标准，根据该标准，没有识别和认定出相应的内控缺陷，导致重大和重要内控缺陷被降级披露或不披露。因此，判断内控缺陷认定标准是否客观公正的标准就是，上市公司是否如实认定和披露了内控缺陷。但内控缺陷认定标准属于内部形成的自我评价标准，上市公司是否如实披露具有不可知性，是否如实认定更是如同处于"黑箱"一般。之前有上市公司披露了存在重大内控缺陷，均是因为"纸包不住火"，媒体和公众尚没有切实可行的途径来了解上市公司内控的真实情况。因此，判断内控缺陷认定标准是否客观只是理论上的评价标准，在现实中，只能尽可能地辨别各种影响其客观性的因素，根据影响路径采取控制手段，降低这些因素对内控缺陷认定标准的影响。

4.3.2　内部控制缺陷认定标准的影响因素

上市公司管理层是制定内控缺陷认定标准的主体，是内控评价中的重要因素，内控评价主要是主体要素的活动。如果内控评价只是单一、独立的事项，那么影响内控缺陷认定标准的评价主体因素，仅限于管理层个人的专业知识、从业经验、管理能力和勤勉程度。但内控缺陷认定标准是衡量一个公司，在特定营业周期内，是否存在内控缺陷的主要标准，而此结论关系着资本市场、投资者、监管机构、外部审计以及社会公众对公司的印象、评价和投资决策，可谓"牵一发而动全身"。因此，在公司这个复杂的组织内外部，各利益相关者都关注着内控缺陷认定标准，并试图通过各种可能的途径影响内控缺陷认定标准的走向，使其向着有利于自身利益的方向发展。因此，从认定主体角度看，公司治理结构、公司股权结构、外部审计以及公司特征均会影响内控缺陷认定标准。

内控缺陷认定的客体是内控内容或环节，就是这里所称的任务因素。内控内容和环节不同，内控缺陷认定标准也会不一样。Gorry 和 Scott-Morton（1971）将审计任务分为三类：非结构化任务、半结构化任务和结构化任务，并认为这三种类型的任务对审计判断的影响均不相同。本研究借鉴这种分类方法，将内控缺陷认定标准的任务影响因素分为三类：非结构化的内控内容和环节，指的是企业中具有个性的业务环节，在其他类型业务中没有可参考和借鉴的；半结构化的内控内容和环节，指的是虽然具体的业务内容与其他业务不同，但控制流程和方法是类似的或相同的，可以参考和借鉴；结构化的内控内容和环节，指的是比较常见的业务内容，其控制流程和方法可以步骤图或流程图的方法加以固化。一般来说，结构化任务的内控缺陷认定标准制定基本不需要认定主体作太多的职业判断，可以参考和借鉴同行业企业的认定标准，并且也方便进行行业对标。如财务报告内控缺陷认定标准中的定量认定标准，选取某个或某几个财务指标，赋予一定的百分比，得出认定缺陷的损失绝对值；或者直接给出一个数值，作为损失绝对值，超过该值的就是重大缺陷，不超过该值的就是重要缺陷或一般缺陷。非结构化任务的内控缺陷认定标准的制定，需要认定主体高水平的职业判断和丰富的从业经验。如很多上市公司的内控缺陷定性认定标准中提到："关键业务领域控制或业务领域关键控制环节缺失，可能导致公司遭受重大损失"。这里的"关键业务领域"对于不同行业会有所不同，同一行业不同企业会有差异，甚至同一企业不同部门也会不尽相同。关键控制环节更是需要专业的判断和丰富的经验，如重要业务管理制度具体规定与总部规定冲突属于重大缺陷还是重要缺陷，视不同治理结构的企业而定；未对客户进行资信调查属于重大缺陷还是重要缺陷，视不同原因和理由而定；投资超计划属于重大缺陷还是重要缺陷，视市场环境和企业战略目标而定。半结构化任务处于两者之间。不管属于何种类型的任务，内控缺陷认定标准的制定都要考虑任务的复杂性、重复性、规范化程度、类型和质量，但最重要的还是要看该任务的性质，即任务缺陷对内控目标实现产生的影响。

广义的环境因素包括公司内部环境因素和外部环境因素，由于公司治理结构、股权结构等内部环境因素能对认定主体行为和动机产生直接且较大的影响，本研究在论述认定主体因素时，将内部环境作为认定主体因素的一部分加以讨论。因此，本研究的认定环境因素仅指外部环境因素，包括外部审计、产品市场竞争、市场监管、市场化程度等。

基于新制度经济学，从交易费用理论、产权理论和委托代理理论出发，本章分析了内控缺陷认定标准的影响因素；依据业务流程和控制环节，讨论了内控缺陷识别和认定，对内控缺陷认定的客观流程进行了分析，为深入剖析影响内控缺陷认定标准的任务因素埋下了伏笔。外部市场反应是影响内控缺陷认定标准的环境因素，与认定主体因素和任务因素一起，形成"缺陷认定标准—缺陷信息披露—市场反应—缺陷认定标准"的闭环分析框架。接下来，将在上述理论分析的基础上，分章节详细论述每一种影响因素对内控缺陷认定标准的作用和影响。

第 5 章

内部控制缺陷认定标准的主体影响因素分析

上市公司内控缺陷认定和披露的程度和内容，由缺陷认定的前置环节决定，即内控缺陷认定标准。根据缺陷认定标准得出的缺陷信息披露，是各利益相关方相互博弈、沟通和协调的结果。其中，贯穿内控制度制定、执行和评价过程的董事会与管理层，是企业内控缺陷认定标准的主体影响因素；由于持有较大比例股份的先天优势，以及现代公司治理的普遍模式，大股东会影响包括内控缺陷认定在内的大部分公司治理事项，也是内控缺陷认定标准的主体影响因素。因此，影响内控缺陷认定标准的主体因素包括：内控缺陷认定标准的制定方、评估方和影响方。基于这些考虑，本章根据委托代理理论、信号传递理论和声誉机制理论等，解释上市公司内控缺陷认定主体对缺陷认定标准的影响。

5.1 ——— 管理层与内部控制缺陷认定标准 ———

影响管理层进行内控缺陷认定决策的因素，包括信息披露动机和激励机制，前者通过企业目标的驱动，影响管理层的缺陷认定标准决策，取决于管理层自身的管理水平和判断能力；后者通过管理层自身目标的驱动，影响其缺陷认定标准决策，取决于公司的激励政策和管理层的自我预期。

如同企业治理，管理层决策有时也是一种"黑箱"，可能连决策者自己也分不清，决策结果是受企业目标驱动多一些还是个人目标驱动多一些。关于决策过程中人脑复杂的思维火花和逻辑路径，目前尚没有好的方法和途径加以剖析，本研究就以"理性经济人"这一普遍的行为特征为管理层赋值，从机会主义行为和激励机制两个角度，讨论管理层对内控缺陷认定标准的影响作用。

5.1.1　机会主义行为与内部控制缺陷认定标准

随着实践的检验和理论的完善，大众逐渐意识到，管理层的能力限制和非理性意识对企业决策产生影响。管理层身处企业的核心内部管理之中，比其他利益相关者更熟悉内控情况，更了解内控缺陷，是内控缺陷信息的发现者和披露者。不对称的信息地位，为管理层基于信息优势产生道德风险和逆向选择提供了前提和可能。企业内不同的利益相关者，对内控缺陷信息披露的态度和需求有所不同。投资者主要考虑资产安全和投资回报，期望内控缺陷不存在或能及时整改；管理层主要考虑责任履行和绩效评价，期望内控缺陷不存在，更期望存在的内控缺陷不为外部所知；监管者考虑市场的公平与公正，更关注内控缺陷的影响程度和整改效果。企业管理层是内控信息的主导者，牵头制定并执行内控制度，决定内控缺陷认定标准，对内控缺陷进行识别和认定。虽然董事会要对内控评价工作进行监督和评估，但决定内控缺陷信息报告和披露的主动权在管理层手中。完美的内控是不存在的，任何企业都或多或少地存在内控缺陷，但站在不了解内控情况、可能也不具有专业背景的投资者和公众的角度来看，内控缺陷的披露意味着公司治理存在问题，在一定程度上表示管理层在管控方面的失职。因此，出于对公司利益和自身利益的考虑，管理层在披露内控信息时，首先考虑的不是真实性和可靠性，而是效益性和效果性。

在内控信息自由披露阶段，自愿、主动的信息披露行为通过信号传递，帮助公司树立信息公开、透明的良好市场形象。在强制披露阶段，信号传递的功能和效果发生了变化，公众更加关注信息披露的程度和内容。其中，内控缺陷信息，特别是重大内控缺陷信息，决定了内控是否有效，成为公众关注的焦点。没有缺陷的内控是不存在的，披露内控缺陷信息带来的负面市场反应，也是不可避免的，内控缺陷信息披露会引发投资者质疑管理层的经营能力和公司业绩，甚至引起市场的连锁反应（池国华等，2012）。作为"理性经济人"的管理层，为了避免认定和披露内控缺陷，从而可以得出内控有效的结论，可能会降低内控缺陷认定标准，选择有利于自身业绩评价的信息披露，将重大和重要缺陷降级披露或不披露，内控缺陷认定存在机会主义行为。近年来，中海油、獐子岛、瑞幸咖啡等上市公司的重大内控缺陷，均是以"纸包不住火"的形式被披露，就是机会主义行为存在的现实证据。

　　根据契约理论，公司所有权安排是重复博弈的结果。内控缺陷认定标准是各利益相关方可获知的公开信息之一，机会主义行为将加大管理层下一次的签约成本。因此，在内控缺陷认定标准的具体制定和执行过程中，管理层会比较机会主义行为的收益和成本。当机会主义行为的收益大于成本时，管理层往往选择宽松的、有利于自身业绩评价的内控缺陷认定标准；反之，会选择较严格的缺陷认定标准。随着公司治理结构的优化和内部监督的完善，管理层需要为机会主义行为买单的可能性越来越大，机会主义行为成本越来越高。激励机制可以在一定程度上弥补管理层由于披露内控缺陷而对自身效用产生的负面影响。近年来，备受关注的股权激励制度，将管理层私人利益与公司利益捆绑，管理层更有可能从长远角度考虑内控信息披露行为。客观制定内控缺陷认定标准，真实披露缺陷信息，可能成为理性管理层开始考虑的另外一种选择。但相较于机会主义行为，这种选择能否实现高收益或低成本，还取决于资本市场是否理性和经理人市场是否成熟。目前来看，资本市场与上市公司之间建立起的诚信和信任，尚未达到能够理解和坦然接受内控缺陷的程度，选择有利于自身业绩评价的、宽松的缺陷认定标准，仍是管理层的最优选择。

5.1.2　激励机制与内部控制缺陷认定标准

　　在现有约束下追求自身利益最大化是管理层作为"理性经济人"的典型行为特征，内控缺陷认定的理论逻辑和形成机理，均与管理层行为紧密相关。现代公司激励机制主要有三种形式：显性的薪酬激励和股权激励、隐性的在职消费。激励机制影响管理层的行为决策和动机，进而影响内控缺陷认定标准，最终影响内控信息披露。

1）薪酬激励与内控缺陷认定标准

在内控信息自愿披露阶段，内控较薄弱、存在缺陷的企业可以不披露内控信息，这虽然不能为企业树立良好的市场形象，但也是无伤大雅的普遍做法。进入内控强制披露阶段后，企业不但要披露内控缺陷情况和评价结果，还要披露内控缺陷认定标准。随着网络媒体的发展和公司信息透明度的提高，管理层的薪酬信息不再局限于公司内部，可以通过各种媒体渠道被投资者和社会公众获知，凌驾于内控制度之上、为自己谋求更高薪酬的难度越来越大。另外，高薪酬水平意味着高质量的工作成果，内控缺陷这一负面信息，无疑会让投资者和公众的目光聚焦到管理层薪酬水平和经营业绩的对比上，让管理层压力倍增。但作为"理性经济人"的管理层，不会因为感受到压力而主动放弃高水平薪酬，其可能有两种选择：一是勤勉工作，提升管理业绩，用高质量的工作成果获得理所当然的高额薪酬；二是采取保守的经营策略，减少负面信息的披露，以维持高额薪酬。前者是有效契约机制的表现，薪酬激励与工作业绩之间形成了良性循环，即使企业在内控设计或运行的过程中存在缺陷，管理层也会通过制定客观的缺陷认定标准、合理的缺陷识别和认定、真实的评价结果披露以及有效的缺陷整改措施来应对，让高水平薪酬在管理层行为中体现出价值。后者是管理层防御的体现，在内外部的管控约束下追求自身利益最大化。内控评价是与管理层动机和行为紧密相关的决策结果，追求自身利益最大化的行为动机驱使管理层隐瞒内控缺陷、不披露或降级披露重大缺陷，操纵缺陷认定标准可以实现这一目的。

2）股权激励与内控缺陷认定标准

股权激励是让管理层持有公司股份，与股东共享利益、共担风险，从而为企业的长期发展目标而努力。持有股份的管理层，具有经营者和所有者的双重身份，企业利益与个人利益息息相关，为了企业利益最大化的长远目标，也为了消除其他利益相关者的疑虑和猜测，管理层会尽可能地规避短视行为。即使内控缺陷信息的披露会带来投资者对管理层经营能力和公司业绩的质疑，但由于个人利益与公司利益趋同，也会降低管理层操纵内控缺陷信息的可能性，以减少缺陷识别和机会主义行为。由于内控缺陷信息的披露会引起市场的连锁反应，关注企业价值的管理层在披露内控信息，特别是重大缺陷信息的过程中，又会表现出追求自我利益最大化的倾向，此时的"自我利益"不再是个人薪酬这样的"小利"，而是关乎企业长远发展的"大利"。内控缺陷认定标准的"自由裁量权"，帮助管理层实现了这种自我利益的追求。为了不使内控缺陷信息被外界所获知，会通过操纵缺陷认定标准避免披露或降级披露缺陷，这也解释了部分施行股权激励政策的上市公司，仍旧选择宽松的内控缺陷认定标准这一现象。拥有股份的管理层，期望自己知晓企业真实的内控信息，了解内控缺陷在哪里，掌握缺陷的动向并整改，但不希望这些缺陷信息为外界所知，面对目前尚不成熟的资本市场和尚不理性的外部投资者更是如此。因此，股权激励对内控缺陷认定标准的影响结果，从表面上看，可能与薪酬激励没有区别，但其对管理层行为动机的影响过程截然不同，对公司治理和内控的作用机理也不尽相同。

3）在职消费与内控缺陷认定标准

由于不能提供完善的管理控制和完备的契约关系，在职消费不可避免，成为激励机制的一部分具有必然性和合理性，甚至能够起到比相同金额的货币薪酬更好的激励效果（Frank，1985）。在职消费是管理层自利行为的体现，在监管不力的情况下，管理层会最大限度地进行在职消费，以追求自身利益最大化。现有理论对在职消费存在两种不同的观点。第一种是代理观，认为在职消费是一种机会主义行为，管理者利用职权获取私利、浪费企业资源，增加了企业成本。如果监督不力，管理层倾向于更多的在职消费，利用企业资源为自己获利（Jensen和Meckling，1976）。中国的在职消费情况较为严重，有些企业经营者的在职消费金额能达到工资收入的十倍以上（李旭红，2003），这增加了企业的代理成本，却并没有对企业业绩起到正向的激励作用（卢锐等，2008）。第二种是效率观，认为在职消费能够使管理层感受到名誉、地位等自我价值的体现，起到提高工作效率的作用（Rajan和Wulf，2006）。我国有一些上市公司的高层管理者不从公司领取报酬，但注重身处高位时的声誉和控制权收益，在职消费理所当然成为他们勤勉工作的唯一激励（陈冬华等，2005）。不管是哪种观点，在职消费都会对管理层行为起到激励作用，而在职消费源于约束机制的不完善，这本身就是一种内控缺陷。我国法律并没有对在职消费做出明确的约束和限制，但其对企业产生的影响是负面且巨大的。即使在职消费可以激励管理层提高工作效率和业绩水平，其正面影响往往也不能抵消企业为此付出的成本和代价。特别是源于监管不力等内控缺陷的在职消费，使得管理层为了追求私利，更加抗拒客观的内控缺陷识别和认定，缺陷认定标准趋向宽松，内控信息披露质量难以保证。

本节梳理了管理层行为与内控缺陷认定标准的相互关系，讨论了激励机制对管理层缺陷认定和认定标准制定行为的影响，为后文讨论其他公司治理机制对内部缺陷认定标准的影响提供了分析路径和理论基础。

5.2 ——董事会特征与内部控制缺陷认定标准——

董事会是公司治理的核心，在内控制度的建立健全和运行过程中发挥着不可替代的作用。由于信息不对称，股东和管理层之间存在着不同程度的竞争与合作，董事会像联结这两大利益方的纽带和桥梁，整合双方力量、协调双方分歧，促进公司的健康发展。作为公司治理的核心，董事会是内控评价的主体，承担着对企业内控有效性进行全面评价、得出评价结论并公开发布评价报告的职责。"评价指引"规定，董事会审核内控评价中发现的内控缺陷，认定内控重大缺陷。由此可知，董事会不仅对内控评价报告的真实性承担责任，还影响内控缺陷，特别是重大内控缺陷。内控缺陷认定标准的制定是一项复杂的工作，除了涉及法律、财务、管理等专业的职业判断外，还要考虑企业自身情况、行业标准、产生后果、语言描述等细节问题。一般情况下，这项工作主要由管理层完成，董事会及下设的专业委员会主要承担审核和评估职责。因此，董事会的诸多行为特征主要是为内控缺陷认定标准提供使用基调和保证，在潜移默化中对缺陷认定标准进行点滴渗入。因此，本研究基于董事会规模、两职合一情况、董事会会议频率、独立董事等董事会的常规特征，讨论作为主体因素之一的董事会，如何通过作用于公司的治理和内控，进而影响内控缺陷认定标准。

5.2.1 董事会规模与内部控制缺陷认定标准

组织理论认为，规模较大的组织不利于成员间的交流和沟通，在规模较大的董事会中，成员之间的沟通成本较高、沟通效率较低，影响董事会的决策效率和效果。董事会成员间沟通的低效率，为管理层舞弊和机会主义行为提供了便利（Jensen，1993）。Chtouroul（2001）对董事会规模和财务报告舞弊之间的关系进行了研究，结果表明，董事会规模越大，财务舞弊现象越普遍，董事会规模和财务报告舞弊之间存在正相关关系。沈艺峰（2002）认为，ST公司董事会治理失败的原因之一就是董事会规模过大。彭青和陈少华（2013）认为，规模较大的董事会中，成员之间沟通难度较大，信息传播和经济决策的效率会降低。虽然很多学者支持"大规模低效率"的观点，但也不是说小规模的董事会就是科学合理的，规模较小的董事会同样会出现问题。如果董事会人数较少、缺乏专业背景，同样无法有效发挥董事会的职能，而大规模的董事会中，成员的专业背景具有广泛性，多元化的认知使决策更加客观和全面（谢绚丽和赵胜利，2011）。另外，大规模的董事会更有利于发挥其对管理层行为的监管。董事会由于规模大，涉及事项和利益更广，管理层对董事会的控制和影响变得更加艰难，这弱化了管理层对董事会决策的影响和对管理层监督的干扰（王一宇等，2015；陈共荣等，2015），这也能提高董事会对公司财务报告的监管力度（Anderson等，2004）。因此，董事会的规模应保持在合理的水平上，且应该与企业规模和治理需求相适应。

董事会对内控缺陷识别和认定的影响，除了为制度落地和运行提供适宜的内部环境之外，还体现在对管理层机会主义行为的监督和管控上。较大规模的董事会拥有具有丰富市场经验和专业背景的独立董事，对于管理层的工作任务和行为动机有着准确而深入的认知，能够更好地起到监督和管控的作用，促进企业内控有效实施，内部管理有效运行。但现实生活中，大规模的董事会是否能同理论分析一样，为内控和公司治理带来高效率呢？虽然人数众多的董事会成员可以扩大对管理层的监督范围和管控力度，但随之而来的是沟通和整合成本的上升，有时由于知识背景不同，涉及专业问题的协调和沟通可能会产生适得其反的效果。带着主人翁意识的各抒己见可能会产生大量内耗，困难的沟通和协调容易产生"搭便车"行为，这些都不能达到有效监管管理层行为的目的。因此，董事会规模应控制在一定水平上，与企业规模和业务水平相适应，才能保证董事会对公司治理的正面影响。

5.2.2　两职合一情况与内部控制缺陷认定标准

上市公司的董事长是企业的最高管理者，由董事会选举产生，领导董事会。总经理由董事会聘任，执行董事会的战略决策，实现企业的经营目标。现代公司治理结构中，董事长和总经理的岗位结构有两种不同的形式：一种是二元结构，即董事长和总经理由不同的人担任，两个职责分工明确；另一种是一元结构，即董事长和总经理由同一个人担任，虽然也有职责分工，但由一人兼任两职。两种结构各有优缺点，哪种更适合企业，与其所处的文化背景、资本市场和治理环境有着很大的关系。

就中国上市公司而言，占有主导地位的国有股仅拥有持股数量上的优势，其代理人并没有成为"底气十足"且"动力满满"的监督者。职业经理人市场尚未建立，外部监督机制尚不完善，这些因素加起来造成了目前"内部人控制"问题较为突出的治理现状。因此，董事长和总经理两职合一的岗位结构会降低董事会的独立性，监管效果大打折扣，"内部人控制"问题更加严重，由此形成恶性循环。对于内控缺陷的识别和认定，两职合一的总经理（董事长）没有动机更没有理由披露内控缺陷，以免引发公众对管理能力和公司业绩的质疑。相反，两职分离的董事长和总经理各司其职，董事会对管理层实施必要的监督和制约，管理层努力完成董事会制定的经营目标，监督和被监督的关系在内控运行的过程中得以加强。

5.2.3　董事会会议频率与内部控制缺陷认定标准

董事会会议是公司董事会议事的主要形式，也是董事会发挥职能的重要途径，由董事长主持，议题一般为公司重大事项和紧急事项决策。关于董事会会议频率与公司治理和内控之间的关系，国内外学者进行了大量的讨论和研究。研究结果表明，董事会会议频率高，是董事会成员关心公司、积极履行职责的表现。会议次数越多，董事会成员之间的交流和沟通越充分，越能提高董事会决策的科学性和全面性，越有利于公司治理水平和内控有效性的提高。美国上市公司董事会年平均会议次数大多不少于7次，董事会下设的专业委员会召开会议的次数更多。我国法律和公司章程对上市公司董事会会议频率和时间均有最低要求，现实中，上市公司董事会平均每年召开会议的次数在4次以上，并且有逐步增加的趋势，这说明中国上市公司董事会的执行能力和管控机制都在往积极向好的方向发展。可以认为，董事会会议次数越多，越有利于内控的执行（Lipton和Lorch，1992）。董事会会议也是一种正向的市场信号，显示了公司积极的治理态度和强有力的治理效率。高频率的董事会会议可能增加会议支出等运营成本，但也会增强资本市场对企业的信心，有利于降低融资成本。中国上市公司董事会会议的频率在企业经营出现问题时明显增加，说明大部分董事会会议还属于"善后"行为，虽然这种事后行为难以改变公司的短期绩效，但对于内控的长期影响还是存在的（谷祺和于东智，2001）。

5.2.4　独立董事与内部控制缺陷认定标准

独立董事制度是在公司治理的发展演变过程中形成的、有关独立董事的一系列制度和规则，该制度的引入为中国上市公司的规范运作起到了一定作用。独立董事在治理结构中的作用是制约权力和平衡利益，为了保证其作用的有效发挥，就必须保障其在法律地位上、人格上和行为上的独立性。独立董事以公司整体利益为重，为董事会的决策出具独立意见，不代表任何独立股东的利益，不受管理层的干涉，与公司没有任何业务和利益关系。许多学者认为，独立董事的独立性可以通过独立董事在公司董事会中所占比例来衡量，并基于此得出了很多有价值的研究结论。Fama和Jensen（1983）认为，有着丰富专业知识和实践经验的独立董事，更能够发现公司存在的问题，有效抑制管理层的机会主义行为。与此同时，在独立董事的压力下，管理层会更主动地披露内控信息，进而提升内控质量（Cheng，2000；乔旭东，2003）。因此，独立董事比例越高，公司内控越有效。

目前，我国独立董事制度的实践仍存在很多问题，如独立董事缺乏真正的独立性；独立董事权益流于形式，有名无实；缺乏对独立董事的激励机制等。其中，独立性的缺乏源于独立董事制度执行之初。独立董事独立性的体现之一在于不代表任何个别股东的利益，换句话说，独立董事应关注包括中小股东在内的全体股东的利益。但在实践中，大多数上市公司的独立董事由大股东或管理层推荐，然后以董事会的名义提名，很少有中小股东参与其中。从独立董事的提名、选聘到激励等权力都集中在董事会，最终归于大股东或管理层，独立董事的独立性被极大削弱。另外，独立董事来自社会各界，很多是大学教授、退休官员、经济学家等社会声望较高的人士，其本职工作就很繁忙，没有足够的时间和精力关注公司业务，更谈不上深入了解，其决策往往参照董事长或总经理的意见，无法做出客观独立的判断。

虽然独立董事制度在实践中的运行效果，没有期望的那么有力和高效，但随着我国资本市场法治化程度的提高和上市公司治理结构的完善，独立董事将在公司监督和管控事务中发挥越来越大的作用。特别是对于内控评价这一专业的新事项，上市公司本身也在探索和摸索中，拥有专业背景的独立董事能够给出具有参考价值的决策意见。这些意见能否帮助上市公司准确识别内控缺陷，选择客观的内控缺陷认定标准，还是取决于独立董事在治理结构中的独立性和客观性。

5.2.5 审计委员会与内部控制缺陷认定标准

独立董事的关键和核心价值在于对董事会和管理层的监督，审计委员会是独立董事履行监督职责的主要工具。Scarborough（1998）以加拿大制造业上市公司为例，讨论了审计委员会特征与内控的关系，研究发现，审计委员会中独立董事比例越高，内控越有效。Carcello（2003）发现，审计委员会中的独立董事比例会影响企业对外部审计师的续聘或撤换，独立董事比例越高，管理层聘请新任审计师的速度越快。这说明，具有独立性的审计委员会能对管理层行为产生影响。Abbott（2004）认为，独立于管理层的审计委员会可以有效防止诸如财务欺诈之类的违规行为，且独立性越强，内控越有效，存在"重大缺陷"的可能性越小（Krishnan，2005）。

审计委员会在公司治理中的作用得到国内外很多学者的验证，但目前尚无实证数据证明，审计委员会对内控缺陷识别和认定的关系，但有一点毋庸置疑，那就是设置审计委员会对上市公司的内控评价具有积极影响作用。具有独立性的审计委员会能够增加内控制度的有效性（李补喜和王平心，2005），具有财务、会计和审计专业背景的独立董事，凭借其专业优势，可以帮助审计委员会发挥监督治理作用，相关从业经验有助于提升上市公司的内控有效性（Scarborough，1998；Krishnan，2007；Yan Zhang，2007）。根据目前我国相关制度的规定，审计委员会中配备独立董事的独立性，在很大程度上能够代表审计委员会的独立性，随着独立董事比例的提高，审计委员会的独立性也在加强。凭借这种超然独立的特殊地位，审计委员会可以最大限度地排除管理层的干扰，对内控制度的运行进行审查和监督，对内控评价工作进行审核和评估，并及时发现问题，积极督促整改，发挥有效的监管职能。

董事会特征是一个内涵非常丰富的概念，本研究在力所能及的范围内选取尽可能多的角度进行讨论，但内控缺陷认定标准是上市公司诸多事项中的一个小枝节，虽然关系到整个公司内控是否有效的评价结论，但在实践中却并没有像理论所描述的那样按照既定流程各司其职（管理层制定，董事会审核）。其原因是多方面的：可能因为新规定的实施，执行者和监督者都需要过渡和适应；可能因为存在"自由裁量权"，内控缺陷认定标准可以被随意操纵；也可能因为各利益相关者之间的相互博弈和协调才是内控缺陷认定标准的决策路径。因此，在这部分的讨论中，本研究并没有刻意重点讨论董事会对内控缺陷认定标准的影响，而是根据现有研究文献和在实务部门的调研结果，选取了董事会特征中可能与内控缺陷认定标准有关系的因素，进行了尝试与探索，并在下文中进行了验证。

5.3 ———— 大股东与内部控制缺陷认定标准————

"股权分散、股东众多，各股东同股同权"是理想股份公司的股权结构状态，也是半个世纪以来，世界上各个国家上市公司的发展目标和方向。但研究结论表明，大部分上市公司的股权还是相对集中，大股东对企业的经营决策有较多投票权，当持股份额达到一定比例，大股东可以派遣自己的人进入董事会和高管层，从而获得较充分的经营信息，影响经营决策。与此同时，大股东拥有较多股份，经营不善对大股东利益影响较大，因此大股东具有监督管理层的强烈动机，对机会主义行为能够产生有效约束。但大股东的出现也会带来其他问题，对中小股东利益的侵占是普遍且典型的新代理问题。由于持股比例不同，所有权和控制权的对应关系不同，大股东和中小股东分裂成了两个不同的利益团体。大股东作为全体股东代表，掌握了实际控制权，与中小股东之间产生了新的委托代理关系。在此关系中，同样存在利益不一致、信息不对称、契约不完备的特点，作为代理人的大股东很有可能利用手中权力，损害中小股东利益。由于大股东不直接参与公司日常经营，对公司的运作流程不一定熟悉，要想转移公司利益必须通过管理层的许可或协助。因此，本研究从大股东和管理层合谋角度，讨论大股东在内控缺陷识别和认定过程中的角色和作用，以及作为主体影响因素对上市公司内控缺陷认定标准产生的影响。

5.3.1 合谋行为产生的原因分析

合谋行为的产生源于对自身利益最大化的追求。正常情况下，大股东同中小股东一样，按照持有股份的比例享有公司的收益，管理层按合同获得薪酬回报。大股东与管理层有了合谋行为后，在管理层的协助下，大股东获得了超出正常投资收益的报酬。作为回报，管理层获得了超出薪酬的收益。这些增加的部分不是来自企业经营利润的增加，而是来自对中小股东利益的侵占，是对公司利润的再分配。与此同时，大股东和管理层拥有充分且真实的企业经营信息，这是处于企业外部的中小投资者不可逾越和克服的先天优势，信息不对称推动了合谋行为的形成。因此，本研究认为，追求目标差异、信息不对称以及利益依存关系共同促成了大股东和管理层的合谋。

1）目标差异与合谋

组织成员个人目标与组织目标一致时，每个成员会通过自己的努力使组织利益最大化，从而实现自身利益最大化。当组织成员个人目标与组织目标不一致时，利益冲突出现，若要实现组织目标最大化就不能实现个人目标最大化，若要实现个人目标最大化就只能牺牲组织目标。在这种情况下，"理性经济人"都会选择牺牲组织目标以实现个人目标最大化，目标不一致是组织成员侵占组织利益的前提。由于契约的不完备和治理机制的缺陷，企业各利益相关者之间或多或少地存在利益冲突，同为所有者的大股东和中小股东之间更是存在着不可调和的利益冲突。正常情况下，持有公司股份的股东都会在公司价值增加时，享有对应比例的公司收益，但当大股东凭借持有股份比例的优势获得了控制权时，获得控制权私利会给大股东带来更多的利益，使大股东的财富更快增长。此时，利益冲突和私利诱惑使得大股东和管理层产生了侵占公司利益的动机，合谋行为发生。

2）信息不对称与合谋

拥有持股比例优势的大股东，通过董事会和高管层中的"自己人"，了解和掌握企业的经营信息，身处企业日常经营管理之中的管理层更是对相关信息了如指掌，这种信息差距是身处企业之外的中小股东不可逾越的。而产生这种信息不对称现象的原因主要有以下三点：一是信息垄断。管理层清楚企业的运行状态和自己的工作努力程度，具有信息优势。大股东通过选派的"自己人"对管理层进行监督，也能获得部分信息。为了保持信息优势而获得超额收益，大股东和管理层很有可能倾向于尽可能地隐瞒信息。二是信息披露制度缺陷。隐瞒信息不外报是"理性经济人"的正常选择，而信息披露制度的出台就是为了维护所有利益相关者的知情权。但现有的信息披露制度存在瑕疵和缺陷，披露不充分和虚假披露的现象时有发生，公司外部的中小股东无法获知企业经营的真实信息，加剧了信息不对称程度。三是成本效益原因。获取信息是需要成本的，获取的信息越充分需要的成本就越高，当获取信息得到的收益高于获取成本时，对于信息获取者来说才是有意义的。比起大股东，中小股东持股比例较低，公司价值增长带来的收益远远小于大股东，这就决定了中小股东愿意为获取信息付出的成本远远低于大股东。获取信息的激励不足，大股东和管理层的刻意隐瞒，加上信息披露制度的缺陷，三重劣势叠加导致中小股东永远处于信息弱势的一方，这为大股东和管理层合谋攫取更多的公司利益提供了条件。

3）利益依存与合谋

大股东掌握公司的控制权，但没有直接参与公司的日常经营，不熟悉企业的正常运作流程，要实现对中小股东利益的侵占，只有假手于管理层行为才能实现。即使有些时候不需要管理层协助也能实现控制权私利，但在此过程中对企业利益形成的损害，是无法瞒过管理企业日常经营活动的管理层的。如果不能得到管理层的应允和保密，大股东是无法瞒天过海、实现控制权私利的。与此同时，大股东通过董事会影响管理层的职位任免和薪酬水平，如果管理层的决策和行为不考虑大股东的利益，管理层会在职场举步维艰，甚至会受到惩罚或解聘。因此，大股东和管理层的私人利益是相互依存的，两者合谋能够使双方利益实现最大化。理性的大股东会适当放松对管理层的监督，以换取管理层的协助，理性的管理层会协助大股东实现控制权私利，以换取自身地位的稳固和私人利益的实现。

综上，管理层利用治理结构授予他的权力，帮助大股东获得控制权私利，大股东愿意将公司利益的一部分转让给管理层，或者通过治理机制帮助管理层获利，两者之间形成合谋，信息不对称推动了合谋行为的发生。大股东和管理层的合谋，主要表现为对中小股东利益的侵占。

5.3.2 合谋、监督与内部控制缺陷认定标准

现代公司治理结构的特点是股权相对集中，大股东掌握公司控制权，但管理层仍是公司日常经营管理的执行者和参与人，管理层行为是影响公司决策和绩效的重要因素。在股权较分散的情况下，每个股东的持股比例都不高，都不足以产生有效监督的激励，管理层的机会主义现象较为严重。但在股权相对集中的情况下，公司至少存在一个持股比例较高的大股东，管理层的机会主义行为在损害公司利益的同时，对大股东利益产生的负面影响最大。与此同时，大股东通过派遣"自己人"进入董事会或高管层，可以获得充分的企业经营管理信息，影响企业的经营决策。因此，大股东有条件、有动机、有激励对管理层进行监督，虽然监督成本比较高，中小股东也会"搭便车"，但不影响大股东对管理层的监督意愿。

除了通过监督管理层提升其工作勤勉程度和公司价值以获得收益之外，大股东还会通过与管理层合谋以获得控制权收益。不合谋的情况下，

在监督不到位或有缺陷的地方，管理层通过多种途径侵占公司利益，导致大股东利益受损。而在合谋情况下，之前被管理层侵占的公司利益中，有一部分要让渡给大股东，且大股东所拥有的控制权比例越高，治理机制对大股东的管控力量越薄弱，让渡给大股东的利益比例越高。换句话说，大股东持股比例越高，股权制衡度越低，大股东对企业利益和中小股东利益的侵占程度越高。大股东的侵占行为本身就是一种内控缺陷，且离不开管理层的协助和支持，作为回报，大股东会放弃对管理层机会主义行为的部分监管，让管理层的私人利益得以满足。在合谋情况下，大股东和管理层对内控缺陷视若无睹，更不会愿意缺陷信息为其他股东所知悉。因此，大股东与管理层的合谋，不但不会强化大股东对管理层机会主义行为的监督，反而会弱化监督强度，内控缺陷认定标准被操纵，用来掩饰存在的内控缺陷。综上所述，大股东持股比例越高，控制权私利越大，需要通过合谋获得的管理层协助就越多，两者之间的利益依存关系更复杂，管理层的机会主义行为更严重，内控缺陷认定标准更宽松。

5.3.3　合谋、激励与内部控制缺陷认定标准

要解决代理问题，首先要解决委托人和代理人之间的利益冲突和行为目标差异问题。激励机制是消除利益冲突协同行为目标的有效手段，最优激励机制使剩余索取权与剩余控制权匹配，使委托人和代理人利益趋于一致，实现激励相容。

在企业实践中，对管理层的激励主要有薪酬激励、股权激励和在职消费。薪酬激励是最基本的激励方式，根据管理层的级别、履历、企业规模、岗位职责、行业工资水平等多种因素综合考量而制定，一般包括基本工资和绩效。其中，绩效是与企业经营业绩相联系的薪酬部分，也是管理层分担经营风险的形式之一，要想获得更多的回报，管理层必须努力工作提高企业经营业绩。薪酬激励定期以现金的形式发放给管理层，虽然与企业的经营绩效相关，但从激励效果来看，仍属于短期激励方式，促使管理层的决策倾向于提高企业短期绩效，或放弃有利于提升企业长期价值的行为。股权激励可以弥补薪酬激励的短板，通过让管理层持有部分企业股份，使管理层的利益目标与股东趋于一致，是一种长期激励方式。在职消

费的激励效果与职位高低紧密相联，要想获得在职消费就需要管理层能够保留目前职位，或提升至更高职位获得更高水平的在职消费。从激励效果看，在职消费也属于一种短期激励方式。有效的激励机制是多种激励方式共存并达到均衡状态的结构体系，这种激励机制实现了管理层个人利益与公司利益的激励相容，管理层在追求个人利益目标实现的同时，也使公司价值得以最大化。

在股权高度集中的股权结构下，大股东处于信息优势地位且掌握了实际控制权，不再满足于通过企业价值最大化获得自身利益，与管理层合谋侵占中小股东利益能够获得自身财富的更快增长。在这种情况下，激励机制的方式和效果也发生了变化。有效的激励机制通过一系列激励手段，诱导管理层行为与企业价值目标趋于一致，管理层通过努力工作获得薪酬回报。大股东与管理层合谋的情况下，大股东不期望管理层的行为动机、决策倾向和价值观与公司利益一致，而是期望管理层为大股东私利最大化服务。大股东的私利目标与企业目标有偏差，与中小股东利益目标更是背道而驰，获得企业的控制权私利，必然意味着牺牲中小股东的利益，而这是让大股东个人利益快速增长的最佳方式。中小股东的利益目标与公司是一致的，他们期望管理层能够以公司价值最大化为行为准则，但大股东拥有公司的实际控制权，对管理层的激励机制受大股东控制，反映大股东意愿，合谋使得管理层行为更倾向于为大股东利益服务，激励机制的行为导向被扭曲。

大股东要想维持与管理层的合谋，使侵占行为隐秘且长久，就不会希望公司出现能够引起舆论或监管机构关注的负面事项，而内控缺陷信息恰恰自带这种"吸睛"功能。一直以来，上市公司之间似乎存在一种默契，内控缺陷可以有，但重大缺陷不会轻易有。近几年的内控评价信息说明了这一现象的存在。

5.4 ———主体影响因素的实证分析过程和结果———

如前文所述，内控缺陷认定标准的主体因素包括管理层（标准制定者）、董事会（标准评估者）、大股东（重大影响者），这些企业内部产权主体之间的博弈为内控缺陷认定标准的初步制定定下了基调。因此，本节内容从公司治理和股权结构等角度分析内控缺陷认定标准的主体影响因素，并用沪、深两市 A 股上市公司的实践数据对相关假设予以验证。

5.4.1　研究假设

1）激励机制与内控缺陷认定标准

如前所述，激励机制在一定程度上可以弥补管理层由于披露内控缺陷，而对自身效用产生的负面影响。私人利益与公司利益趋于一致，管理层更有可能从长远角度考虑内控信息披露，如客观制定缺陷认定标准，真实披露缺陷信息。但相较于机会主义行为，这种选择能否实现高收益或低成本，还取决于资本市场的理性和经理人市场的成熟度。目前来看，选择有利于自身业绩评价的、宽松的内控缺陷认定标准仍是管理层的最优选择，但激励机制在一定程度上能够缓解这种机会主义行为。在职消费源于对管理层权力控制和监督的缺失，在职消费与管理层的控制权有正向关系（杨蓉，2015），而在职消费带来的优越感和自我实现的满足感会驱使管理层刻意隐瞒或回避相关的内控控制缺陷，或选择宽松的内控缺陷认定标准。虽然"八项规定"的出台有效抑制了量大面广的管理层在职消费，但在职消费对管理层发挥激励作用的底层逻辑没有变化，很少有管理层为了减少自己的在职消费而进行严格的内控缺陷识别和认定，更不会有管理层为了让他人发现自己的在职消费而选择严格的缺陷认定标准。由此提出如下假设：

假设 1：管理层薪酬水平越高，内控缺陷认定标准越严格。

假设 2：管理层持股比例越高，内控缺陷认定标准越严格。

假设 3：在职消费水平越高，内控缺陷认定标准越宽松。

2）大股东与内控缺陷认定标准

如前所述，大股东与管理层合谋获得的收益，来自对公司财富和中小股东利益的掠夺和侵占，其程度取决于大股东持有股份比例和控制权比例，以及治理机制的监督效率。与此同时，诸如内控缺陷等负面信息的披露，不利于合谋行为长期且顺利地进行。由此提出如下假设：

假设 4：大股东持股比例越高，内控缺陷认定标准越宽松。

3）董事会与内控缺陷认定标准

（1）董事会规模与内控缺陷认定标准。

根据代理理论，董事会规模越大，专业多元化程度越高，越能发挥其监督和管控功能，越能对专业问题提供决策建议。但与此同时，规模大的董事会中，各成员间的沟通和协调变得困难，代理成本也会随之增加，当超过由此带来的收益时，大规模董事会会影响内控的有效运行，对管理层机会主义行为的监管变得无效，不利于企业做出客观的内控缺陷认定标准决策。由此提出如下假设：

假设5：董事会规模越大，内控缺陷认定标准越宽松。

（2）两职合一情况与内控缺陷认定标准。

董事长和总经理两职合一的治理结构降低了董事会的独立性，不利于董事会对管理层内控缺陷认定工作的评价和监督。在内控评价中，管理层负责内控缺陷识别和认定、制定缺陷认定标准、向董事会报告内控缺陷情况；董事会负责对管理层上报的内控缺陷认定标准（特别是重大缺陷认定标准）和内控缺陷情况进行评估，审核内控评价结果并对外披露内控评价报告。两职合一的治理结构下，董事长（总经理）既是运动员又是裁判员，不利于企业做出客观的内控缺陷认定标准决策。由此提出如下假设：

假设6：董事长和总经理两职合一的情况下，内控缺陷认定标准较宽松。

（3）独立董事与内控缺陷认定标准。

拥有独立性和专业性的独立董事，可以有效制衡权力，约束管理层的机会主义行为，保护股东权益。随着独立董事人数和在董事会中所占比例的逐步增加，上市公司董事会对管理层的监管力度越来越大，这将促使管理层更加尊重资本市场、遵循"游戏规则"。另外，董事会中对内控评价工作负主要责任的审计委员会是由独立董事构成的，审计委员会在内控评价和缺陷认定的过程中，是否能够有效发挥监督职能，督促企业选择客观的内控缺陷认定标准，很大程度上取决于独立董事在决策议案中的"地位"和影响力。有"地位"表示独立董事的意见对审议案、定战略等决策具有实际影响。作为企业外部的董事会成员，在内部信息和关系平衡方面不具备优势，但如果团体的人数和比例达到一定程度，成为企业决策不可或缺的影响力量，其对包括内控评价在内的诸多议案就能达到有效评估和监督的效果，"人多力量大"可以作为现阶段董事会有效治理结构的形象描述。因此，提高董事会中独立董事比例，将有效提升公司治理水平，提高内控有效性。由此提出如下假设：

假设7：独立董事比例越高，内控缺陷认定标准越严格。

（4）董事会会议频率与内控缺陷认定标准。

董事会会议是董事会履行职责的方式之一，其频率反映了董事会成员对公司业绩关心和对职责积极履行的程度。频率较高的董事会会议有利于董事会成员间的充分沟通，提高决策的科学性和全面性。董事会会议频率不但能向外界传递正向信号，而且对公司治理水平和内控有效性的提高能够起到长期的积极影响。由此提出如下假设：

假设8：董事会会议频率越高，内控缺陷认定标准越严格。

5.4.2 研究设计

1）样本选取与数据来源

本研究逐一查阅了上交所和深交所2017年公开发布内控评价报告的3 225家公司，通过两次筛选和剔除得到样本1 652家。样本公司涉及除金融业外的所有行业。政府监管数据通过深交所和上交所官网披露的监管措施公开信息，手工整理获取。目前，公开发布的监管措施公告部分属于事后监管，部分属于即时监管，本研究需要的是政府监管对内控缺陷认定标准制定形成的压力和影响，因此选取2014年1月至2016年12月为数据收集期，涉及2 060份公告。其他相关数据通过CSMR数据库获取。为避免极端值的影响，均在1%水平上对数据予以Winsorize处理，描述性统计分析和回归分析均使用STATA12.0处理。

2）变量设计

（1）内控缺陷认定标准的度量。

现有文献中关于上市公司的内控缺陷认定标准有定性标准和定量标准两种，本研究拟选择定量认定标准。原因是：较之定性标准，定量标准具有具体细化、可操作性强的特点，实际上已成为上市公司内控缺陷认定的决定性标准；另外，定性标准无论从缺陷的性质还是从影响的严重性程度，以及发生的可能性方面多是文字性描述，书面表达差异化大，难以进行实证检验。因此，本节及之后章节的实证研究，均选择用内控缺陷认定的定量认定标准进行统计分析。

1 652家样本公司分别以一个或多个具体经济指标的百分比披露了企业对内控重大缺陷的评价标准，包括资产总额比例、营业收入比例、利润总额比率、税后净利润比例以及所有者权益总额比例。总体来说，样本公司的内控重大缺陷评价标准具有如下两方面特征：首先，判断内控重大缺陷的基准财务指标选取数量各不相同，超过三分之一的公司以单一财务指标作为判断内控重大缺陷的基准指标，但选取的财务指标又各不相同，其中有15%的上市公司选择资产总额，21.7%的上市公司选择利润总额，7.3%的上市公司选择营业收入，还有一些上市公司选择税后净利润、所有者权益等指标，剩余近三分之二的公司选择了两种及两种以上的财务指标，样本公司中，每个公司选取财务指标作为判断内控重大缺陷评价标准的数量最多为4个。其次，即使有些公司选取了相同的财务指标作为评价内控缺陷的基准指标，其划分重要性水平的具体百分比水平也各不相同。在样本公司披露的内控缺陷评价的百分比水平中，选取资产总额作为基准指标的百分比以0.5%和1%最为常见，还有1.5%、2%、3%、5%、10%等，最小值为0.05%，最大值为11%。选取营业收入作为基准指标的百分比以0.5%和1%最为常见，还有2%、3%、5%、8%等，最小值为0.1%，最大值为11%，选取利润总额作为基准指标的百分比以5%和10%最为常见。

虽然大多数公司选取多个基准指标且有对应的比例作为内控缺陷认定标准，但在具体的判断比较中往往以最小值为界，因此本研究将样本公司的内控评价标准的百分比分别与其对应的基准指标相乘，每个公司得到大于等于一个且不超过四个的重要性水平绝对值，取其最小值的对数作为内控缺陷认定标准指标。例如，某公司选取了资产总额、营业收入、利润总额、税后净利润几个基准指标作为内控缺陷认定指标且规定了相应的比例，本研究将这几个基准指标与对应比例相乘得到四个重要性水平绝对值 X_1、X_2、X_3 和 X_4，其中 $X_1 \geq X_2 \geq X_3 \geq X_4$，取其中的最小值 X_4 作为该公司内控缺陷认定标准的计量值；以此类推，当某公司选取了三个或两个基准指标，那么内控缺陷认定标准的计量值就是三个或两个重要性水平绝对值中的最小值；当某公司以单个基准指标作为内控缺陷认定指标时，那么该指标与对应的比例相乘得到的重要性水平绝对值，就是该公司的内控缺陷认定标准计量值。因此，统计分析中内控缺陷认定标准指标的计算公式如下：

$$DEFIi=ln\left[Min（\alpha×Asseti，\beta×Incomei，\gamma×TTaxi，\delta×ATaxi，\varepsilon×Equityi）\right]$$

$$（\alpha≠0；\beta≠0；\gamma≠0；\delta≠0；\varepsilon≠0）$$

其中，Asseti、Incomei、TTaxi、ATaxi、Equityi分别表示第i年的资产总额、收入总额、利润总额、税后净利润额和所有者权益额；α、β、γ、δ、ε分别为对应百分比。

（2）解释变量。

主要解释变量有三个方面：管理层特征变量，包括管理层薪酬水平（Salary）、管理层持股比例（Share）和管理层在职消费（Consume）；大股东特征变量用控股股东持股比例（Hold）表示；董事会特征变量，包括董事会人数（Number）、董事长和总经理两职合一情况（Combina）、独立董事比例（Indep）和董事会会议次数（Meeting）。其中，对管理层在职消费的计量参考陈冬华（2010）和杨蓉（2016）的做法，从上市公司披露的管理费用中提取办公费、差旅费、业务招待费、通信费、出国培训费、董事会费、小车费和会议费等费用，取其对数作为在职消费的衡量指标。[1]

（3）控制变量。

通过对文献的研究和整理，本研究在模型中加入审计事务所特征（Big12）、产品市场竞争（HHI）、市场化程度（Market）、股权结构（H10）、融资需求（SEO）、债务权益比（DebtR）、股权性质（Owner）、公司规模（Size）、行业（Indu）作为控制变量，其中：

审计事务所特征（Big12）变量取事务所规模。中国审计市场在政策干预下经历了资源整合和重大调整，但并未出现国外常见的被国际四大垄断的市场结构，至少到目前为止，国际四大在中国上市公司的市场份额没有超过50%。因此，在本研究的讨论中，将国际四大和中注协评出的本土

---

[1]　这几项费用被认为是上市公司高级管理层获得私利的最可能的捷径，同时也是机会主义的"重灾区"。

八大会计师事务所，都看成能够为公司提供高质量审计服务的事务所，用是否十二大（Big12）作为事务所规模的虚拟变量，是取1，否取0。

政府监管（Gove）变量以上海证券交易所是否对上市公司实施过监管措施来衡量（陈工孟和高宁，2005；李莉，2012），其中监管措施包括监管关注、通报批评、公开谴责及公开认定、其他等，实施过取1，反之取0。

行业竞争度（HHI）选取反映市场集中度的赫芬达尔-赫希曼指数（Herfindahl-HirschmanIndex，HHI），将其作为行业竞争度指标，计算公式为$HHI=\sum_{i}(X_i/\sum X_i)^2$，其中，$X_i$为第i年的销售额，HHI以市场销售额占行业总的市场份额比例的平方和计算。当行业内公司数量处于某一区间时，规模相近的企业数量越多，相互间的影响越大，行业竞争程度越激烈。该指数越低，说明行业集中程度越低，意味着行业的竞争越激烈（杨兴全和吴昊昊，2009）。

市场化程度（Market）表示上市公司注册地所在的省、自治区或直辖市的市场化相对进程指数，本研究使用的是王小鲁、樊纲和余静文（2016）报告的2014年度市场化进程指标数据，样本时间是2016年，滞后于市场化程度变量，减轻了可能的内生性问题。

股权结构（H10）表示Herfindahl_10，用公司前十位大股东持股比例的平方和度量，用于控制股权结构的影响。

融资需求（SEO）表示公司当年是否发布了增发招股意向书或配股说明书，是取1，反之取0。披露内控缺陷传递出的信号会导致公司的资本成本上升，有融资需求的公司有放宽缺陷认定标准、隐瞒缺陷信息披露的动机。

债务权益比（DebtR）用来衡量债权人的治理效应。债权人通过发挥监管优势抑制代理问题，从而约束内控缺陷认定及披露过程中的机会主义行为。

股权性质（Owner）表示控股股东的性质，国有控股企业取1，非国有控股企业取0，用于控制不同股权性质的影响。

企业规模（Size）用员工人数表示，用于控制公司规模的影响。公司规模可以用资产金额、销售额和员工人数三个指标衡量。由于部分样本公司内控缺陷认定标准的计算来自资产总额和销售收入，因此为了最大限度地消除共线性问题，本研究以员工人数控制公司规模的影响。

行业（Indu）表示公司所处行业，样本公司共涉及10个行业门类和9个制造业次类，从1至19依次赋值加以控制。

为检验假设1～3，构建模型如下：

$$DEFI=a_0+a_1Salary+a_2Share+a_3Consume+a_4Big12+a_5Gove+a_6HHI+$$
$$a_7Market+a_8H10+a_9SEO+a_{10}DebtR+a_{11}SIZE+a_{12}Indu+\varepsilon \quad (5-1)$$

为检验假设4，构建模型如下：

$$DEFI=b_0+b_1ContR+b_2Big12+b_3Gove+b_4HHI+b_5Market+b_6H10+b_7SEO+b_8DebtR+$$
$$b_9SIZE+b_{10}Indu+\varepsilon \quad (5-2)$$

为检验假设5～8，构建模型如下：

$$DEFI=c_0+c_1Number+c_2Combina+c_3Indep+c_4Meeting+c_5Big12+c_6Gove+c_7HHI+c_8Market+$$
$$c_9H10+c_{10}SEO+c_{11}DebtR+c_{12}SIZE+c_{13}Indu+\varepsilon \quad (5-3)$$

5.4.3 实证检验与结果分析

1）主要变量的描述性统计

表5-1是描述性统计结果，内控缺陷认定标准（DEFI）的均值和标准差分别是16.7083和1.4668，且四分位距较大，表明样本公司的内控缺陷认定标准存在较大差异；管理层持股比例（Share）四分之一和四分之三分位数分别为0.0014和0.6260，表明样本公司之间差异较大；在职消费（Consume）四分之一和四分之三分位数分别为16.5615和18.5148，表明样本公司之间在职消费情况差异较大；第一大股东持股比例（Hold）的均值为0.3150，四分之一和四分之三分位数分别为0.2105和0.4019，表明样本公司一股独大现象较普遍；董事会规模（Number）的四分之一分位数为1.9459，二分之一和四分之三分位数以及中位数均为2.1972，表明样本公司董事会规模存在极端值，但大多数样本公司的董事会规模不存在显著差异；董事会会议（Meeting）四分之一和四分之三分位数分别为8和13，表明样本公司之间召开董事会会议的频率和次数情况差异较大；行业竞争度（HHI）的标准差为0.1057，四分之一和四分之三分位数分别为0.0289

和 0.1203，表明样本公司所涵盖行业分布较广、跨度较大；市场化程度（Market）的四分位数均为 1，说明大多数样本公司处于市场化程度较高的地区，这与现实情况相符；其他指标比例均与相关研究近似。

表5-1 描述性统计分析

变量名称	样本数	均值	中位数	标准差	最小值	最大值	百分位数		
							1/4分位	1/2分位	3/4分位
DEFI	1 652	16.7083	16.6905	1.4668	10.5757	24.1747	15.7994	16.6905	17.6511
Salary	1 652	15.4445	15.3920	0.6858	13.1476	18.1748	14.9912	15.3920	15.8707
Share	1 652	0.3571	0.0889	0.4753	0.0000	2.3397	0.0014	0.0889	0.6260
Consume	1 652	17.6073	17.3865	1.4603	11.5412	23.9859	16.5615	17.3865	18.5148
Hold	1 652	0.3150	0.2951	0.1358	0.0415	0.8251	0.2105	0.2951	0.4019
Number	1 652	2.1185	2.1972	0.1950	1.6094	2.9444	1.9459	2.1972	2.1972
Combina	1 652	0.2990	0.0000	0.4580	0.0000	1.0000	0.0000	0.0000	1.0000
Indep	1 652	0.3750	0.3333	0.0543	0.2500	0.6667	0.3333	0.3333	0.4286
Meeting	1 652	10.8214	10.0000	4.7947	3.0000	57.0000	8.0000	10.0000	13.0000
Big12	1 652	0.6955	1.0000	0.4603	0.0000	1.0000	0.0000	1.0000	1.0000
Gove	1 652	0.3184	0.0000	0.4660	0.0000	1.0000	0.0000	0.0000	1.0000
HHI	1 652	0.1004	0.0721	0.1057	0.0191	0.9628	0.0289	0.0721	0.1203
Market	1 652	0.8372	1.0000	0.3693	0.0000	1.0000	1.0000	1.0000	1.0000
H10	1 652	0.1435	0.1189	0.1049	0.0038	1.1492	0.0663	0.1189	0.1907
SEO	1 652	0.0654	0.0000	0.2473	0.0000	1.0000	0.0000	0.0000	0.0000
DebtR	1 652	0.2712	0.0759	1.9432	0.0000	76.8479	0.0177	0.0759	0.2327
Owner	1 652	0.2924	0.0000	0.4550	0.0000	1.0000	0.0000	0.0000	1.0000
Size	1 652	7.8019	7.7068	1.2028	4.4543	12.5555	7.0003	7.7068	8.5352

2）相关性检验

各变量间的 Pearson 相关性分析系数见表 5-2。除独立董事比例（Indep）外，其他解释变量均与内控缺陷认定标准显著相关，其中董事会特征中的董事长和总经理两职合一情况在10%的水平上与内控缺陷认定标准显著相关，其他解释变量均在5%的水平上与内控缺陷认定标准显著相关，初步验证了相关假设。表5-2还显示，模型涉及的各解释变量之间相关性系数的绝对值均不超过0.3，可以认为模型不存在多重共线性问题，各变量可放入同一模型进行回归分析。

表5-2　　　　　　　　　Pearson相关性检验

	DEFI	Salary	Share	Consume	Hold	Number	Combina	Indep	Meeting
DEFI	1.000								
Salary	0.369**	1.000							
Share	−0.156**	−0.150**	1.000						
Consume	0.417**	0.444**	−0.224**	1.000					
Hold	0.117**	0.002	−0.030	0.098**	1.000				
Number	0.145**	0.205**	−0.174**	0.174**	−0.049*	1.000			
Combina	−0.062*	−0.066**	0.303**	−0.104**	−0.002	−0.176**	1.000		
Indep	−0.028	−0.051*	0.063*	−0.005	0.071**	−0.562**	0.140**	1.000	
Meeting	0.120**	0.178**	−0.013	0.128**	−0.037	−0.039	0.018	0.057*	1.000

注：*、**、***分别表示10%、5%、1%的显著性水平。

3）多元回归分析

表5-3是公司管理层特征、大股东特征和董事会特征与公司内控缺陷认定标准的回归分析结果，回归F值均在1%的显著性水平上显著，说明模型的总体拟合度合格。虽然相关Pearson相关性检验中并没有发现严重的多重共线性问题，但为了严格控制使分析结果更严谨，本研究在将所有变量放入同一模型之前，让每个假设涉及的解释变量逐一进入模型进行了回归。

其中回归1~8分别是管理层薪酬水平（Salary）、管理层持股比例（Share）、管理层在职消费（Consume）、控股股东持股比例（Hold）、董事会人数（Number）、董事长和总经理两职合一情况（Combina）、独立董事

表5-3　　　　　　　　　　　　　多元线性回归结果

变量	预期	回归1	回归2	回归3	回归4	回归5	回归6	回归7	回归8	回归9
CONSTANT		7.354*** (10.242)	11.566*** (47.095)	9.614*** (24.516)	11.374*** (46.609)	11.038*** (27.765)	11.449*** (47.348)	11.625*** (36.215)	11.373*** (47.390)	6.523*** (7.163)
Salary	−	149*** (6.047)								0.119*** (4.701)
Share	−		0.048*** (−1.968)							−0.034*** (−1.378)
Consume	+			0.158*** (5.881)						0.125*** (4.574)
Hold	+				0.035** (1.621)					0.049*** (2.263)
Number	+					0.029 (1.307)				0.014 (0.526)
Combina							0.003 (0.129)			0.014 (0.617)
Indep								0.017 (−0.800)		0.012 (−0.468)
Meeting									0.065*** (2.967)	0.046*** (2.087)
Big12		0.027 (1.264)	0.033 (1.564)	0.030 (1.429)	0.031 (1.436)	0.033 (1.552)	0.033 (1.525)	0.033 (1.529)	0.030 (1.407)	0.022 (1.040)
Gove		0.003 (0.149)	−0.010 (−0.463)	−0.006 (−0.276)	−0.001 (−0.066)	−0.005 (−0.231)	−0.005 (−0.216)	−0.005 (−0.213)	−0.009 (−0.425)	−0.002 (−0.109)
HHI		0.052*** (2.446)	0.042*** (1.952)	0.046*** (2.147)	0.044*** (2.053)	0.046*** (2.103)	0.046*** (2.105)	0.046*** (2.119)	0.043*** (1.991)	0.047*** (2.198)
Market		0.041 (1.903)	0.055*** (2.545)	0.052*** (2.446)	0.051** (2.369)	0.052*** (2.403)	0.051*** (2.379)	0.051*** (2.377)	0.054*** (2.508)	0.048*** (2.258)
H10		0.005 (0.240)	0.008 (0.365)	0.006 (0.308)	0.004 (0.169)	0.007 (0.322)	0.006 (0.268)	0.006 (0.285)	0.005 (0.214)	0.005 (0.239)
SE_o		−0.011 (−0.536)	−0.014 (−0.672)	−0.016 (−0.765)	−0.015 (−0.704)	−0.017 (−0.784)	−0.016 (−0.762)	−0.016 (−0.775)	−0.023 (−1.059)	−0.014 (−0.649)
DebtR		0.018 (0.873)	0.020 (0.951)	0.018 (0.851)	0.022 (1.064)	0.022 (1.058)	0.022 (1.059)	0.023 (1.076)	0.019 (0.877)	0.012 (0.574)
Owner		0.031 (1.421)	0.014 (.557)	0.018 (.810)	0.029 (1.272)	0.026 (1.159)	0.034 (1.461)	0.032 (1.431)	0.041 (1.845)	0.006 (0.242)
Size		0.425*** (17.002)	0.493*** (22.123)	0.405*** (14.927)	0.494*** (22.164)	0.493*** (21.945)	0.498*** (22.444)	0.498*** (22.450)	0.489*** (21.866)	0.349*** (12.151)
Year		控制	控制	控制	控制	控制	控制	控制	控制	控制
Indu		控制	控制	控制	控制	控制	控制	控制	控制	控制
N		1 652	1 652	1 652	1 652	1 652	1 652	1 652	1 652	1 652
Adj R^2		0.282	0.267	0.281	0.267	0.266	0.266	0.266	0.270	0.294

注：括号中的数字为经robust处理过的t检验值，*、**、***分别表示10%、5%、1%的显著性水平。

资料来源：作者根据STATA统计结果整理。

比例（Indep）和董事会会议次数（Meeting）单独进入模型的回归结果，回归9是所有变量放入同一模型的多元回归结果。从回归1和回归9的结果可以看出，管理层薪酬水平（Salary）与内控缺陷认定标准呈显著正向相关关系，说明随着管理层薪酬水平的提高，内控缺陷认定标准呈现逐渐宽松的趋势。这样的回归结果说明，目前，薪酬激励机制尚不能弥补管理层由于披露内控缺陷，对自身效用产生的负面影响，宽松的缺陷认定标准仍是管理层实现个人收益目标最大化的最优选择。

从回归2和回归9的结果可以看出，管理层持股水平（Share）与内控缺陷认定标准呈显著负向相关关系，说明随着管理层持有公司股份水平的提高，内控缺陷认定标准呈现逐渐严格的趋势。这样的回归结果说明，股权激励计划能够起到驱使管理层选择有利于企业长期利益决策的目的。虽然并没有直接证据显示，严格的内控缺陷认定标准更客观，宽松的内控缺陷认定标准一定不客观，并且什么样的内控缺陷认定标准是客观的也没有确切定论。所谓客观的定义准确来说，应该是在现有治理条件下，无限接近客观。但从趋利避害的人性特征来看，在各方都能接受的范围内，选择更宽松一点的缺陷认定标准是大部分决策者的选择。因此，回归结果反映的现实是，股权激励计划会影响管理层的内控缺陷认定标准选择决策，管理层持有公司股份的比例越高，越倾向于选择相对严格的缺陷认定标准，而该认定标准可能更接近客观的缺陷认定标准。

从回归3和回归9的结果可以看出，管理层在职消费（Consume）与内控缺陷认定标准呈显著正向相关关系。这样的回归结果说明，管理层在职消费水平越高，内控缺陷认定标准越宽松，这符合理论分析和现实情况的逻辑。自2013年起，"八项规定"等文件相继出台，在此情况下仍能享受到相较其他上市公司管理层更高在职消费的管理层，很有可能掌握公司控制权，通过使用和转移资源得到包括在职消费在内的好处。在这种情况下，选择宽松的内控缺陷认定标准既是必然选择也是可实现的选择。

从回归4和回归9的结果可以看出，大股东持股比例（Hold）与内控缺陷认定标准呈显著正向相关关系。这说明大股东持股比例越高，内控缺陷认定标准越宽松。从回归5和回归9的结果可以看出，董事会规模（Number）与内控缺陷认定标准无显著关系。这说明董事会规模的大小主要取决于行业特征和自身情况，对内控缺陷认定等决策不具有显著影响作用。从回归6和回归9的结果可以看出，董事长和总经理两职合一情况（Combina）与内控缺陷认定标准无显著关系。这说明两职合一在理论上会削弱董事会的监督职能，导致管理层机会主义行为，但在样本公司中并没有对内控缺陷认定标准产生显著影响。从回归7和回归9的结果可以看出，独立董事比例（Indep）与内控缺陷认定标准无显著关系。

从回归8和回归9的结果可以看出，董事会会议次数（Meeting）与内控缺陷认定标准呈显著负向相关关系。这说明董事会会议次数越多，内控缺陷认定标准越严格。内控信息披露是大事，缺陷认定标准虽然不是小事但仍属于事项的细节部分，需要专业的知识和各方面的权衡，没有充分有效的交流和沟通，以及一定工作时间的积累，不可能制定出客观有效的内控缺陷认定标准。因此董事会会议次数越多，董事会成员之间的交流和沟通越充分，越能提高董事会决策的科学性和全面性，有利于公司治理水平和内控有效性的提高。

4）稳健性检验

为增强研究结论的可靠性，本研究采用调整样本数据的方法对假设1、假设2、假设3、假设4、假设8进行了稳健性检验，检验结果见表5-4。在原假设的回归分析中，本研究将1 652家样本公司涉及的所有基准指标均纳入比较范围，选取其中的最小值即最严格的认定标准作为内控缺陷认定标准的计量值。在所有基准指标中资产总额的选择频率最高，有1 192家公司将其作为单一或部分的内控缺陷认定评价基准指标。因此，在稳健性检验中，以基于资产总额的重要性水平的绝对值，作为新样本数据对假设重新进行回归，最后回归结果与原假设基本一致。

表5-4　　　　　　　　　　　　稳健性检验结果

变量	预期	回归1	回归2	回归3	回归4	回归8	回归9
CONSTANT		15.170***	15.054***	13.447***	14.702***	14.772***	13.745***
		(54.894)	(55.467)	(28.737)	(52.175)	(55.104)	(26.917)
Salary	-	0.100***					0.070***
		(3.274)					(2.205)
Share	-		-0.078***				-0.073***
			(-2.483)				(-2.311)
Consume	+			0.133***			0.105***
				(3.888)			(2.984)
Hold	+				0.063***		0.078***
					(2.090)		(2.577)
Meeting	-					0.081***	0.063***
						(2.940)	(2.234)
Big12		控制	控制	控制	控制	控制	控制
Gove		控制	控制	控制	控制	控制	控制
HHI		控制	控制	控制	控制	控制	控制
Market		控制	控制	控制	控制	控制	控制
H10		控制	控制	控制	控制	控制	控制
SEO		控制	控制	控制	控制	控制	控制
DebtR		控制	控制	控制	控制	控制	控制
Owner		控制	控制	控制	控制	控制	控制
Size		控制	控制	控制	控制	控制	控制
Year		控制	控制	控制	控制	控制	控制
Indu		控制	控制	控制	控制	控制	控制
N		1 192	1 192	1 192	1 192	1 192	1 192
Adj R²		0.125	0.121	0.125	0.120	0.123	0.138

注：括号中的数字为经Robust处理过的t检验值，*、**、***分别表示10%、5%、1%的显著性水平。

资料来源：作者根据STATA统计结果整理。

5.4.4　本章小结

本节以 2017 年沪、深两市 A 股上市公司的经验数据和内控评价报告相关信息为样本，对内控缺陷认定主体缺陷认定标准的影响进行了检验。通过描述性统计与回归检验发现：管理层激励特征方面，管理层薪酬水平越高，内控缺陷认定标准越宽松；管理层持股比例越高，内控缺陷认定标准越严格；管理层在职消费水平越高，内控缺陷认定标准越宽松。大股东特征方面，大股东持股比例越高，内控缺陷认定标准越宽松。董事会特征方面，董事会会议次数越多，内控缺陷认定标准越严格。从实证结果可以看出，管理层特征和大股东特征方面，基于现有研究成果的假设，基本上都得到了支持，说明关于这两方面的现实情况和理论描述基本一致，加强大股东治理、制定合理的管理层激励制度、提升公司总体治理水平都是解决内控缺陷认定标准被"操纵"问题的有效途径。关于这些，现有研究已给出了大量具有实践性和效果性的政策建议，本研究也非常赞同大部分做法，这里不再赘述。

实证结果表明，除董事会会议次数之外的大部分董事会特征，均与内控缺陷认定标准不存在显著相关关系，这个结果与理论分析和现有规范条文的规定大相径庭。"评价指引"中明确规定：董事会（或类似权力机构）是内控评价的主体；对内控评价报告负责的是董事会；评价方案报经董事会（或其他授权机构）审批后实施；内控缺陷的认定和整改应报告董事会；重大缺陷由董事会认定。从理论上来说，就内控评价工作中所承担的责任和关注的程度而言，没有哪个部门能够与董事会相提并论。如果说内控缺陷认定标准是非常细节和专业的事项，董事会可能无暇顾及或工作没有具体到这些枝节，但具有专业背景的独立董事以及由独立董事构成的审计委员会，对内控缺陷认定和认定标准的监督和评估是责无旁贷的。但目前的现实情况是，独立董事并没有发挥出其应有的职责。虽然"花瓶董事""董事不懂事"的状况在向积极的方向发展，但尚未达到应有的水平，目前的情况也是西方制度"本土化"的必经阶段。在如此背景下，中国上市公司和监管机构所能做的，就是规范独立董事制度、促进独立董事职责的发挥。

内部控制缺陷认定标准的任务影响因素分析

　　本章将以安全生产和节能环保管理业务为例分析内部控制缺陷认定标准的任务影响因素。安全生产是和谐社会发展的基础条件和基础保障，安全生产战略目标是我国全面建成小康社会进程中的重要环节，"警钟长鸣，常抓不懈"是各行各业对安全生产的管控常态。环境保护是经济、社会持续发展的重要保障，是与每个国家、每个团体、每个个人息息相关的大事，习近平总书记在十九大报告中强调，建设生态文明是中华民族永续发展的千年大计。做好安全生产和环境保护是每个企业肩负政治使命、履行社会职责、承担社会责任的体现。2017年，研究组成员主持参与了××集团安全生产和节能环保管理审核项目，深入该集团五大板块（煤炭、煤化工、电力、港口、码头）的多家企业进行实地调研，掌握了安全环保管理业务内控缺陷识别和认定的第一手资料和信息，作为本章撰写的基础和主要内容。由于部分信息涉及商业机密，在撰写的过程中，关键涉密信息均进行了表述修改和技术处理。根据自身业务特点和治理结构特点，该集团习惯上将各子分公司的安全生产管理业务和节能环保管理业务同时进行审核、评估，此次审核也不例外。下文对各板块内控缺陷识别和认定标准的讨论，均围绕安全生产管理业务和节能环保管理业务展开。

6.1 —安全环保管理业务的内部控制体系和关键控制环节—

安全生产是指企业为实现安全目标而进行的有关决策、计划、组织和控制等方面的活动。主要运用现代安全管理原理、方法和手段，分析和研究各种不安全因素，从技术上、组织上和管理上采取有力的措施，解决和消除各种不安全因素，防止事故的发生。安全生产包括安全与健康、业务流程地图和主要控制点，如图6-1所示。

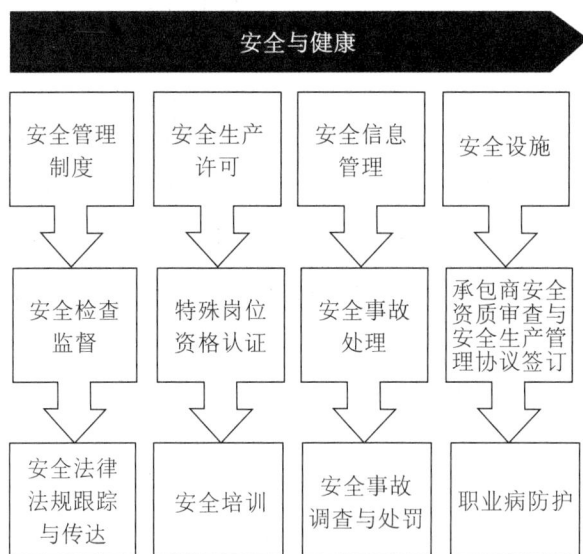

图6-1 安全与健康管理业务流程图①

节能环保是指为解决现实的或潜在的环境问题，协调公司生产经营与环境的关系，促进社会与公司的可持续发展而采取的各种行动的总称。节能减排是指加强企业用能管理，采取技术上可行、经济上合理以及环境和社会可以承受的措施，从能源生产到消费的各个环节，降低消耗、减少损失和污染物排放、防止浪费，有效、合理地利用能源。节能环保管理业务流程地图和主要控制点如图6-2所示。

---

① 图6-1和图6-2来自××集团风险预防控制管理体系。

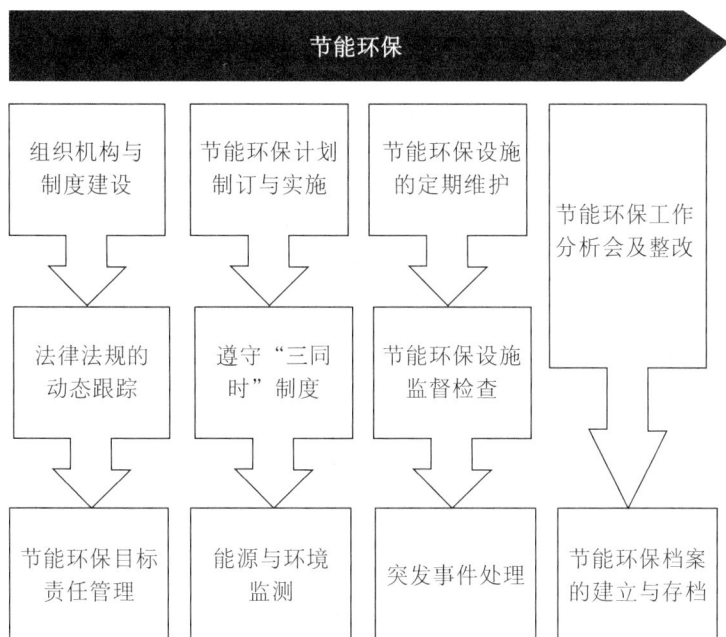

图6-2 节能环保管理业务流程图

××集团通过建立职责分明、权力对等、任务清晰、责任落实的岗位责任制，明确安全环保管理的责任部门以及相关岗位的职责权限，并确保不相容岗位互相分离、制约和监督，形成各司其职、各负其责、相互制约、相互协调的工作机制，确保公司安全生产和环保得到有效管理。针对企业安全生产和环保管理的业务特点，××集团在明确管理内容、管理标准和管理程序的基础上，遵循"计划—实施—检查—处置"（PDCA）的管理原则，建立了安全环保管理业务内控体系（也叫风险预控管理体系）。该体系全面而具体，基本包括集团各大板块，各子分公司安全生产从管理岗到技术岗，从企业"一把手"到一线员工的业务范围、岗位职责和操作标准。按照体系说明和具体的审核过程，研究组将安全环保管理业务归纳为组织机构、管理制度、信息沟通和责任落实四大模块，梳理了安全生产和环保管理业务内控的关键环节和控制内容。

6.1.1 机构设置

安全生产管理委员会和节能环保委员会（有些子分公司也叫领导小组）是负责安全生产工作和环境保护工作的主要管理部门，机构按照国家法律和行业规定设置。通过建立各个级别的管理部门，形成安全生产和环境保护组织机构网络。各级别的管理部门制定各自的工作制度，明确岗位职责，明确每个控制环节的负责人、主管部门以及相关业务部门和岗位的职责。由于环境保护业务发展起步较晚，该集团关于环保管理业务的控制要求还处于完善机构设置、充实人员配备阶段，除非发生重大环保事故或上级下达了专项任务，一般情况下，子分公司环保管理业务的开展仅限于常规监督和管理。虽然在集团制度中，对环境保护和安全生产"一视同仁"，都实施了"一岗双责、党政同责"，但在此次审核过程中，审核组对环保业务的审核内容与安全生产业务一致，在对其内控缺陷的识别和认定中，出现了认定标准降级（标准较宽松）的普遍做法。

安全生产方面的控制较为全面和具体，建立了覆盖各部门、各岗位的安全生产责任制，内容包括安全生产责任及工作标准、岗位权限和义务。在符合法律法规及上级相关要求的基础上，将安全生产责任分层分级落实到岗位。正式颁布的安全生产责任制，应逐级对员工进行培训和宣贯，使各级人员了解自己的职责、权限和到位标准。安全生产会议是安全生产管理的重要形式之一，包括：研究并确定安全生产管理的方向与措施；研究并确定安全生产目标与指标，并评估其完成情况；明确控制企业安全生产风险的措施与计划；研究、解决安全生产中的突出问题；监督安全生产风险控制计划的执行情况，审议有关考核意见。对于安全生产会议的类别、召开时间、频次、组织与实施、处置与跟踪应予以明确。会议包括年度安全生产工作会和月度安全生产分析会。年度会议主要是对上年度安全生产情况进行回顾、分析、认可和激励，发布年度安全生产目标、指标和管理方案；月度会议主要是督促落实年度安全生产措施计划的月度执行情况，分析、回顾上月安全生产工作情况，评估上月风险控制措施实施情况，对影响安全生产目标和指标的风险进行分析，协调、布置月度安全生产重点工作。除这些常规会议外，根据企业风险情况还有一些不定期的、根据需要召开的安全生产专题会议，对企业风险变化或面临的风险进行分析和评估，制订控制措施计划与实施要求，落实所需的资源。总的来说，安全环保业务需要各委员会（或领导小组）的统筹安排，总体要求体现为：部门精干高效，相关人员胜任岗位。表6-1是机构设置模块安全环保管理业务内控环节和控制内容的归纳总结。

表6-1　　机构设置模块安全环保管理业务内控环节和控制内容

业务模块	内控环节和控制内容
组织设置	（1）安全环保组织机构设置是否健全高效，是否符合相关规定； （2）安全生产管理委员会（安全环保领导机构）成员构成是否合理，机构职责是否清晰； （3）企业领导层安全环保生产责任制、岗位描述是否符合相关规定，是否体现其组织并参与1号文件①、体系建设方案制订与落实的职责； （4）各职能部门安全生产、环保职责是否明确合理，安全生产责任制是否落实到具体工作岗位，是否体现业务的安全要求； （5）各区队、车间等生产单位安全生产、环保职责是否明确合理，安全生产责任制是否落实到具体工作岗位； （6）各班组等基层生产单位安全生产、环保职责是否明确合理，安全生产责任制是否落实到具体工作岗位； （7）是否按要求设立安全环保管理部门或专职管理岗位，管理人员数量配备是否符合要求
人员配备	（1）各级管理人员岗位描述，岗位安全生产责任制、环保职责、人员配置是否符合相关规定，是否体现了管业务必须管安全环保，"一岗双责、党政同责、失职追责"是否得到真正体现； （2）各操作人员岗位描述是否包括岗位安全生产责任制、环保职责，人员配置是否符合相关规定； （3）各岗位实际在岗人员学历、从业经历、年龄、专业背景、职称等是否符合人力资源岗位说明书要求； （4）主要负责人、管理人员、特种作业人员是否经过培训考核上岗，是否按时参加年度安全环保培训
重大专项	是否建立突发事件应急组织机构，机构职责是否明确，人员构成是否合理

6.1.2　管理制度

　　××集团针对安全环保业务制定了一系列的管理制度，要求制度符合国家、行业有关安全环保法律法规、标准规范的规定；制定的管理制度覆盖安全环保风险管控范围；管理制度的制定具有合理性、科学性、可操作性以及落实过程中的可追溯性、可考核性等。其中，最重要的管理制度之一就是风险预控管理体系安全手册，其是各子分公司程序、管理制度和管理标准等文件的基础和指南，具有适宜性、充分性和有效性等特征，并可

---

　　① 1号文件是××集团在2017年年初发布的关于安全生产和环境保护的重要指导性文件，该文件明确了整个集团在2017年度安全环保业务的工作目标和任务要求，是各子分公司开展安全环保业务的年度指南。

根据管理评审结果和公司实际需要进行修订。程序文件中明确了每项控制程序的目的、适用范围、职责、程序、记录和流程，其中工作流程还明确了何人、何时、何地、如何做、用什么表单、如何衔接协调，特殊情况下的处理方式和引用文件。按照国家法律法规、规范和标准要求制定了管理制度，且各项规定分类清楚、内容齐全。环境保护管理业务方面，根据国家、行业相关法律法规、标准规范，制定了若干具体的管理制度。表6-2是管理制度模块安全环保管理业务内控环节和控制内容的归纳总结。

表6-2　　管理制度模块安全环保管理业务内控环节和控制内容

业务模块	内控环节和控制内容
制度全面性	(1) 安全环保管理制度是否全面，是否符合国家、行业、集团公司要求，是否能够满足本单位安全生产和风险控制的要求； (2) 安全环保管理制度是否明确了管理目标、管理职责、管理流程、管理要求，是否明确了执行与检查要求，是否规定了考核标准
制度合规性	是否建立法律法规辨识清单，清单是否及时更新
制度适用性	是否对安全环保管理制度进行年度评价，是否及时对不符合法规或生产实际的制度进行修改，并闭环
重大专项	(1) 风险预控体系：是否建立安全环保风险预控管理体系，体系要素是否完整，体系建设是符合本单位实际情况；是否定期开展体系内审和管理评审，并对问题进行闭环整改； (2) 目标管理制度：是否建立安全环保目标指标设立、实施与监测、回顾等方面的管理规定，按期对目标完成情况进行考核； (3) 重大风险管理制度：是否建立风险管控相关制度，明确重大风险识别标准，对重大风险的识别、评估、控制实现有效管控； (4) 安委会相关制度：是否建立安全生产管理委员会（安全环保领导机构）工作机制，是否明确了安委会会议召开频次、参会成员、会议内容、执行与检查要求

6.1.3　信息沟通

信息沟通分为企业内部信息沟通和外部沟通。内部沟通主要是管理者与员工间的沟通，主要涉及法律法规、上级文件、管理标准和要求、本企业的标准和制度、有关生产及事故的信息、应急程序及设施、员工对安全生产和环境保护的意见和建议等。内部的信息沟通是企业的常规业务，管理层要定期与员工进行信息沟通，定期公布内部安全环保信息，定期召开专题会议讨论员工的意见和建议。要保障信息沟通渠道的畅通，让员工熟

114

悉沟通渠道和方式。外部信息沟通的内容主要涉及：法律法规、合理化的建议以及相关方对安全生产的意见和建议。外部沟通的对象类型较多，包括政府机构、上级公司、社会组织、客户、业务、承包商、供应商等，沟通的内容也比较多样。表6-3是信息沟通模块安全环保管理业务内控环节和控制内容的归纳总结。

表6-3　　信息沟通模块安全环保管理业务内控环节和控制内容

业务模块	内控环节和控制内容
法律法规宣贯	是否及时组织对法律法规、标准规范等进行学习宣传，确保相关人员熟悉应遵守的法定要求
公文流转	（1）是否对各级政府下达的安全环保文件做到有效接收、记录存档、及时处理、宣贯学习； （2）是否对集团公司、子分公司下发的安全环保文件做到有效接收、记录存档、及时处理、宣贯学习； （3）是否对公司内部安全环保公文流转的下达、上传、横向传递和处理做到有效接收、记录存档、及时处理、宣贯学习
管理制度宣贯	是否及时组织对应遵守的管理制度和其他要求等进行宣传贯彻，确保相关人员熟悉应遵守的管理规范与要求
数据统计与上报	统计数据的记录、汇总、上报等各环节是否有措施和方法确保数据的准确性和客观性，数据采集及上报流程是否简单高效
信息传递保障	是否建立指令下达、信息上报、横向传递保障机制，是否做到命令链、上报链全程专人监督管理
重大专项	（1）目标传递：安全环保目标是否能以恰当的形式（责任书、通知要求等）、恰当的方式（电子、纸质）下达，是否有完整的记录； （2）事故案例教育：对事故案例教育等警示类文件是否进行学习传达，并结合本单位实际做到举一反三； （3）隐患信息传递：隐患排查、评估、建档、治理、验收等环节的信息流转是否符合相关规定，是否做到顺畅、合理、高效； （4）应急信息传递：应急响应程序是否符合相关规定，是否做到畅通、合理、高效；是否按国家有关规定及时、如实报告事故信息

115

6.1.4　责任落实

责任落实是"计划—实施—检查—处置"（PDCA）管理原则中最重要的一环，××集团要求各子分公司制定网格化的安全环保责任制，实现业务全覆盖；各管理部门权责分配清晰，履行职责到位；及时发现由于各相关管理部门缺乏配合、协调导致安全环保管理不畅的问题，做到区域、岗位、设备管理无死角、无漏洞等。其中，比较重要的事项包括：安全生产费用管理、隐患事件管理、建设项目管理、承包商管理、应急管理等。表6-4是责任落实模块安全环保管理业务内控环节和控制内容的归纳总结。

表6-4　　**责任落实模块安全环保管理业务内控环节和控制内容**

业务模块	内控环节和控制内容
组织机构落实	（1）安委会（安全环保领导机构）成员是否掌握机构职责及自己在机构中的职责，是否已得到落实，是否定期召开安委会或安全环保领导机构会议，是否充分发挥其在安全环保管理中的作用； （2）领导层是否掌握本单位和本人的安全环保主要责任和风险，是否在工作中得到落实； （3）职能部门管理人员是否掌握本部门和本人的安全环保主要责任和风险，是否在工作中得到落实； （4）区队、车间管理人员是否掌握本区域和本人的安全环保主要责任和风险，是否在工作中得到落实； （5）班组人员是否掌握本班组和本人的安全环保主要责任和风险，是否在工作中得到落实； （6）是否对所管辖的区域按照属地化原则进行责任划分，并落实，区域划分是否做到无漏洞、无死角、无空白； （7）是否对所有设备（设施）的使用、检查、维护、维修和管理进行责任划分，并落实； （8）是否及时对区域、岗位、设备管理的安全环保职责进行调整和优化，对工作责任落实不到位的情况是否快速反应，是否立行立改
管理制度落实	是否将各项制度执行落实到位，是否对各项制度执行落实情况进行评价，是否按要求建立各类台账、保留各项记录
信息沟通落实	（1）各级安全环保文件、公文处理与落实是否到位； （2）是否定期召开安全环保会议，对安全环保工作进行总结、分析，对发现的问题提出整改措施，对下一步工作做出安排并督办
重大专项	（1）1号文落实：是否对集团公司、子分公司年度安全环保1号文件相关内容落实到本单位1号文件中，各项任务是否分解到部门及单位、落实到人，各部门及单位是否制订年度工作计划及措施，企业是否能够保证落实情况的检查与督办； （2）安全生产费用管理：是否按规定提取、使用安全生产费用，是否对安全生产费用使用情况进行检查和评价； （3）隐患事件管理：是否落实安全检查制度，是否对隐患的排查、建档、治理、督办、验收、责任追究、统计分析落实到位；对事故的调查和处理是否做到了"四不放过"；是否对未遂事件进行规范管理； （4）建设项目管理：建设项目安全、消防、职业健康和环保"三同时"是否落实到位，项目行政审批手续是否齐全； （5）承包商管理：承包商管理相关制度是否有效落实，是否严把"五个关口"，做到"五个统一"；① （6）变更管理：是否在设备、设施、过程（工艺）、人员、文件等发生变化时履行变更管理程序； （7）应急管理：是否建立应急组织机构，其成员是否掌握机构及自己在本机构中的职责和风险，是否在工作中得到落实

---

①　"五个关口"指的是严把承包商准入关、责任关、稳定关、监督关和验收关。"五个统一"指的是在基建和外委队伍中统一推行安全体系、统一推行安全质量标准化建设、统一推行班组建设、统一推行安全培训和教育、统一进行考核。

6.2　安全环保管理业务的内部控制缺陷识别和认定

在此次安全生产和节能环保管理审核项目中，研究组深入××集团煤炭、煤化工、电力、港口、码头等板块的多家企业进行实地调研，考察了安全环保管理业务的内控缺陷内容、缺陷类型和缺陷识别方法，本节将分板块选取其中具有代表性的若干家企业，介绍这些内容。

6.2.1　煤炭企业安全环保管理业务的内部控制缺陷识别和认定

煤炭企业由于其生产特点，对环境产生的影响较大，不但影响生态环境和人民健康，也对企业自身的发展有所制约。一直以来，××集团对煤炭板块各子分公司的环境污染问题都给予高度重视，员工的环保意识和采取的环保措施都处于行业领先水平。按照此次安全环保管理审核计划，研究组深入考察和调研了两家露天矿企业（下文称为露天矿A和露天矿B）和一家井工矿企业（下文称为井工矿A）。按照此次审核目的和××集团风险预控管理体系对煤炭板块企业的要求，从组织机构、管理制度、信息沟通和责任落实四大模块，研究组进行了安全环保管理业务的内控缺陷识别和认定。受研究报告内容结构和篇幅计划所限，这里仅就露天矿A和井工矿A安全环保管理业务的内控审核为例展开讨论。

1）露天矿A安全环保管理业务的内控缺陷识别和认定

露天矿A隶属于××集团下属甲集团公司，位于新疆哈密地区，矿田面积40多万平方千米，设计可采储量15亿吨，设计年产规模1 000万吨，服务年限为141年，采用露天开采方式，不设选煤厂。

（1）安全生产管理业务的内控缺陷识别和认定。

露天矿A的职能管理部门按照"六部一室一中心"设置，安全管理工作组织机构健全，按照各自的安全生产责任制开展安全生产工作。成立了安全生产委员会，委员会涵盖该矿党政主要领导，定期召开安委会会议。按照"党政同责、一岗双责、失职追责"的原则和"管业务必须管安全"的要求，制定了《露天矿A安全生产责任制》，与各承包商均签订安全协议，矿内层层签订了安全环保责任书。

研究组分别采用了问卷法（42人次）、访谈法（5人次）、审阅法、抽样法、实地观察法、询问法、穿行测试法等进行审核评估，共审核出安全生产管理业务内控缺陷42项，其中重大缺陷5项，重要缺陷20项，一般缺陷17项。

其中，组织机构方面的内控缺陷包括：组织人员配备不足；安委会会议有待规范、部分工作落实不力；个别领导和部门安全生产责任制不完善或不明确，日常考核不到位；风险预控管理体系考核评分标准部分要素职责分配不合理；对集团公司安全1号文件部署的部分工作分解落实不到位。管理制度方面的内控缺陷包括：部分制度需要尽快修订完善；制度执行不到位问题较为突出。信息传递方面的内控缺陷包括：信息传递相关制度不够完善，对办理时限、检查评估考核没有做出明确规定；上级单位个别重要文件未做到有效接收，未见学习传达、贯彻落实记录，未建立公文办理和执行落实情况的信息档案。责任落实方面的内控缺陷包括：对承包商安全监管工作亟待加强；隐患管理未做到闭环；系统性危险源辨识与风险控制工作亟待规范；体系内审流于形式；内审范围未覆盖筛分厂及其他外委队伍；对内审查出的不符合项未提出改进措施；安全费用违规使用；应急管理需改进；合规性生产问题。

（2）节能环保管理业务的内控缺陷识别和认定。

研究组分别采用了问卷法（42人次）、访谈法（5人次）、审阅法、抽样法（20个样本）、实地观察法、询问法（44人次）、穿行测试法等进行审核评估，共审核出节能环保管理业务内控缺陷4项，其中重大缺陷1项、重要缺陷2项、一般缺陷1项。

其中，组织机构方面的内控缺陷为突发环境事件应急预案备案和演练不到位。管理制度方面的内控缺陷为环保1号文件存在内容不全面的情况。责任落实方面的内控缺陷包括：危废储存及管理制度制定方面存在不合规现象；环保"三同时"工作落实不到位。

2）井工矿A安全环保管理业务的内控缺陷识别和认定

井工矿A位于内蒙古自治区，井田面积60多平方千米，地质储量十几亿吨，可采储量8亿吨。主采1-2、2-2、3-1煤层。煤质具有低灰、低硫、低磷和中高发热量特点，属高挥发分长焰煤和不黏结煤，是优质动力、煤制油、化工和冶金用煤。该矿创造了井工矿单井单面原煤生产效率世界最高水平。

井工矿 A 隶属于××集团下属乙集团公司，矿井安全生产组织机构健全；矿井按照"党政同责、一岗双责、失职追责"的原则和"管业务必须管安全"的要求，制定了《井工矿 A 安全生产责任制》，各岗位、部门与单位能够按照岗位安全生产责任制、部门与单位工作职责开展业务范围内的安全生产工作；矿井成立了安全生产委员会，定期组织会议，及时研究和解决煤矿安全生产方面的突出问题；矿井自上而下层层签订了安全环保责任书，制定并落实了《安全责任区管理与步行检查管理办法》等，形成了较为完善的安全环保责任体系；矿井将安全文化建设与风险预控管理体系有机融合，构建了安全生产长效机制。

（1）安全生产管理业务的内控缺陷识别和认定。

审核发现，组织机构方面的内控缺陷包括：安委会工作职责不尽完善，工作的规范性有待加强；岗位安全生产责任制不够规范；个别员工专业技能与所从事岗位不相匹配；应急救援机构的部分职责任务需要补充完善。管理制度方面的内控缺陷包括：现行个别安全管理制度修订工作严重滞后；部分制度不完善，存在内容缺失现象；矿1号文件没有充分体现两级公司1号文件精神；风险预控管理体系运行仍存在不足，如危险源辨识与评估工作不规范，重大风险管控不严格，体系运行分析报告走形式；内部文件管理不够严谨；矿井未按计划开展应急演练管理工作。信息传递方面的内控缺陷包括：信息传递制度需要进一步完善；传达上级文件存在不到位情况。责任落实方面的内控缺陷包括：承包商安全管理问题突出，安全监管严重滞后；现场机电运输问题严重，矿井安全管理亟须改进；存在部分安全费用违规使用问题；部分制度没有在实际工作中严格落实，也未建立自查自纠机制。

（2）节能环保业务管理的内控缺陷识别和认定。

井工矿 A 成立了以矿长为组长、副矿级领导为副组长，各科队主要负责人为成员的环保节能领导小组；制定了《井工矿 A 环保岗位说明书》，详细说明了主要负责人和各部门的环保工作职责。

审核发现，组织机构方面的内控缺陷包括：环保节能领导小组没有履行职责；无专职环保管理人员、数量配备偏少；突发环境事件应急预案更新不及时、落实不到位。管理制度方面的内控缺陷包括：环保管理制度体系较零乱，个别制度编制粗糙、简单；1号文件编制不正确、落实不规范。信息传递方面的内控缺陷包括：对集团下发的文件传递不到位、处理不及时、批示不规范；环保统计工作不规范。责任落实方面的内控缺陷包括：环保工作例会存在记录不规范、问题整改未闭环情况；危废管理执行存在问题。

6.2.2 发电企业安全环保管理业务的内部控制缺陷识别与认定

按照此次安全环保管理审核计划，研究组深入考察和调研了两家火力发电企业，一家以矸石为发电原料，一家以煤炭为发电原料。按照此次审核目的和××集团风险预控管理体系对电力板块企业的要求，从组织机构、管理制度、信息沟通和责任落实四大模块，进行了安全环保管理业务内控缺陷识别和认定。根据研究报告内容结构和篇幅计划，这里仅以矸石电厂安全环保管理业务的内控审核为例展开讨论。

矸石电厂隶属于××集团下属丙集团，总装机容量960MW。2016年发电36.32亿度，收入6.37亿元，实现利润-1.74亿元。其安全生产和节能环保管理业务内控现状表现为：初步构建了安全环保组织机构；基本形成了安全环保管理制度体系；初步建立了指令下达、信息上报、横向传递的信息流程；对安全环保管理重大事项进行了不同程度的落实。

研究组共发现矸石电厂安全环保管理业务内控缺陷五十多项。按照内控缺陷内容分为组织机构方面、管理制度方面、信息传递方面和责任落实方面。其具体包括：（1）安全环保职责界定不够清晰。表现为：安全环保领导机构职责划分不清晰，职责履行不到位；部分岗位安全环保职责划分不清晰；部分岗位环保职责缺失，管理人员对自身安全环保职责不熟悉。（2）安全环保管理制度全面性与有效性不足。表现为：部分安全环保制度缺失或内容不完整；部分安全环保制度有效性不足。（3）信息传递监督缺失、命令链、报告链及横向传递链运行效果不佳。表现为：信息记录不完整，信息传递监督缺失；重要事项与管理制度的传达宣贯效果不佳；安全环保信息报告链无法保证数据客观准确；横向信息沟通协调不力，沟通效率效果不佳。（4）责任落实未闭环，追责力度待提高。表现为：对安全环保重大事项缺乏有效落实与监督；设备风险评估不规范，维护管理不到位，维护作业不合规；现行员工考核机制与考核标准无法激励员工履行其应尽职责；承包商合同管理与人员管理落实不到位。（5）部分重要岗位员工胜任能力较低。表现为：部分岗位根据工作经历而非专业背景安排员工；培训工作不规范，培训效果欠佳。

6.2.3　煤化工企业安全环保管理业务的内部控制缺陷识别与认定

作为行业内的龙头企业，××集团高度重视煤化工企业的安全生产和节能减排，并出台了积极有效的规范和制度，为行业内其他企业做出了表率。按照此次安全环保管理审核计划，研究组深入考察和调研了两家煤化工企业，一家煤制烯烃化工企业，一家煤制甲醇化工企业。鉴于研究报告内容结构和篇幅计划，这里仅就煤制甲醇厂安全环保管理业务的内控审核为例展开讨论。

煤制甲醇厂隶属于××集团控股的甲煤业集团，位于宁夏回族自治区银川市，年自产甲醇180万吨左右，聚丙烯96万吨左右，甲醇日产量约5 000吨、聚丙烯每小时约110吨、4台气化炉在线率大于95%；中控指标合格率超过96.4%、工艺指标合格率超过99%、仪表自控率超过98%、综合联锁投用率超过99.5%；吨聚丙烯综合能耗不超过4 300千克标煤。从此次安全环保评估情况看，甲醇分公司认真贯彻了××集团公司、甲煤业集团两级1号文件精神，持续推进安全风险预控管理体系建设，安全环保文化特色突出。

1）安全生产管理业务的内控缺陷识别与认定

审核发现，组织机构方面的内控缺陷包括：安委会履职方面存在不足；部分部门岗位安全职责不明确，不能全面体现"管业务必须管安全"的理念。管理制度方面的内控缺陷包括：落实集团公司1号文件要求方面存在不足；部分制度建设存在缺陷。信息传递方面的内控缺陷包括：信息传递存在传递、跟踪监督管理不到位情况；宣传、学习培训工作存在不足。责任落实方面的内控缺陷包括：承包商管理方面存在不足；现场存在低标准问题；防火防爆工作存在漏洞；部分特种设备超期未检，设备管理存在盲区。

2）节能环保管理业务的内控缺陷识别与认定

审核发现，组织机构方面的内控缺陷包括：环保工作职责不明确，不能全面体现"一岗双责""管业务必须管安全环保"；在突出问题整改措施的有效性方面存在不足；部分职能部门环保职责不明确；环保岗位人员配置存在偏少的情况；部分在岗人员专业背景与人力资源岗位说明书要求不符；突发环境事件应急预案落实不到位、修编不及时。管理制度方面的内控缺陷包括：部分管理制度欠缺、修订不及时，个别考核指标制定存在问题；监测系统主要参数设置的合规性存在问题。信息传递方面的内控缺陷包括：对政府及部门下达的文件存在处理不及时现象；对集团和子分公司下达的文件存在处理不及时、不畅通现象；对集团事故案例教育等警示类文件响应存在不闭环、仅简单学习传达现象。责任落实方面的内控缺陷包括：环保会议相关规定有欠缺；管理制度落实存在不到位问题；事故调查和处理"四不放过"工作有欠缺；相关环保管理制度中，未明确环保业务承包商相关资质审查和责任划分，变更管理规定不完善。

6.2.4 煤码头企业安全环保管理业务的内部控制缺陷识别与认定

××集团是包括铁路和港口服务的综合性大型能源企业，年煤炭下水量达几亿吨。为了减少煤炭物流业务对安全生产和节能环保的影响，该集团对港口企业的安全生产和节能减排业务不遗余力，充分吸收国内外先进技术和经验，为行业积累了丰富的经验。按照此次安全环保管理审核计划，研究组深入考察和调研了一家港口企业（下文简称"煤码头"）。该码头位于珠海市，交通便捷，东与深圳、香港地区隔海相望，陆路与澳门地区相连，西连江门，北邻中山，海路横渡珠江口可达深圳和香港地区。拥有1个5万吨级、4个3 000吨级装船泊位和2个10万吨级（远期兼顾15万吨级）卸船泊位，配备有先进的卸船、装船和混配煤、筛分设备以及相应的皮带输送系统。

1）安全生产管理业务的内控缺陷识别和认定

审核发现，组织机构方面的内控缺陷包括：部分岗位安全责任制缺失，岗位说明书编制存在不足；安委会会议制度落实方面存在不足；安全教育培训工作存在不足。管理制度方面的内控缺陷包括：安全生产规章制度编制不规范；安全生产规章制度存在管理问题。信息传递方面的内控缺陷为公文流转命令链存在覆盖不全的问题。责任落实方面的内控缺陷包括：公司制度执行存在不到位的现象；承包商安全管理存在不足；事故和未遂事件管理存在不足。

2）节能环保管理业务的内控缺陷识别和认定

审核发现，组织机构方面的内控缺陷包括：公司领导层环保职责不明确，不能全面体现"一岗双责""管业务必须管环保"；部分职能部门未明确环保职责。管理制度方面的内控缺陷主要体现为环保管理制度不健全。信息传递方面的内控缺陷主要体现为对集团下达的环保文件存在处理不规范、不及时现象。责任落实方面的内控缺陷主要包括：部门环保责任不明确，环保管理工作不规范，环保"三同时"工作落实不到位。

6.2.5　铁路企业安全环保管理业务的内部控制缺陷识别与认定

××集团有限公司旗下有多家铁路运输相关实体。这些铁路运输线路被定性为企业自营铁路，受集团运输管理部直接调度和指挥。按照此次安全环保管理审核计划，研究组深入考察和调研了一家铁路企业（下文简称"1号铁路"），并按照审核目的和××集团风险预控管理体系对铁路板块企业的要求，从组织机构、管理制度、信息沟通和责任落实四大模块，进行了安全环保管理业务内控缺陷识别和认定。

1号铁路自陕西省某县至内蒙古自治区某市，全长192千米，是某煤田煤炭外运的北通道，现年输送能力为2 200万吨。主要技术标准：单线1级铁路专用线；限制坡度：路段1为上行4‰，下行9‰；路段2为9‰；前进型蒸汽机车牵引，牵引定数3 500吨；年运量1 000万吨。

1）安全生产管理业务的内控缺陷识别与认定

审核发现，组织机构方面的内控缺陷包括：组织机构未明确任务归口部门，相关部门的职责不具体；组织机构对主责部门职责不明确。管理制度方面的内控缺陷包括：管理制度基本上覆盖了安全生产的各个岗位，但存在部分制度不具体等问题；个别制度编制内容不具体；个别制度结合不紧密、针对性不强甚至缺失。信息传递方面的内控缺陷包括：处理流程环节上出现断点；任务分解过程中存在遗漏；信息传递过程记录不全。责任落实方面的内控缺陷包括：个别督办工作未落实；个别重点工作进展迟缓；个别工作任务与公司规定不符。

2）节能环保管理业务的内控缺陷识别和认定

审核发现，组织机构方面的内控缺陷主要体现在"一岗双责、党政同责""管业务必须管环保"未能在职能说明书中明确体现。管理制度方面的内控缺陷主要体现在个别环保制度制定简单。信息传递方面的内控缺陷主要体现在对地方政府和集团下发的环保文件存在处理不及时、批示不规范现象。责任落实方面的内控缺陷主要体现在：1号铁路公司根据国家相关环保政策编制了《企业危废管理办法》，但没有对照危废名录将生产过程中可能产生的含铅废电池和变压器绝缘油纳入危废管理。

以上是结合不同板块的行业技术特点进行的安全环保管理业务内控缺陷识别和认定。研究组通过对识别出的内控缺陷进行归纳和总结后发现，虽然不同板块企业的业务流程、控制环节和内部环境各不相同，但作为集团风险预控管理体系的一部分，各企业安全环保管理业务的内控缺陷内容和识别路径还是有规律可循的。因此，下一节内容将梳理此次安全环保管理审核业务中的发现，归纳典型事项，总结提炼安全环保管理业务的内控缺陷认定标准和影响因素。

6.3 安全环保管理业务的内部控制缺陷认定标准及其影响因素分析

通过研究分析国内和国外多个行业和领域的安全环保管理内控规律，总结其安全环保管理内控成功经验，吸取失败教训，此次评估工作创造性地提出了"组织机构、管理制度、信息沟通、责任落实"四个安全环保内控缺陷认定核心要素。根据评估工作的过程和成果，研究组总结了安全环保管理业务的内控缺陷及认定标准。在此基础上，选择评估过程中发现的、较典型的管理业务,与××集团总部安全生产监察和环境保护相关工作人员进行讨论,梳理了安全环保管理业务内控缺陷认定标准(主要是重大缺陷认定标准)及影响因素。

6.3.1 组织机构方面的内部控制缺陷认定标准影响因素

组织机构是否符合国家和行业法规对机构和人员的设置要求,是否机构健全,队伍精干高效;是否建立安全生产委员会,并定期召开会议;是否成立应急领导小组,定期组织演练。这些要素是判断安全环保组织机构的内控是否存在缺陷以及缺陷级别的主要标准。其受到以下几方面因素的影响:

1)机构及职责方面的缺陷认定标准影响因素

(1)安委会(安全环保领导机构)设置情况。

企业安全生产委员会(安全环保领导机构)是为保证企业的安全生产而专门成立的安全组织机构。判断其内控是否存在缺陷以及缺陷等级的主要标准是机构职责明确清晰程度和成员构成合理性,受到以下因素的影响:贯彻执行"安全第一、预防为主、综合治理"安全生产方针情况;宣传国家的法律、法规及有关安全规定情况;落实上级机关及公司安全生产管理制度和指令情况;加强公司安全生产工作组织领导的情况;组织制定企业一系列安全生产方针、目标、中长期规划并督促落实情况;分析、研究、解决安全生产重大问题情况;组织综合性、专题性的安全生产工作调研情况;组织员工开展安全活动情况;定期召开安全生产工作例会,通报公司安全生产情况和国内近期相关行业的各类安全事故情况;传达和学习上级安全工作最新指示的情况;研究部署安全生产工作情况。安委会的关键职责是保证企业的安全生产无事故或者使事故最小化,作为安全环保管理的主要机构,其有效设立和机构职责明确清晰程度以及成员构成合理性将直接影响该环节内控的有效性程度。

(2)安全环保管理部门或专(兼)职管理岗位设置情况和职责明确性。

安全环保管理部门或专(兼)职管理岗位是保证企业安全环保工作有效开展的中枢力量,作用非常重要,判断其内控是否存在缺陷以及缺陷等级的主要标准是岗位设置合理程度和职责明确程度，受到以下因素的影响：一是协助领导贯彻执行安全生产方针、政策、法律法规、规章、国家标准、行业标准情况；二是管理公司日常安全生产工作情况；三是汇总和审查安全生产措施计划，并督促有关部门切实按期执行情况；四是组织制定、修订安全生产管理制度，贯彻监督检查执行情况；五是组织开展安全生产大检查，深入现场指导安全生产管理工作情况；六是总结和推广安全生产先进经验，协助搞好安全生产的宣传教育和专业培训情况；七是新建、改建、扩建、大修工程的设计情况和工程验收及试运转情况；八是伤亡事故的调查和处理，并协助提出预防事故的措施，督促其按时实现的情况。这些因素既是安全环保管理岗位的主要职责，也是影响该环节内控缺陷认定标准的主要因素。未设置安全环保管理机构或机构人员缺编，会严重影响安全生产管理工作的顺利开展，企业规模越大，这种影响越大。与此同时，即使设置了安全环保管理机构和岗位，但没有实现职责明确，也极易导致安全隐患和事故发生。

（3）突发事件应急组织机构建立情况和机构职责明确合理性。

突发事件发生后，应迅速成立应急指挥中心，成立应急管理委员会或应急指挥领导小组，建立全公司层面参与的应急联动指挥中心。这个指挥中心必须有权灵活调动各类资源，快速传达突发事件应急处置指令，将不同部门的力量整合起来，发挥专业救助队伍的优势。判断其内控是否存在缺陷以及缺陷等级的主要标准是机构建立情况和职责明确程度，受到以下因素的影响：一是机构设置和人员安排。一般情况下，应急救援组织由公司董事长或总经理全面负责；主管副经理负责具体应急救援组织协调、指挥和处理工作；应急管理办公室负责应急救援实施工作，包括发生突发事件的上报、联系地区相关部门以及配合主管领导做好救援及善后工作；其他各部门应积极参与、配合突发事件的应急救援及相关工作。二是职责设置情况。应急机构负责应急预案的编制、评审、修订和演练工作，是通报或发布应急救援与处理进展情况等事项的核心机构。各岗位职责设置直接影响安全事故发生后的应急响应，对减少和降低事故损失影响巨大。

（4）企业领导层安全生产环保职责明确合理性，与相关规定的相符性。

第6章 内部控制缺陷认定标准的任务影响因素分析

2016年12月18日，《中共中央国务院关于推进安全生产领域改革发展的意见》公布。该意见将党政主要负责人、企业法定代表人和实际控制人等列为安全生产第一责任人，明确了他们在安全生产中的职责、地位和作用，阐明了第一责任人对安全生产的极端重要性。企业领导层安全生产环保职责的明确合理性，以及与相关规定的相符性是判断其内控是否存在缺陷以及缺陷等级的主要标准，受到以下因素的影响：是否按照"党政同责、一岗双责、齐抓共管、失职追责"的原则构建安全生产责任体系；企业实行全员安全生产责任制度情况；主要技术负责人是否负有安全生产技术决策和指挥权；企业的安全环保管理制度，是否做到安全责任、管理、投入、培训和应急救援"五到位"。企业领导层在安全环保职责中负有主要责任。安全责任的层级落实体系中，领导层起着至关重要的作用，如果领导层不重视安全环保工作、不加强对员工的安全环保培训、不加大安全环保投入力度、不强化安全环保的考核奖惩力度，整个企业的安全环保工作就会形同虚设，内控体系无法有效运作，造成重大内控缺陷。

（5）各职能部门安全环保职责的明确合理性，各区队、车间、班组等生产单位安全环保职责的明确合理性。

在安全这个强大的"天"字号工程面前，一个微小的过错或失误足以带来全局性的事故和灾难。在安全环保管理上，薄弱环节就是容易发生事故和最容易忽视的环节。各职能部门和区队、车间、班组是内控的重点环节，抓住易出问题的薄弱环节，并以此为突破口，采取有效的防范措施，才能确保安全。区队、车间、班组安全环保任务最重，属于毛细血管的最后一个环节，近些年发生的重特大安全环保事故事件，大部分都是基层人员"违章指挥、违章作业、违法操作"导致的。各职能部门和区队、车间、班组安全环保职责的明确合理性，是直接影响内控有效性到达最后一公里的关键因素。

2）人员及能力方面的缺陷认定标准影响因素

（1）各级管理人员、操作人员配置与相关规定的符合程度，岗位描述、岗位安全生产环保责任制覆盖程度。

安全生产管理机构人员缺编会影响工作的顺利开展，缺编情况是判断该内控缺陷级别的判断标准，受到企业规模和缺编岗位性质的影响，企业规模越大，相同缺编人数所占比例越低，对正常工作开展的影响越小。与此同时，缺编岗位性质会产生协同影响，如果重要的安全生产岗位缺编，即使缺编比例较低，也是一种重大或重要的缺陷。例如，变电所值班人员、生产技术部测工等岗位人员配备不足，会导致加班加点现象较多，人员正常休息时间得不到保证，产生安全隐患。安全环保工作专业性强，需要有一定学历水平、一定从业经历和专业背景的人员进行管理。在评估过程中发现，不少企业不但未按要求配备注册安全工程师，在岗的安全环保管理人员也不符合人力资源岗位说明书的要求，这是极大的安全隐患，一旦有安全环保事故发生，事件得不到有效、及时的处置，就会产生严重的后果。因此，人员的配置与相关规定的符合程度，以及岗位安全生产环保责任制覆盖程度，是影响该环节内控缺陷认定的重要标准。

（2）主要负责人、管理人员、特种作业人员的工作胜任程度。

对主要负责人、管理人员、特种作业人员，是否经过培训考核上岗，是否按时定期参加相应的安全环保培训，国家要求非常严格。对安全环保培训，国家相关部门出台了很多政策文件，如《安全生产培训管理办法》《生产经营单位安全培训规定》《特种作业人员安全技术培训考核管理规定》等。特别是特种作业人员，按照国家标准和行业规定，凡是特种作业人员都必须经过专业技术知识的培训考核，合格并取得操作证书，方可上岗作业，并按规定定期进行复审。凡是未经专业培训、考核，取得上岗证的人员不得安排或自行进行特殊作业的操作。一旦发现，作严重违规处理，安排者与操作者同时按规定接受处罚。培训不到位、无证上岗是该管理环节的内控重大缺陷，特别是主要负责人未经足够的时间要求、足够的安全环保专业知识培训、足够的考核达标分数就上岗管理企业的安全环保工作，将导致整个企业内控有效性得不到保障。

6.3.2 管理制度方面的内部控制缺陷认定标准影响因素

管理制度是否符合国家、行业、两级公司有关安全环保法律法规、标准规范的要求，管理制度是否覆盖安全环保风险管控范围，管理制度的制定是否具有合理性、科学性、可操作性以及落实过程中的可追溯性、可考核性。这些要素是判断该内控环节是否存在缺陷以及缺陷级别的判断标准，受到以下几方面因素的影响：

1）安全环保管理制度的相符性

安全环保管理制度很多，根据不同的企业性质、生产环节、生产产品、地域位置、管理要求，会制定不同的管理制度。制度是否全面，是否符合要求，满足企业安全环保和内控要求，需要进行全面性判断，如果制度缺失、不符合管理要求，就需要认定相关环节的内控环节缺陷。国家对安全环保制度建设方面的工作，有些制度是强制性的，有些制度是指导性的，有些制度是企业根据自己本身的安全环保业务情况，从有利于安全保护管理的角度制定的，不管以哪种方式制定的制度，都需要全面完整，符合国家、行业、公司要求，满足本单位安全环保和风险控制的要求。制度的缺失必然导致相应的管控措施出现真空地带，这既不符合制度设计合规性的要求，也必然缺失相应执行环节的理论指导和依据，从源头上产生了内控缺陷和漏洞。

2）安全环保管理制度的明确性

管理制度的制定，对相关人员提出了专业知识储备和管理经验的要求，安全环保管理制度不明确，执行、检查和考核标准不明确，都是该环节的内控缺陷，其影响程度和缺陷等级可以通过评估各项管理制度的编写依据、管理目标、管理职责划分、管理流程、管理要求等方面进行评价。制度执行与检查要求，以及相应的支撑材料也是重要的判断标准。制度是否制定是前提条件，但是制度内容的质量是制度是否有生命力的关键，需要对制度文本本身"管理目标、管理职责、管理流程、管理要求"等环节进行审核评价，以判断制度的全面性和符合性方面是否存在内控缺陷以及缺陷的等级，而影响判断标准的主要因素取决于制度制定和制度审核人员的知识储备和管理经验。

3）管理制度的合规性

安全环保管理业务事关重大，制度制定要与相关法律法规要求相符，且全过程确保制度内容合法且合理，比如一些重要的、涉及安全环保考核奖惩的制度、涉及员工切身利益的制度、对企业全局会造成重大影响的制度。制度拟定程序应经过必要的民主程序，该程序的缺失属于重大内控缺陷，程序的不合理或不完善视严重程度判定缺陷等级，比如公司可以采用的民主程序有多种，如召开员工大会或员工代表大会协商讨论并表决，并对会议情况做必要的记录。容易出现的缺陷可能有：会议签到表、表决记录或会议记录等的缺失；发送规章制度征求意见稿流程的缺失或不规范。执行公司内部审批流程的缺失属于重大内控缺陷，在此过程中出现的不合理或不完善环节视严重程度判定缺陷等级，如逐级签字、加盖公章及公布执行环节的缺失或不完善。制度公布后的学习执行也是重要的内控环节，该管理工作缺失会造成制度形同虚设，遭遇安全环保事故不能有效处置等严重后果。对于不符合法律法规及制度标准的管理制度，企业内部应有一套运行机制进行更新完善和整改，并进行闭环管理。一般情况下，制度起草部门对制度的合法合规性和风险控制承担第一责任，管理制度合规性不满足要求属于重大内控缺陷，判断标准在于造成后果的严重程度。

6.3.3 信息沟通方面的内部控制缺陷认定标准影响因素

信息沟通传递工作应建立信息传递流程，确保企业及时落实政府和上级有关安全环保文件，保证从上至下的命令链、从下至上的报告链、横向沟通等信息链通畅、高效。这些要素是该内控环节是否存在缺陷以及缺陷级别的判断标准。其受到以下几方面因素的影响：

1）信息传递流程方面的缺陷认定标准影响因素

（1）信息传递制度的全面性、合规性和有效性程度。

在经济快速发展的当下，信息无疑是社会发展的关键因素。人们通过信息的传递更好地了解自然和社会，从而更好地发展。进入新时代后，中国企业，特别是国有企业，在中央政策的指引下，越来越体现做大、做强、做优的特点。企业层级越来越多，从集团总部到子分公司，从子分公司到区域公司，从区域公司到基层企业，企业层级从3级到5级、6级不等。在多层级的企业中，信息传递和沟通显得尤为重要。信息传递机制能够确保由上而下的命令链、由下而上的报告链、横向沟通链等全过程得到有效监督管理。在该环节，信息传递是否准确、通畅是判断内控是否存在缺陷以及缺陷等级的客观标准，受到指令下达、信息上报、横向传递保障机制建立情况，命令链、报告链全程监督管理情况，信息传递制度全面性、合规性和有效性程度的影响。但这些标准无法通过固定的指标或量化的数值加以判断，受到各企业层级间的信息传递方式、信息传递制度规定以及信息传递效率效果等多种定性或定量途径的影响，需综合考虑并加以判定。

（2）突发事故（事件）信息传递制度的建立情况和相关规定与本单位实际情况的相符性。

突发事故（事件）信息传递制度是所有生产企业最重要的制度之一，突发事故（事件）的信息传递对企业来说非常重要。事故（事件）发生后，应第一时间向上级部门和单位进行报告，上级部门和单位将视事故（事件）情况启动相应的应急预案。不同性质的单位和企业会按照国家相关的法律法规要求，制定本单位、本企业的事故（事件）信息报送制度。突发事故（事件）信息传递制度的建立，事故（事件）报告的及时性、准确性和完整性，以及相关规定与本单位实际情况的相符性是判断内控是否存在缺陷及存在何种级别缺陷的重要标准，影响该标准的因素可以根据事故（事件）发生与否分为两类。对于已经发生的事故（事件），造成的后果是内控缺陷认定标准的，事故（事件）的性质是认定标准的影响因素；对于尚未发生的事故（事件），根据不同的流程和环节，不同的责任主体，以及不同的应急办法，后果产生的影响及可能性，事故（事件）的性质既可能是内控缺陷认定标准，也可能是认定标准的影响因素。

2）命令链方面的缺陷认定标准影响因素

（1）安全环保文件的上传下达情况。

上传下达存在于每个组织中，目的是调动资源和力量，对上级下达的要求、目标和工作进行恰当的落实。在传达过程中，经常会出现根据个人主观意愿增减、变更或拖延信息传递的行为，导致信息传递出现偏差；或者出现对信息本身不理解不掌握、方式方法不得当，造成信息扭曲影响结果实现的情况。因此，对各级政府、上级单位和本单位下达的安全环保文件"有效接收、记录存档、及时处理、宣贯学习"情况，是判断内控是否存在缺陷及存在何种级别缺陷的重要标准，受到传达信息的性质、偏差信息造成的后果和影响，偏差发生的可能性、信息传达效率效果等因素的影响。

（2）管理制度宣贯情况，重大决策事项传达情况。

管理制度出台下发是为了得到有效的遵守、实施，只有做好制度的宣贯工作，才能使员工了解、熟悉并掌握制度的内容，强化员工的制度观念，改善企业的制度化管理环境，实现科学化、制度化管理。制度、标准、规范是安全环保管理的基础和前提，是安全环保管理的依据和遵循原则。对应遵守的管理制度进行宣贯，是安全环保管理得以有效实施和管理效能得以实现的前提。安全环保管理的有效手段，是全过程流程化管理，把国家法律法规、规章标准和企业管理制度流程化、专业化和标准化，并在实际工作中认真加以执行。由于制度具有指导性和约束性、鞭策性和激励性、规范性和程序性的特点，通过制度宣贯可以让所有员工知悉、认同、接受、执行企业的各项安全环保管理制度，切实做到用制度管权、管物、管事、管人，建立安全环保规范化、制度化工作的长效机制，从而实现企业安全环保管理水平的提高。特别是安全环保相关的管理制度，内容多、专业性强，涉及国家安全环保法律法规、规章标准、规范性文件，上级公司、政府部门下发的文件通知、重大决策事项，本企业单位制定的各项安全环保规章制度等，如不进行宣贯和传达，确保相关人员熟悉掌握相关情况，将导致制度形同虚设，酿成重大事故和不可控事件。因此，在制定命令链业务流程内控缺陷认定标准的过程中，管理制度的宣贯情况和重大决策事项的传达情况是其重要的影响因素。

（3）安全环保目标下达情况。

安全环保目标的重点是安全环保责任书或责任状，制定的目的是认真贯彻落实"安全第一、预防为主、综合治理"和"保护环境、造福人类"的安全环保方针，确保员工在生产劳动过程中的安全健康，保护环境，改善劳动条件，明确各级领导的工作任务和责任，努力实现安全环保工作目标，确保公司生产经营的安全稳定运行。安全环保责任书和相关管理通知和文件，是安全环保目标任务的传递，是贯彻企业安全环保管理措施的根本要求，传达流程和方式必须完整和可追溯。制定安全环保目标是命令链流程内控的核心内容，目标是否下达及下达方式是判断是否存在内控缺陷及等级的主要标准，具体的下达情况和下达效果是缺陷认定标准的影响因素。

（4）对安全环保事故（事件）案例教育警示类文件进行传达学习

情况。

　　企业成于安全，败于事故。任何事故对企业都是一种不可挽回的损失，案例警示教育是防范事故的有效手段。安全环保事故（事件）案例教育警示类文件如果未进行传达学习，同时未结合本企业实际情况举一反三，相同或类似的事故很可能会重复发生。例如，××集团某化工企业，曾经发生过一起重大违规事件，系人为干扰节能环保监测系统，篡改环保监测数据，将超标数据改为不超标数据。该事件发生后，××集团公司下发了事故案例警示教育通报，并要求集团各子分公司就这一事件开展安全环保教育警示学习。集团某化工企业并没有就此开展相应的警示教育和学习，无传达学习相关文件记录，未对通报举一反三开展自查，无响应、不闭环。在次年的年度安全环保审核中，该化工企业多次因锅炉脱硫出口烟气排放超标、外排废水超标等问题被处罚。因此，安全环保事故（事件）案例教育警示类文件的传达和学习可以起到警醒、防范和鞭策的作用，这一环节的缺失或不作为是安全环保信息传递方面内控的重要瑕疵和缺陷，其传达学习情况是影响判断内控缺陷等级的重要影响因素。

　　3）报告链方面的缺陷认定标准影响因素

　　（1）安全环保统计数据的准确性和客观性，数据采集及上报流程的可靠性和便捷性。

　　安全环保统计数据是反映安全环保管理情况的重要表征，安全数据主要包括：安委会召开次数、安全培训次数、安全隐患数以及事故发生次数、伤亡人数等主要数据；环保数据主要包括：水、气、声、渣、危废、生态治理等方面的数据以及事件发生等级次数等数据。安全环保统计数据的传递和上报应具准确性和客观性特点，并通过规范有序的程序进行上报，不得随意修改、变动，特别是生态环境监测数据。目前，很多企业安装了安全环保监测监控系统，以逐级上报的形式上报统计数据。即由基层一线企业的数据采集点直接采集数据，然后直接上报上级公司或上级单位。对于篡改监测数据，利用某种职务或者工作上的便利条件，故意干预环境监测活动的正常开展，导致监测数据失真的行为，已列入国家的刑事处罚范围。生态环境部将全国各地污染排放较大的企业，纳入特别关注名单，将其污染物排放数据直接与国家监测总站联网并对外公开。安全环保数据是安全环保工作的眼睛，准确、客观地报送数据，是做好安全环保工作的前提和基础。数据报送不及时、不准确、不客观将导致安全环保管理和决策的严重偏差，使相关环节的内控失效。因此，安全环保统计数据的准确性和客观性，数据采集及上报流程的可靠性和便捷性，是该环节内控缺陷认定标准的影响因素。

（2）安全环保隐患排查、事故（事件）信息流转的顺畅性、合理性、高效性。

安全环保隐患是指，生产经营单位违反安全生产或生态环境保护法律、法规、规章、标准和规程，以及安全生产管理制度的有关规定；或者因其他因素在生产经营活动中存在可能导致事故发生的，物的危险状态、人的不安全行为、不良工作环境和管理方面的缺陷。生产经营单位应建立预防事故隐患产生的有效工作机制，在开始作业前和安全条件、生产系统、设施设备等发生较大变化时，对可能存在的危险因素进行全面辨识，并进行分类汇总和危险程度评估，制定针对性的预防措施，分解落实到工作岗位和作业人员，预防事故隐患的产生。对隐患的排查，一般采取全面排查、重点抽查、专项检查、专家会诊、安全环保审计等方式组织开展。排查发现的事故隐患以书面形式现场告知受检单位，督促及时消除事故隐患。未对事故隐患采取措施进行消除，可能导致发生生产安全事故。所以，安全环保隐患排查、事故（事件）信息流转必须符合相关规定，做到顺畅、合理、高效。上级单位查出下级单位的事故隐患，或者本单位自身查出的事故隐患，必须有顺畅有效的渠道进行流转，确保相关单位和相关人员清楚隐患的类型和危险程度，进而采取相应的措施消除隐患。如果信息流转出现梗阻，将会导致相关环节的控制措施失去效果。因此，安全环保隐患排查及事故（事件）的信息流转情况是判断该环节内控是否存在缺陷以及缺陷等级的标准，隐患排查情况、事故（事件）信息流转的顺畅性、合理性、高效性是缺陷认定标准的影响因素。

4）横向沟通链方面的缺陷认定标准影响因素

（1）安全环保信息传递到相关部门的及时性和有效性。

企业安全环保管理的纵向指挥相对容易，横向协调却相对困难。调查统计结果显示，企业的内耗中有**70%**是来自横向矛盾。原因之一是部门责权不清。出现工作交叠的情况时，部门之间不主动配合，甚至处处掣肘、设障，相互推诿。原因之二是不恰当的激励政策。不公正或不平衡的部门利益争端和分歧，引发扯皮现象时有发生。各部门之间关系处理得融洽与否，直接影响企业的运转效率。打破部门利益壁垒，有效传递安全环保信息，并得到相关部门的认真反馈是非常重要的。对于部门间的矛盾，有的企业采取各种惩罚和负面打击措施，这种做法在一定程度上有其必要性，但解决不了实质问题。"惩罚"是堵截，"流程"是疏导，明确的工作范围和职责，规范的工作流程，有效的内部沟通才是治标又治本的可行之计。安全环保信息传递情况是横向沟通链环节内控缺陷的认定标准之一。信息及时有效地传递到相关部门，需要采取方方面面的措施来确保传递到位，并得到反馈。因此，安全环保信息传递到相关部门的及时性和有效性是缺陷认定标准的重要影响因素。

（2）牵头部门和配合部门的信息对接有效性。

在横向沟通中，牵头部门要勇于承担责任，按规定流程传递重大安全环保事项，并积极督促配合部门反馈落实情况。安全环保工作的特殊性，在于各部门之间的密切配合，对部门间的协调和合作要求甚高，强调合作精神以形成合力，推动问题的解决。按照国家相关规定，企业内部应成立安全环保专职管理部门。一般情况下，安全环保专职管理部门是牵头重大安全环保事项传达工作的牵头部门，各专业部门从自身业务职责角度，负责相应的安全环保管理工作，并反馈落实情况。在安全环保考核评价中，牵头部门起着举足轻重的作用，对业务部门负有考核评价的职责。业务部门在落实重大安全环保事项时，习惯性地会从是否对本部门有利的角度去考虑，而安全环保专职管理部门需要通盘考虑，对各业务部门进行考核，这在职责行使中极易导致业务部门和牵头部门之间的关系紧张。久而久之，安全环保工作的落实就会出现偏差和不到位。在横向沟通中，若牵头部门不能及时将重大安全环保事项传达至配合部门，配合部门不能及时反馈落实情况的信息，将导致相关环节的内控目标无法实现，牵头部门和配合部门的信息沟通是判断内控是否存在缺陷及缺陷等级的标准，信息对接有效性，是缺陷认定标准的重要影响因素。

6.3.4 责任落实方面的内部控制缺陷认定标准影响因素

企业应制定网格化责任制，实现横向到边、纵向到底的安全环保责任落实体系。管理部门权责分配应清晰，履行职责应到位；各相关管理部门应相互配合，避免因缺乏协调配合导致的管理不畅问题，做到区域、岗位、设备管理无死角、无漏洞。这些要素是判断该内控环节是否存在缺陷以及缺陷级别的判断标准。具体来说，受到以下重要事项落实方面的因素影响：

1）年度安全环保工作计划和目标文件纳入公司年度目标计划事项的情况

该事项是指将公司年度安全环保工作计划和目标文件，纳入公司年度目标计划，将各项任务分解到部门及单位、落实到人；各部门及单位制订安全环保年度工作计划及措施，企业开展落实情况的检查与督办。公司年度安全环保工作计划和目标文件，俗称安全环保1号文件，是一个公司一年期内安全环保的纲领性文件，规定了该公司年度安全环保的具体任务和工作措施，体现了一个公司对安全环保的实际重视程度和投入力度。因此，安全环保1号文件的落实情况，是判断该环节内控是否存在缺陷及对缺陷进行等级划分的重要指标。受到以下具体因素的影响：一是文件分解落实情况，包括：1号文件分解落实表是否将1号文件分解为具体的工作任务；1号文件任务完成情况的考核奖惩办法，是否按"五定原则"（定目标计划、定岗位标准、定制度规则、定责任人员、定完成时限）将工作任务落实到相关部门、单位和责任人。二是相关人员对自身任务的了解情况，包括：工作任务计划表及保障措施执行情况；各项工作任务制订实施计划和措施保障情况；部门和单位负责人了解其所负责工作任务的计划执行情况；职能部门对工作任务完成进度进行跟踪的情况。三是业绩评价和反馈情况，包括：是否按计划的时间节点检查任务完成情况；对进度缓慢的单位进行督办情况；对逾期未完成工作任务的相关责任人进行考核处理情况；现场落实情况。聚焦1号文件中的重点工作，运用PDCA循环工作法，从组织机构、制度建设、信息传递、责任落实等环节进行全面评估，追踪这些工作的计划、执行、检查、监督、考核的记录、处理和报告，评价对1号文件的落实情况，是该环节内控缺陷认定标准的主要影响因素。

2）安全生产责任制的制定和落实情况

该事项是指，编制安全生产环保责任制，明确责任制编制主体，保证责任制内容符合相关规定，建立安全生产环保落实机制、考核机制，使责任制得到有效落实。国家对健全落实安全生产责任制提出过指导意见，对地方党委和政府领导责任、政府相关部门监管责任、企业主体责任、健全责任考核机制、责任追究制度等方面提出了明确要求。企业建立的安全生产环保责任制，必须符合国家安全生产和环境保护相关法律法规和政策、方针的要求，并应适时修订。制定和落实安全生产环保责任制要有专门的人员与机构保障，责任制应根据企业的实际情况，做到明确和具体，且具有可操作性，防止形式主义。建立安全生产环保责任制的同时，要建立安全生产环保责任制的监督和检查制度。安全生产环保责任制的落实情况，是判断该环节内控是否存在缺陷及对缺陷进行等级划分的重要指标。受到以下具体因素的影响：一是安全生产责任制的编制，包括安全生产环保责任制的制定流程、制定原则和编制主体；牵头部门和协同部门开展工作情况；贯彻落实责任制情况；责任制修订情况；责任的调整和优化情况；责任的考核情况。二是分管负责人和部门、生产单位负责人的安全生产责任落实情况，包括：安全生产环保责任的划分情况，如职责划分是否覆盖了各领导层、各部门、各级岗位人员，是否实现"横向到边、纵向到底"；是否对安全生产环保领导责任、业务部门业务保安责任、安监和环保部门的监察责任、生产单位的管理主体责任进行细化。三是主要负责人的安全生产环保责任的落实情况，包括：责任体现《中华人民共和国安全生产法》等法律、法规规定的情况；体现安全生产"党政同责、一岗双责、失职追责"原则的情况；安委会负责人的履职情况。四是分管领导安全生产环保责任的落实情况，包括：分管领导责任体现"管业务必须管安全、环保"要求的情况；体现对主要领导工作进行分办和落实情况；组织开展分管领域内，风险预控管理体系建设工作情况；组织对辖区内系统危险源的辨识和评估工作情况；开展安全环保检查，监督重大隐患整改情况；组织分管领域安全环保制度制定和修订以及监督执行情况；督促分管部门安全

137

环保责任和安全环保工作落实情况；参加应急救援和事故调查处理以及分管领导应承担的其他相关责任情况。五是相关部门安全生产环保责任的落实情况，包括：体现"业务保安"职责情况；体现对领导职责的分办和落实情况；组织制定业务保安制度并监督落实情况；履行本部门体系建设职责情况；在分管领域内进行安全检查并对重大隐患进行管控情况；部门职责落实到个人情况。六是生产单位安全生产环保责任的落实情况，包括：体现安全生产环保的主体责任情况，关注危险源辨识和风险评估、标准作业流程实施、班组建设、隐患排查整治等事项情况。七是相关操作岗位人员安全生产环保责任的落实情况，主要指其对自身岗位安全环保责任的认知和落实情况。八是安全环保责任制的考核办法，包括：履职履责考核和失职追责制度的合理情况；考核结果与薪酬挂钩情况；与本单位实际相符情况；严格按照考核办法进行履职考核和失职追责情况。综上所述，从分管领导到一线员工，都是安全生产环保责任制环节，内控控制缺陷认定标准的主体影响因素，安全生产环保责任的设置、传达、执行落实、督查整改等具体环节都是缺陷认定标准的影响因素。

3）危险源辨识、风险评估和风险控制工作的落实情况

危险源辨识就是识别危险源并确定其特性的过程，主要是对危险源的识别，对其性质加以判断，对可能造成的危害、影响提前预防，以确保生产的安全和稳定。重大危险源辨识标准是一种规定了辨识重大危险源的依据和方法，以及计算重大危险源辨识临界量和最大量的方法。我国从2019年3月1日起实施《危险化学品重大危险源辨识》（GB 18218-2018）。危险源辨识方法有几十种之多，如安全检查表、预危险性分析、危险和操作性研究、故障类型和影响性分析、事件树分析、故障树分析、储存量比对法等。危险源辨识、风险评估和风险控制工作落实情况，现场风险的控制情况是该环节判断内控缺陷和缺陷等级的认定标准，受到以下具体因素的影响：一是危险源辨识、风险评估和风险控制的制度和方案，包括：危险源辨识、风险评估和风险控制培训情况；评估组成员名单；岗位清单、设备清单、区域清单。二是危险源辨识内容，包括：常规和非常规活动；人的行为、能力和其他人为因素；来自工作场所外部的危险源；在工作场所附近，由单位控制下的相关活动所产生的危险源；由本单位或外界提供

的工作场所的基础设施、设备和材料，作业程序、工艺流程、设备设施或材料等的变更；对工作区域、过程、装置、机器和设备、操作程序和工作组织的设计。三是风险评估内容，包括：过去、现在和将来三种"时态"，正常、异常和紧急三种"状态"；风险分析与管控措施。四是风险控制内容，包括：确保风险降到可承受范围的措施；"事先控制、接触控制和事后控制"的顺序遵循情况；接触控制的措施是否按"七大安全技术"的优先顺序选择和采用；风险控制措施是否全面可行；是否适时评价现有措施的不足。五是风险概述的应用，包括：应用于流程、制度、标准的制定与修订，年度方针、目标、管理方案及其他工作计划的制订，作业过程风险控制及工作环境改造，环境保护及职业健康管理工作。六是各层级管理人员，安全管理部门负责人是否了解危险源辨识和风险评估频次，现有评估范围和评估方法是否符合要求；工作开展流程和风险概述是否经过审批。各生产部门负责人是否了解风险控制措施并对相关岗位人员开展培训，风险评估结果是否和实际相符。各岗位人员是否熟知本岗位风险及其控制措施。除了上述这些因素，还有一些关键时间点的危险源辨识会影响内控缺陷的认定和判断，例如新改扩项目设计前，新设备、工艺和技术应用前，为特定项目制定安全措施前，执行高危任务前，执行新任务前，执行特定检查和试验前，体系审核过程中，事故发生后。这些都是危险源辨识和风险控制工作的关键时间节点，对持续危险源辨识活动及相应记录的追踪也是影响缺陷认定标准的影响因素。

4）岗位标准作业流程管理机制的建立情况

岗位标准作业流程管理机制是一种管理办法与责任体系，包括流程梳理完善、流程与风险预控融合、流程培训学习、流程推行应用、流程运行考核等内容。企业在建立此管理机制的同时，还应对流程推行中存在的各类问题及时进行处理，确保岗位标准作业流程推行工作取得实效。岗位标准作业流程对规范员工作业、减少不安全行为、降低事故率、有效实现作业的风险预控效果明显，是保障员工生命安全、提高生产效率的有效途径。抓好岗位标准作业流程工作是做好安全环保管理工作的基础和前提，该项工作的开展情况是判断责任落实环节内控缺陷和缺陷等级认定的重要标准，具体来说受到以下因素的影响：一是岗位标准作业流程的管理办法。该管理办法包含流程梳理完善、流程与风险预控融合、流程培训学习、流程推行应用、流程运行考核等具体工作内容，并应就内容和责任主体进行明确的职责分工。二是岗位标准作业流程。该流程的梳理和完善应根据本单位实际，结合具体的工艺和岗位特点，将标准流程和风险预控转化为现场的执行流程。三是岗位标准作业流程的培训情况，包括：岗位标准作业流程培训学习的针对性、有效性、全面性。四是岗位标准作业流程的落实情况，包括：基层单位负责人推行岗位标准作业流程情况；岗位员工标准作业流程的掌握情况；推行岗位标准作业流程存在问题的解决和整改情况；对存在问题的流程管理机制进行调整和完善情况；岗位员工对标准作业流程、风险预控的掌握、运用情况。岗位标准作业流程管理机制的计划、执行、检查、监督、考核和评价等环节，是判断和影响岗位标准作业流程环节是否符合PDCA闭环管理要求，将责任落实到位的缺陷认定标准影响因素。

5）承包商管理相关制度落实情况

公司对承包商的安全环保管理工作遵循"统一领导、分级负责，谁发包、谁监管，谁用工、谁负责"的管理原则。所谓"五个关口"是指对承包商严把"准入关、责任关、稳定关、监督关、验收关"；"五个统一"是指在承包商中"统一推行安全环保管理体系、统一推行安全质量标准化建设、统一推行区队班组建设、统一进行安全环保教育培训、统一监管考核"。承包商对所承担工程建设、生产服务项目的安全施工（作业）负主体责任。承包商管理制度的落实情况是判断责任落实环节内控缺陷和缺陷等级认定的重要标准，受到"五个关口"和"五个统一"落实情况的影响，具体涉及以下因素：一是承包商招投标过程事项。项目发包招标文件概算中安全费用的明确情况；项目招标文件中，施工（作业）组织方案和关键岗位标准作业流程的规定情况；中标单位的投标文件中，安全生产业绩、安全施工（作业）组织方案、关键岗位标准作业流程、安全风险评估，以及安全生产费用使用计划等的规定情况。二是承包商安全生产环保责任履行情况，包括：承包商入场安全教育培训考核情况；承包商日常内部检查情况；承包商监管情况；承包商人员管理情况及监理情况。三是发包方承包商管理业务执行情况，包括：对承包商安全风险预控体系构建的了解情况；对是否存在项目转包或者违法分包现象的了解情况；用工部门或班组负责人对承包商管理流程的了解情况；对日常监管的了解情况；对承包商选择阶段的安全能力、履约阶段的安全管理、项目结束后的安全绩效等事项的了解情况。

6）建设项目安全、消防、职业健康和环保"三同时"落实情况

所谓"三同时"，是指建设项目安全、消防、职业卫生和环保设施必须与主体工程同时设计、同时施工、同时投入生产使用。"三同时"制度是《中华人民共和国安全生产法》明确规定的，是我国在建设项目上的一个创举，是从源头上加强安全环保工作的手段。"三同时"制度适用的主体是所有从事对安全、消防、职业健康和环保有影响的建设项目的单位，包括从事一切新建、扩建、改建和技术改造项目的主体，同时也包括区域开发建设项目以及中外合资、中外合作、外商独资的引进项目的主体等。"三同时"事项是责任落实环节内控缺陷认定和缺陷等级评价的重要指标，受到以下因素的影响：一是建设项目"三同时"相关制度，包括：审批、核准或者备案情况；安全设施设计情况（包括初步设计报告及安全专篇，安全预评价报告及相关文件资料等的制定情况）；专家评审情况；政府主管部门备案或批复情况；消防设计情况（包括建设项目或工程规划许可相关文件、消防设计文件及相关资料、消防设计审查备案或批复意见等）；职业卫生设施设计情况（包括职业病防护设施设计专篇、职业病危害预评价报告、专家评审意见、政府主管部门备案或批复等）；环境保护设计情况（包括环境保护专篇、环境影响评价报告、环境影响评价报告及环境保护行政主管部门审批批复等）。二是对"三同时"落实事项的监督情况，包括：专项施工方案、施工期环境监理报告等监督情况。三是试运行情况，包括：建设项目试运行方案、建设项目审批或核准文件等、建设项目验收报告及试运行准备情况等。四是竣工情况，包括：安全验收情况、安监部门备案审核情况、消防设施检测情况以及消防部门备案审核情况、职业病防护设施竣工验收情况等。五是在建工程现场情况，包括：施工单位是否按照设计、施工标准进行施工，是否采取措施确保"三同时"设施工程质量达到要求。

7）设备、设施、过程（工艺）、人员的变更管理程序

变更管理是指项目组织为适应项目运行过程中，与项目相关的各种因素的变化，保证项目目标的实现，对项目计划进行相应的部分变更或全部变更，并按变更后的要求组织项目实施的过程。变更管理制度内容包括：变更的事项、起始时间、变更的技术基础、可能带来的安全风险、消除和控制安全风险的措施、是否修改操作规程、变更审批权限、变更实施后的安全验收等。变更实施前，企业应组织专业人员进行检查，确保变更具备安全条件，明确受变更影响的本公司人员和承包商作业人员，并对其进行相应的培训。变更完成后，企业要及时更新相应的安全生产信息，建立变更管理档案。变更管理流程是否合规是判断该环节内控是否存在缺陷以及缺陷等级划分的主要标准，受到以下具体因素的影响：一是变更制度的制定情况，包括：设备设施、过程工艺、人员、文件等变更的有关制度；新进、转岗、复岗人员再培训制度；设备技术改造、维护维修计划及实施制度；土建维修、土建改造计划及实施制度；制度修订计划及实施情况。二是相关人员对变更事项的了解情况，包括安全管理部门、人力资源部门、生产部门、技术部门、工程管理部门、制度文件管理部门负责人等。三是变更过程合规性情况，包括：设备、设施、过程（工艺）、人员、文件变化的事件性质、记录和留痕情况，履行变更管理程序情况等。

8）安全生产费用提取和使用的合规性

企业应按规定提取、使用安全生产费用，对安全生产费用使用情况进行检查和评价。国家有关部门专门出台了企业安全生产费用提取和使用管理办法，安全费用按照"企业提取、政府监管、确保需要、规范使用"的原则进行管理。安全生产费用的提取和管理是否合规，是判断该环节内控是否存在缺陷以及缺陷等级划分的主要标准，受到以下几方面因素的影响：一是安全生产费用管理制度，包括安全生产费用使用计划的合理性；安全生产费用财务单据和报账凭证的合法性；安全生产费用使用情况的内部检查制度；安全生产费用使用台账的合理性；政府部门、第三方审计或检查情况。二是各部门相关人员对安全管理费用提取和使用的关注程度和了解情况，包括：安全管理部门负责人，对公司安全生产费用管理总体情况、适用范围、支付流程、提取使用情况的了解情况；财务部门负责人，

对全生产费用财务科目列支和财务审计事项的了解情况；安全生产费用使用部门负责人，对安全生产专项经费是否满足实际需求的了解情况。

9）安全环保检查制度的落实情况

安全环保检查制度的落实，主要体现在对隐患的管理上，包括隐患位置、隐患分类、隐患内容、整改措施、整改资金、整改责任人、牵头部门、督办部门、发现日期、整改时限、实际完成整改日期、验收日期、验收人员、验收意见、是否销号等。隐患未彻底整改前，应制定针对性风险防范措施和应急预案，防止事故发生。重大隐患排除前或者排除过程中无法保证安全的，必须从环境影响区域内撤出作业人员，并疏散可能危及的其他人员，设置警戒标志，停产停建整改。对暂时难以停止使用的相关生产设施、设备，应当加强维护和保养，严防发生事故。隐患管理是否落实到位是判断该环节内控是否存在缺陷以及缺陷等级划分的主要标准，受到以下几方面因素的影响：一是安全检查制度和隐患排查治理办法的合理性、合规性和可行性，包括：隐患排查的安排与计划、实施与执行过程资料、问题整改计划、隐患评估相关资料、隐患整改五定表、问题及隐患验收资料、督办检查活动记录等。二是安全检查及隐患管理考核的合规性和有效性，包括：考核结果、安全检查总结与反馈相关资料的完整性，隐患排查治理是否做到闭环管理等。

10）安全环保事故（事件）和未遂事件的调查、处理落实情况

"四不放过"是指，事故原因未查清不放过、责任人员未处理不放过、整改措施未落实不放过、有关人员未受到教育不放过。事故处理的"四不放过"原则，要求对安全生产工伤事故必须进行严肃认真的调查处理，接受教训，防止同类事故重复发生。多年来，很多同类事故重复发生，特别是煤矿事故、瓦斯事故、水害事故、顶板事故，造成极大的人员伤亡和经济损失，其原因之一就没有真正做到"四不放过"。对该项原则的重视程度和落实情况，是判断该环节内控是否存在缺陷以及缺陷等级划分的主要标准，受到以下几方面因素的影响：一是安全环保事故（事件）落实情况，包括安全环保事故（事件）归档资料的完整性；事故"四不放过"闭环情况（重点关注事故直接原因和间接原因分析是否到位）；处罚单对相关责任进行处罚情况；责任人员及其他应受教育者开展学习培训情况；整

改措施落实情况。二是未遂事件的落实情况，包括：未遂台账、调查报告及统计报表的完整性和有效性；单位及部门对未遂事件的关注情况；对未遂事件发生原因分析情况；对未遂事件的落实整改情况。三是对安全环保事故（事件）和未遂事件的反馈情况，包括奖励与处罚情况，如行政处罚执行情况，奖惩结果与工资或奖金挂钩情况。

11）突发事件应急预案体系的落实情况

企业的突发事件应急预案体系的落实主要指的是应急预案演练的落实，一般包括桌面演练、功能演练和全面演练。其中，桌面演练需要利用地图、沙盘、流程图、计算机模拟、视频会议等辅助手段，进行交互式的讨论和推演，做出应急决策及现场处置方案。功能演练主要针对某项应急响应功能，或者其中某些应急响应行动，举行的演练活动。全面演练是针对应急预案中全部，或者大部分应急响应功能，检验、评价应急组织应急运行能力的演练活动。在这一业务流程中，突发事件应急组织机构成员是否掌握本机构和本人的职责和风险，并在工作中得以落实，企业是否制定了应急预案体系并按要求进行演练和评估，是判断该环节内控是否存在缺陷以及缺陷等级划分的主要标准，受到以下几方面因素的影响：一是应急组织机构成员对相关事项的了解程度，包括：应急组织机构职责、本单位安全环保应急管理风险，本人在应急组织机构中的职责。二是应急管理制度的全面性和合理性，包括：应急管理的机构设置、制度建设、应急保障、个体防护装备、应急处置权限、应急救援队伍、应急预案、应急演练和应急技术资料管理等。三是突发应急机构职责工作的落实情况，包括：应急预案是否合理、人员分工是否明确、相关人员是否已清楚自身职责及应急程序；应急方案演练和评估情况，相关人员在应急状态下的反应与行动，应急机制的启动状况、运行状况及运行效果等。

12）安全环保考核和奖惩机制落实情况

安全环保考核奖惩应在领导年薪和员工工资中得到兑现。在这一内控流程中，安全结构工资比例的合理性、缴纳风险抵押金群体范围的合理性，是判断安全环保考核和奖惩机制落实与否的关键指标。具体表现为：年度风险预控管理体系考核奖金的分配，体现公平合理原则的程度；安全生产环保 1 号文件中，履职履责考核结果与薪酬收入挂钩要求的落实情况。这些是判断该环节内控是否存在缺陷以及缺陷等级划分的主要标准，受到以下几方面因素的影响：一是相关制度的全面性和合理性，包括：领导年薪及员工薪酬管理办法、安全环保奖惩相关制度、年度风险预控管理体系考核奖金分配办法，评估安全环保考核奖惩相关制度设计的合理性。二是不同层级员工对安全环保奖惩机制的了解情况，包括：对安全结构工资比例和风险抵押金抵押群体范围和兑现情况的了解，对年度风险预控管理体系考核奖金分配的了解情况。三是相关奖惩制度的落实情况，包括：安全环保奖惩在工资中的兑现情况；与事故（事件）处理报告的相符情况；对事故处理人员的考核情况；奖金分配情况等。

　　本章以安全环保管理业务为例，讨论了内控缺陷认定标准的任务影响因素。以"组织机构、管理制度、信息沟通、责任落实"四个安全环保内控缺陷认定核心要素为主线，梳理了安全环保管理业务内控缺陷认定标准（主要是重大缺陷认定标准），构建了安全环保管理业务内控缺陷认定标准影响因素框架。其中，组织机构方面的内控缺陷认定标准影响因素可以总结为：相关组织机构设置的合规性和合理性；各层级岗位职责和安全生产责任制的合规性和合理性。管理制度方面的内控缺陷认定标准影响因素可以总结为：安全环保管理制度的相符性、明确性和合规性。信息沟通方面的内控缺陷认定标准影响因素可以总结为：信息传达制度的全面性、合规性和有效性；信息传达工作的效果性和效率性。责任落实方面的内控缺陷认定标准影响因素可以总结为以下重要事项，包括：年度安全环保工作计划和目标；安全生产责任制；危险源辨识、风险评估和风险控制；岗位标准作业流程管理机制；承包商管理；安全、消防、职业健康和环保"三同时"；变更管理程序；安全生产费用；安全环保检查制度；安全环保事故（事件）调查和处理；安全环保未遂事件；突发事件应急预案体系；安全环保考核和奖惩机制。

　　由于上市公司的管理事项千头万绪，业务类型纷繁复杂，某项具体的业务类型本身并不具有代表性，但管理类事项在抽丝剥茧中，尚可探得一丝规律和特征。安全环保管理是所有上市公司都会涉及的管理事项，研究组又有幸参与了对××集团安全环保管理业务的评估审核项目。因此，借此契机，将评估工作中的所见、所想、所得整理、提炼并升华，得出本章

145

的研究内容。源自实务工作中的对内控缺陷认定标准任务影响因素的探究途径和研究结论，还是与理论推演加之实证检验的写作思路和行文方法有所区别，但这种探析更能为实务工作和以后的研究提供参考和借鉴。因此，本章内容在不涉密的情况下，尽可能还原了一线企业安全环保管理工作的内控缺陷认定和认定标准的选择，充实和丰富了内控缺陷认定标准影响因素的研究框架和内容。

内部控制缺陷认定标准的环境影响因素分析

内控信息强制披露时代的到来，使上市公司考虑的问题由过去的"是否披露"转变成了"披露多少"，"信号传递"的意义也由过去具有正向影响的良好市场形象，转变成了更为谨慎地避免产生市场负面反应。在此过程中，内控缺陷认定标准再一次成为缺陷信息披露内容的"过滤器"，从制定标准识别缺陷、应用标准认定缺陷到最终披露标准和缺陷，时刻影响着内控缺陷的识别和认定。其中既有缺陷认定标准的外部制定者，又有缺陷认定标准的外部影响者，具体包括：提供竞争平台和资本来源的市场环境、提供监管服务的法治环境和监管环境等，本章内容将分别讨论这些内控缺陷认定标准的环境影响因素。

7.1 ——产品市场竞争与内部控制缺陷认定标准——

产品市场竞争是公司外部生存环境的表现之一，适者生存的进化原理同样适用于公司的生存与发展，理论界关于产品市场竞争对上市公司内部治理影响的认同由来已久（黄蕾，2013）。充分信息假说认为，竞争环境为行业业绩提供了标杆，股东可以通过与竞争对手的业绩进行比较，获得衡量公司业绩的参考值，从而有的放矢地进行监督和干预，以节约监督成本、减轻信息不对称程度（Shleifer，1985）。如果公司处于成本关联程度较高的行业，那么激烈的市场竞争将使管理层的经营能力和努力程度信息更具公开性和充分性，管理层行为得以有效监督，道德风险得以抑制（曹裕，2014）。清算威胁假说认为，激烈的产品市场竞争使公司更易面临经营损失甚至破产清算，为了避免竞争力被削弱或经营失败，失去对公司的控制权和自身职位，管理层会加强自我约束，工作更为勤勉，并努力提高治理水平（Schmidt，1997）。与此同时，激烈的市场竞争压缩了公司的盈利空间，提升了经营风险，为了获得低成本的外部资金，公司有动力降低与投资方的信息不对称程度，并且通过提高公开披露信息的质量，塑造良好的社会形象（伊志宏等，2010；黄蕾，2013）。因此，产品市场竞争是可与内部治理机制相互替代或协同的外部治理机制。有学者就产品市场竞争与内控缺陷认定的关系进行了研究：尹律等（2017）认为，产品市场竞争对内控缺陷认定标准的披露质量具有正向影响，环境敏感性通过作用于管理层的行为动机，对内控缺陷认定标准的披露质量呈现正向调节作用；杨婧和郑石桥（2017）认为，激烈程度不同的产品市场竞争，会对上市公司内控缺陷认定产生不同的影响。那么，产品市场竞争是如何影响内控缺陷认定标准的？本节以2017年披露内控自我评价报告的沪、深两市A股上市公司为样本，对产品市场竞争、内部治理和内控缺陷认定标准之间的关系进行了探讨。作为外部治理机制，产品市场竞争对内控缺陷认定标准的影响是通过作用于内部治理机制发生的。因此，为了保持讨论框架的完整性，本节的讨论基于前文主体影响因素的研究结论，选取董事会、管理层和大股东作为内部治理特征，分析产品市场竞争通过内部治理对缺陷认定标准的影响，并用不同的样本数据和假设模型进行了实证检验，在验证产品市场竞争对缺陷认定标准影响的同时，再次印证了前文的研究结论。

7.1.1　理论分析与研究假设

根据产权理论对产权定义的描述，内控缺陷认定是一种需要消耗公司资源的信息商品，从生产、披露到使用，构成完整的商品流转过程，符合一般商品的流转规律，是具有产权性质的信息商品。上市公司治理结构中

的产权关系较为复杂，主要包括：管理主体（管理层）、决策主体（董事
会）、投资主体（股东）、债权主体（债权人）以及外部主体（外部利益相
关者）等。其中，管理层负责内控制度的建设和执行，并根据内控缺陷认
定标准，对内控缺陷进行识别和认定，是内控缺陷认定标准的制定者；董
事会基于上报的内控缺陷信息，对内控缺陷认定标准进行评估，从而形
成内控有效性结论并对外披露，是内控缺陷认定标准的监督者；大股东
凭借持股份额优势，拥有公司的实际控制权，与董事会、管理层共同构
成上市公司内部治理结构，从而直接影响着内控缺陷认定标准。中小股
东、债权人和其他利益相关者，作为内控信息的使用主体，通过市场竞
争、资本成本、融资渠道等途径，间接影响着内控缺陷认定标准。基于
此，本研究构建了产品市场竞争对内控缺陷认定标准影响的理论框架
（如图7-1所示）。

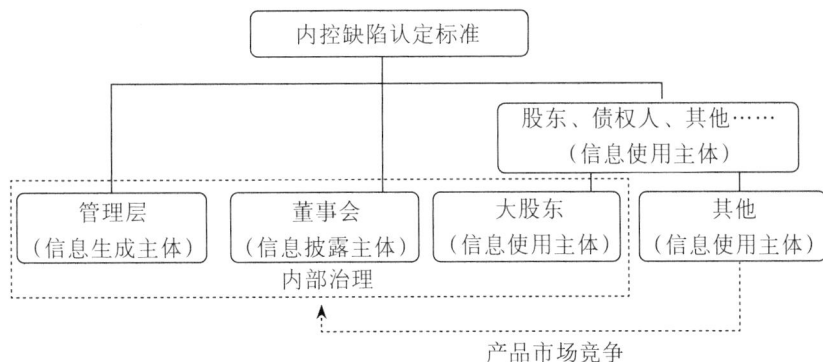

图7-1　产品市场竞争对内控缺陷认定标准影响的理论框架图

作为信息生产产权主体，管理层负责内控缺陷认定标准的制定，并以
此决定内控缺陷的重要性程度、内控信息披露的内容和内控自我评价结
论。与其说上市公司拥有内控缺陷认定标准的自由量裁权，不如说管理层
拥有是否披露内控缺陷，以及披露何种程度内控缺陷的自主选择权（薛爽
和蒋义宏，2008；盖地和盛常艳，2012）。

根据契约理论，公司所有权安排是重复博弈的结果。内控缺陷认定
标准是各利益相关者方可获知的公开信息之一，机会主义行为将增加管
理层下一次的签约成本。因此，在内控缺陷认定标准的具体制定和执行
过程中，管理层会比较机会主义行为的收益和成本。当机会主义行为的

收益高于成本时，管理层往往会选择较宽松的、有利于自身业绩评价的内控缺陷认定标准；反之，会选择较严格的内控缺陷认定标准。随着公司治理结构的优化和内部监督的完善，管理层需要为机会主义行为买单的可能性越来越高，机会主义行为的成本就越来越高。激励机制可以在一定程度上弥补管理层由于披露内控缺陷，对自身效用产生的负面影响。近年来，备受关注的股权激励制度，将管理层私人利益与公司利益进行捆绑，管理层更有可能从长远角度考虑内控信息披露行为。客观地制定内控缺陷认定标准，真实地披露内控缺陷信息，可能成为理性管理层开始考虑的另外一种选择。但相较于机会主义行为，这种选择能否达到高收益或低成本的目的，还取决于资本市场的理性程度和经理人市场的成熟程度。目前来看，资本市场与上市公司之间建立起的诚信和信任，尚未达到能够理解和坦然接受内控缺陷的程度，因此，有利于自身业绩评价、较宽松的内控缺陷认定标准，仍是管理层的最优选择，但激励机制在一定程度上能够缓解这种机会主义行为。

股权相对集中是现代公司治理结构的常态，大部分公司都存在一个持股比例较高的大股东。凭借股份优势，大股东掌握公司控制权，与中小股东分化成了两个不同的利益团体。从理论上来说，比起中小股东，拥有所有权和控制权的大股东，更具动机监督管理层，以减少管理层利用内控信息、侵占所有者利益的机会主义行为。但股权集中也为大股东和管理层合谋提供了可能，大股东拥有决定管理层任免、升迁和薪酬水平的主导权，管理层利用职务之便，为大股东侵占中小股东权益提供便利和帮助，并获得回报。基于信息优势的相互勾结，使得内控缺陷认定成为大股东和管理层合谋获得超额收益的环节之一。一般认为，大股东对公司经营业绩和财务状况的影响，呈现出"壕沟防御"和"利益协同"两种不同的效应。"壕沟防御"效应往往出现在公司业绩较好的时候，大股东拥有控制权，有能力对公司实施"掏空"。随着持股比例的增加，大股东对公司和管理层的控制能力不断上升，利益侵占能力越来越强。与此同时，大股东与管理层合谋获得超额利益的成本越来越小，大股东只承担了持股比例份额的侵占资源成本，却获得了全部的控制权私人收益，利益侵占动机强烈。对于内控缺陷认定，一方面，合谋关系使得大股东缺乏监督管理层机会主义行为的激励和动机；另一方面，大股东为了掩饰自己的"掏空行为"，没有披露内控缺陷信息的理由和动机。因此，公司的内控缺陷认定标准较宽松。"利益协同"效应往往出现在公司盈利或偿债能力出现问题的时候，向公司输送资源的行为，使大股东仿佛成为了公司的"救世主"，但这只是表面现象。作为"理性经济人"和"不完全契约受约束方"的结合体，"逆向利益输送"仍旧是大股东保护自身控制权私利的手段和途径，例如：为防止被ST，大股东为上市公司输送资源，尽力支撑，以降低自身的投资风险，从而减少损失；被ST后，大股东帮助上市公司减免债务、提供担保、改进业绩，以保护稀缺的壳资源价值。此时，内控缺陷是大股东和管理层都唯恐避之不及的负面信息，缺陷认定标准势必较宽松。因此，不管是"壕沟防御"还是"利益协同"，出于对自身利益的关注，大股东可能会有获取内控缺陷信息的期望和动机，但不会有披露缺陷信息的理由和动力。

董事会是内控信息的决策主体，监督和评估内控缺陷认定，对内控评价结果负责，为内控信息披露质量提供担保以保护股东利益。具体来说，董事会的开会频率可以反映董事会的积极程度，年度内开会次数越多，表明董事们在监督和管理公司方面越勤勉和尽职，从而有助于抑制管理层损害股东利益的机会主义行为，提高信息披露质量，内控缺陷认定标准较严格。与此同时，董事会被赋予内控重大缺陷认定和追责的量裁权（谭燕等，2016），相对于少数人甚至某个人做出的内控缺陷认定标准决策，通过董事会会议做出的决策更符合大多数股东的利益，更倾向于透明、真实、有效的信息披露，内控缺陷认定标准相对严格。董事长和总经理两职分离的治理机制，可以有效监督管理层的机会主义行为，而两职合一的董事会结构，削弱了董事会的监督职能，管理层倾向于隐瞒对自身不利的信息，从而降低信息透明度，选择性披露内控缺陷，缺陷认定标准较宽松（刘亚莉等，2011）。独立董事制度是现代公司治理结构的有益补充，由于身处公司之外，独立董事可以提供独立客观的决策建议，其中拥有专业技术背景的独立董事，可以帮助董事会有效监督内控缺陷认定标准的制定和执行。独立董事的人数越多，占比越高，越容易与"内部人"形成制衡，董事会的监督效力越高。反之，独立董事的人数越少，占比越低，董事会越容易被管理层俘获，从而不能发挥有效的监督作用。此时，管理层在内控缺陷认定标准的制定过程中拥有话语权，往往会选择较宽松的标准，以降低对自身业绩的约束程度。

基于以上讨论，提出如下假设：

假设1：公司内部治理对内控缺陷认定标准具有显著影响。

作为重要的外部治理机制，产品市场竞争通过竞争淘汰机制和标杆对标机制，可显著降低利益相关者的监督成本，是一种可以有效缓解代理问题、减少机会主义行为的治理机制（Fee和Hadlock，2000；Januszewski等，2002）。身处竞争激烈行业的公司，承担着更高的经营风险和财务风险，更易面临破产清算。公司被清算，各利益相关方的效用均遭受重大损失，作为货币资本提供者的股东和人力资本提供者的管理层首当其冲。股东为避免投资损失，有强烈的动机对管理层的行为进行监督；管理层为避免个人效用损失，工作会更尽职、勤勉，包括减少机会主义行为。另一方面，在激烈的竞争环境中，外部投资者通过与行业内其他公司进行比较，可以了解公司的经营状况和管理层的尽职情况，降低管理层和其他利益相关者之间的信息不对称程度，进而显著降低监督成本，抑制管理层的机会主义行为（蒋荣和陈丽蓉，2007；谭云清等，2008）。也就是说，产品市场竞争使股东利益目标、管理层利益目标和公司利益目标趋于一致，机会主义行为被监督，管理层很有可能选择客观的内控缺陷认定标准，披露真实的内控缺陷信息。但与此同时，上市公司的信息披露决策，需要考虑来自资本市场的反应，激烈的竞争环境可能会降低公司信息披露的有效性，以减轻来自股东、债权人及竞争对手等外部利益相关者的压力（Verrecchia，1983；Gertner等，1988）。对于管理层而言，激烈的市场竞争意味着多变的市场环境，要求更专业的决策能力、更高效的管理水平和更勤勉的工作态度。竞争可以提高管理层在公司的地位，但其经营业绩也更难以观察（Kole和Lehn，1997）。在这种情况下，加强对管理层的监督反而会限制其创造性和效率性，对公司来说并无益处（Burkart等，1997；Boot等，2006）。激励机制成为此时制约管理层行为的重要手段，增加的薪酬或股份可以减少真实内控缺陷信息披露对管理层自身利益的影响。事实证明，在激烈的市场竞争条件下，管理层对薪酬激励也会更加敏感（Cunat和Guadalupe，2004）。

股东在剩余财产的清算顺序中位列末位，作为持股最多的资本提供者，清算对于大股东效用的负面影响最大。虽然中国目前被清算的公司并不多，但在竞争激烈的行业中，管理层的"懈怠"将加剧公司业绩恶化，导致公司被ST，甚至退市。如果公司被ST，那么股东财富将大幅缩水，为了"保壳"，大股东对上市公司进行利益输送的"支撑行为"在所难免。因此，从理论上讲，处于产品市场竞争激烈行业的公司，大股东更有动机加强对管理层机会主义行为的监督，内控信息披露有效性程度更高，缺陷认定标准更严格，但如前文分析，作为资本的持有者，大股东的本质必将是逐利的，其终极目标是控制权私利最大化。在现实中，这一终极目标被细化为具体的机会主义行为，这解释了为什么在"壕沟防御"和"利益协同"两种效应影响下，内控缺陷认定标准都是趋向于宽松的。那么在激烈的产品市场竞争环境中，这些影响是否会发生改变？产品市场竞争的标杆对标机制，可以帮助股东识别管理层是否选择了较宽松的缺陷认定标准，以减少对自身业绩评价的约束。随着大股东持股比例的提升，第二类代理问题产生，此时大股东有动机、有能力与管理层合谋，对公司资产实施"掏空"，以获得控制权私利。在激烈的竞争环境下，"大股东掏空"、"管理层寻租"和"市场竞争"三重叠加，将极大地提升公司被ST，甚至退市的风险。为了维护自身的长远利益，随着竞争程度的提升，大股东会约束自身的"掏空行为"，同时加强对管理层的监督，客观认定内控缺陷、了解内控信息的动机增加。但与此同时，内控缺陷是一种内部信息，在满足外部投资者需求的同时，也会被"搭便车"的竞争对手获知，这可能会造成公司在商业谈判、经营管理等方面的劣势地位。由此产生的竞争劣势成本，使大股东对内控真实信息的披露持保留态度，内控信息特别是缺陷信息的披露水平必然下降（Darrough和Stoughton，1990；Verrecchia，2001；谭兴民等，2009）。更为重要的是，内控缺陷信息披露的竞争劣势成本远不止这些，还有未来审计费用高（Hogan和Wilkins，2008），权益成本高（Ashbaugh-Skaife et al.，2009），债务成本高（Kim et al.，2011），以及由此引起的市场负面反应等（Hammersley et al.，2008）。因此，竞争淘汰机制能够约束大股东和管理层，制定有利于公司利益的内控缺陷认定标准，但缺陷信息披露特有的"竞争劣势成本"，使得大股东和公司必须

153

更加小心谨慎，以防止内控缺陷披露产生负面影响，使本就在激烈竞争中如履薄冰的公司更加步履维艰。

日益加剧的产品市场竞争，对公司决策科学性的要求越来越高，由各领域专家组成的董事会，既是公司各层级经营行为的监督者，又是为提高公司竞争力出谋划策的智囊团。董事会成员在专业技能和管理咨询方面积累了丰富的经验，各种委员会的设置充分运用了这一优势。在激烈的市场竞争环境下，董事会需要更为勤勉和尽职地工作，以应对瞬息万变的市场带来的风险和挑战，有助于抑制管理层损害股东利益的机会主义行为，从而提高信息披露质量。各种委员会的设置，引入了具有行业特长和专业背景的外部独立董事进入董事会，更多的独立董事在参与公司经营决策的过程中，凭借专业优势发挥智囊职能，提高了公司信息披露质量，改善了公司治理水平。在市场竞争的过程中，信息披露虽不是竞争的主要方面，但趋同性的披露是目前上市公司较稳妥的做法，在力求保证披露结果扬长避短的前提下，遵守内控信息披露的"标准格式"是大多数上市公司的现实选择。这样一来，公司外部的独立董事在内控信息数量、整齐性和相对完整性方面，能够更容易地获取可比信息，从而更好地利用专业优势，对内控缺陷认定和披露行为进行控制和监督。因此，在激烈的产品市场竞争中，公司会更加注重提高董事会的治理效率水平，通过完善董事会集体决策流程，引进拥有强大的社会资本和人力资本的董事等措施，在潜移默化中提升公司治理水平，强化对管理层机会主义行为的监管，提高包括内控缺陷认定标准在内的信息披露质量。

内、外部治理力量之间的互补和替代可以形成有效的公司治理机制（Alchian，1950；Aghion，1995；姜付秀等，2009），作为重要的外部治理力量，产品市场竞争通过作用于激励机制、大股东治理和董事会治理等内部治理机制，监督和制约着内控缺陷认定行为和标准制定行为。基于以上讨论，提出如下假设：

假设2：产品市场竞争与内部治理机制对内控缺陷认定标准具有协同影响。

7.1.2　研究设计

1）样本选择与数据来源

本研究逐一查阅了 2017 年公开发布内控评价报告的沪、深两市 A 股上市公司，共计 3 225 家，剔除金融类公司，剔除简称带有 ST、*ST、SST、S*ST 字样的公司，剔除没有披露内控缺陷认定标准的公司，剔除数据不完整的公司，最终得到样本 1 887 家。其他数据通过 CSMR 数据库获取。

2）变量定义与模型设计

（1）内控缺陷认定标准变量

同前文一样，将样本公司的内控评价标准的百分比分别与其对应的基准指标相乘，每个公司得到大于等于一个且不超过四个的重要性水平绝对值，取其最小值的对数作为内控缺陷认定标准指标。

（2）其他变量

大股东治理变量和管理层激励变量，选择现有文献普遍采用的计量方法。用第一大股东持股比例（Hold）计量大股东治理；管理层激励分为薪酬激励和股权激励，其中薪酬激励（Salary）用管理层年薪总额的自然对数计量，股权激励（Share）用管理层年末持股比例计量。董事会治理（Board）变量借鉴林野萌和韩传模（2013）的做法，通过对董事会规模、董事会次数、独立董事比例以及两职兼任情况进行因子分析，构建董事会治理指数，该值越大，表示董事会治理机制越有效。

产品市场竞争借鉴杨兴全和吴昱昊（2009）的做法，用反映市场集中度的赫芬达尔 – 赫希曼指数（HHI）来衡量，计算公式为 $HHI=\sum(X_i/\sum X_i)^2$，其中，X_i 为第 i 年的销售额。该值越小，说明行业集中度越低，竞争越激烈。

3）模型设置

采用 Amos21.0，并根据内部治理和产品市场竞争影响内控缺陷认定标准的路径来构建模型。以内部治理为初始变量的概念模型如图 7-2 所示；以产品市场竞争为初始变量，检验产品市场竞争与内部治理对内控缺陷认定标准协同影响的概念模型如图7-3所示。其中，产品市场竞争为外生潜变量，内控缺陷认定标准为内生潜变量。

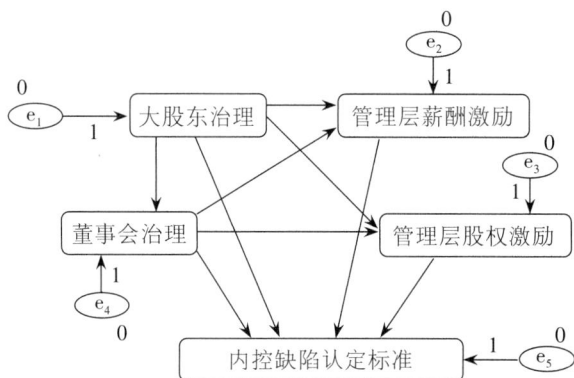

图7-2　以内部治理为初始变量的概念模型

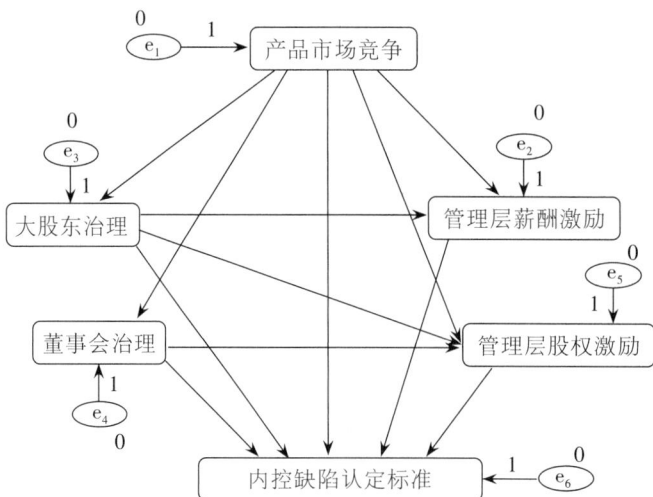

图7-3　以产品市场竞争为初始变量的概念模型

7.1.3　实证检验与结果分析

1）主要变量的描述性统计

表7-1是描述性统计结果，内控缺陷认定标准（DEFI）的均值和标准差分别是16.6503和1.4862，且四分位距较大，表明样本公司的内控缺陷认定标准存在较大差异；第一大股东持股比例（Hold）的均值为0.3178，四分之一分位数和四分之三分位数分别为0.2122和0.4046，表明样本公司

一股独大现象较普遍；管理层持股比例（Share）四分之一分位数和四分
之三分位数分别为 0.0014 和 0.6839，表明样本公司之间差异较大；行业竞
争度（HHI）的标准差为 0.0993，四分之一分位数和四分之三分位数分别
为 0.0289 和 0.1203，表明样本公司所涵盖行业分布较广、跨度较大；其他
指标比例均与相关研究近似。

表7-1　　　　　　　　　　　描述性统计分析表

变量	样本数	均值	标准差	四分之一分位	二分之一分位	四分之三分位
DEFI	1 887	16.6503	1.4862	15.7002	16.6266	17.6062
Hold	1 887	0.3178	0.1363	0.2122	0.2979	0.4046
Share	1 887	0.4939	0.3823	0.0014	0.1096	0.6839
Salary	1 887	0.0652	0.0640	0.0316	0.0475	0.0761
Board	1 887	2.5967	0.9997	−0.7834	−0.2184	0.8014
HHI	1 887	0.1038	0.0993	0.0289	0.0722	0.1203

2）内部治理对内控缺陷认定标准的影响

通过对以内部治理为初始变量的模型进行适配统计检验，我们发现增
值拟合度指标均大于 0.9，绝对拟合度指标和综合拟合度指标均符合检验
标准，该结构方程模型总体适配度良好。

表7-2 是以内部治理为初始变量，各内部治理机制对内控缺陷认定标
准影响的路径分析结果。路径"大股东治理—缺陷认定标准"的回归系数
为 0.123，且在 1% 的水平上显著，说明随着大股东持股比例的提升，内控
缺陷认定标准呈现出逐渐宽松的变化趋势。路径"管理层股权激励—缺陷
认定标准""管理层薪酬激励—缺陷认定标准"均在 1% 的水平上显著，
其中，管理层股权激励的回归系数为 −0.116，说明管理层持股对内控缺陷
认定标准有积极影响，这符合代理理论的描述，即当管理层的个人利益与
公司利益趋于一致时，决策更倾向于考虑长远利益；管理层薪酬激励的回
归系数为 0.360，说明管理层年薪水平越高，越倾向于较宽松的内控缺陷
认定标准。这一结果验证了 Harlry（2004）的研究结论。路径"董事会治
理—缺陷认定标准"的回归系数为 −0.035 且不显著，其原因可能在于：我

国董事会制度尚处于建设阶段，大多数公司的董事会，正处于符合证监会要求的合规阶段，虽在形式上已健全，但离切实发挥治理作用尚有完善空间。因此我们可以认为，大股东治理和管理层激励对内控缺陷认定标准具有显著影响，假设1得到了部分验证。

表7-2 　　　　　　　**以内部治理为初始变量的模型假设检验结果**

模型路径关系	标准化回归系数	P值	接受/拒绝
大股东治理—董事会治理	0.046	0.044	接受
大股东治理—管理层股权激励	-0.024	0.296	拒绝
大股东治理—管理层薪酬激励	0.011	0.636	拒绝
董事会治理—管理层股权激励	0.211	***	接受
董事会治理—管理层薪酬激励	-0.149	***	接受
大股东治理—缺陷认定标准	0.123	***	接受
董事会治理—缺陷认定标准	-0.035	0.109	拒绝
管理层股权激励—缺陷认定标准	-0.116	***	接受
管理层薪酬激励—缺陷认定标准	0.360	***	接受

注：***表示$p < 0.001$。

3）产品市场竞争与内部治理对内控缺陷认定标准的协同影响

通过对以产品市场竞争为初始变量的模型进行适配统计检验，我们发现增值拟合度指标均大于0.9，绝对拟合度指标和综合拟合度指标均符合检验标准，该结构方程模型总体适配度良好。

表7-3为产品市场竞争与内部治理对内控缺陷认定标准产生协同影响的路径分析结果，表7-4为各潜变量之间的总效应、直接效应、间接效应和未分解效应，表7-5为根据表7-3和表7-4分析汇总得出的模型路径系数。根据表7-3、表7-4、表7-5，产品市场竞争对内控缺陷认定标准影响路径的回归系数为0.062，P值为0.004，且在1%的水平上具有显著性，表明产品市场竞争对内控缺陷认定标准具有显著影响，产品市场竞争越激烈，内控缺陷认定标准越严格。

表7-3　　　　　以产品市场竞争为初始变量的模型假设检验结果

模型路径关系	标准化回归系数	P值	接受/拒绝
产品市场竞争—大股东治理	0.046	0.740	拒绝
大股东治理—董事会治理	0.048	0.038	接受
产品市场竞争—董事会治理	−0.031	0.184	拒绝
大股东治理—管理层股权激励	−0.018	0.425	拒绝
大股东治理—管理层薪酬激励	0.010	0.655	拒绝
董事会治理—管理层股权激励	0.207	***	接受
董事会治理—管理层薪酬激励	−0.149	***	接受
产品市场竞争—管理层股权激励	−0.121	***	接受
产品市场竞争—管理层薪酬激励	0.013	0.571	拒绝
大股东治理—缺陷认定标准	0.120	***	接受
董事会治理—缺陷认定标准	−0.035	0.111	拒绝
管理层股权激励—缺陷认定标准	−0.108	***	接受
管理层薪酬激励—缺陷认定标准	0.360	***	接受
产品市场竞争—缺陷认定标准	0.062	0.004	接受

注：***表示$p<0.001$。

　　在产品市场竞争通过各内部治理机制影响内控缺陷认定标准的作用机制中，只有一条路径具有显著正向效应，即"产品市场竞争—管理层股权激励—缺陷认定标准"，其回归系数为0.0131（见表7-5），其中"产品市场竞争—管理层股权激励"的回归系数为-0.121（见表7-3），且在1%的水平上显著，"管理层股权激励—缺陷认定标准"的回归系数为-0.116（见表7-2），且在1%的水平上显著。上述结果表明产品市场竞争提升了股权激励水平，使管理层利益与公司利益趋于一致，管理层能从长远角度考虑内控信息披露问题，缺陷认定标准更严格。

表7-4   **各潜变量之间的效应**

模型路径关系	总效应	直接效应	间接效应	未分解效应
产品市场竞争—大股东治理	0.046	0.046	0.000	—
大股东治理—董事会治理	0.048	0.048	0.000	—
产品市场竞争—董事会治理	-0.028	-0.031	0.002	0.001
大股东治理—管理层股权激励	-0.008	-0.018	0.010	—
大股东治理—管理层薪酬激励	0.003	0.010	-0.070	—
董事会治理—管理层股权激励	0.207	0.207	0.000	—
董事会治理—管理层薪酬激励	-0.149	0.149	0.000	—
产品市场竞争—管理层股权激励	-0.128	-0.121	-0.007	—
产品市场竞争—管理层薪酬激励	0.018	0.013	0.005	—
大股东治理—缺陷认定标准	0.120	0.120	0.000	—
董事会治理—缺陷认定标准	-0.111	-0.035	-0.076	—
管理层股权激励—缺陷认定标准	-0.108	-0.108	0.000	—
管理层薪酬激励—缺陷认定标准	0.360	0.360	0.000	—
产品市场竞争—缺陷认定标准	0.088	0.062	0.027	-0.001

注：***表示$p<0.001$。

在产品市场竞争通过内部治理影响内控缺陷认定标准的路径中，有三条无效路径，分别是"产品市场竞争—大股东治理—缺陷认定标准"、"产品市场竞争—管理层薪酬激励—缺陷认定标准"和"产品市场竞争—董事会治理—缺陷认定标准"。其中，回归系数不显著的路径包括："产品市场竞争—大股东治理"、"产品市场竞争—管理层薪酬激励"和"产品市场竞争—董事会治理"，表明产品市场竞争对部分内部治理（包括大股东治理、管理层薪酬激励和董事会治理）与内控缺陷认定标准之间关系的影响作用不明显，内、外部治理机制在这些方面并未形成互补或替代，因此，假设2只得到部分验证。

表7-5　　　　**产品市场竞争对内控缺陷认定标准的效应分析**

效应分解	模型路径关系	路径系数
直接效应	产品市场竞争—缺陷认定标准	0.062
间接效应	产品市场竞争—管理层股权激励—缺陷认定标准	0.0131
	产品市场竞争—管理层薪酬激励—缺陷认定标准	0.0047
	产品市场竞争—董事会治理—缺陷认定标准	0.0011
	产品市场竞争—董事会治理—管理层股权激励—缺陷认定标准	0.0007
	产品市场竞争—董事会治理—管理层薪酬激励—缺陷认定标准	0.0012
	产品市场竞争—大股东治理—缺陷认定标准	0.0055
	产品市场竞争—大股东治理—管理层股权激励—缺陷认定标准	0.0001
	产品市场竞争—大股东治理—管理层薪酬激励—缺陷认定标准	0.0002
	产品市场竞争—大股东治理—董事会治理—缺陷认定标准	−0.0001
	产品市场竞争—大股东治理—董事会治理—管理层薪酬激励—缺陷认定标准	−0.0001
	产品市场竞争—大股东治理—董事会治理—管理层股权激励—缺陷认定标准	−0.0001
总效应	—	0.088

4）稳健性检验

为增强研究结论的稳定性和可靠性，本书分别采用替换因变量检验和替换自变量检验的方法对原假设进行稳健性检验。

（1）替换因变量

在原假设的回归分析中，1 887家样本公司涉及的所有基准指标均在可比较范围之内，研究最终选取了其中的最小值即最严格的内控缺陷认定标准作为计量值。在所有基准指标中，资产总额的出现频率最高，有1 297家样本公司将其作为单一或部分的内控缺陷认定评价基准指标。因此，在稳健性检验中，本书就以这1 297个基于资产总额的重要性水平绝对值，作为新样本对前文的实证结果进行检验，检验结果见表7-6：大股东治理和管理层激励对内控缺陷认定标准具有显著影响，产品市场竞争与管理层股权激励对内控缺陷认定标准产生协同影响。这意味着，替换因变量检测后，研究结论与原假设一致，不存在实质性差异。

表7-6   **稳健性检验（1）**

内部治理为初始变量的模型稳健性检验结果			
模型路径关系	标准化回归系数	P值	接受/拒绝
大股东治理—缺陷认定标准	0.715	0.008	接受
管理层股权激励—缺陷认定标准	−0.445	***	接受
管理层薪酬激励—缺陷认定标准	0.404	***	接受
产品市场竞争为初始变量的模型稳健性检验结果			
模型路径关系	标准化回归系数	P值	接受/拒绝
产品市场竞争—大股东治理	0.053	0.136	拒绝
产品市场竞争—管理层股权激励	−0.544	***	接受
产品市场竞争—管理层薪酬激励	0.129	0.474	拒绝
大股东治理—缺陷认定标准	0.690	0.011	接受
管理层股权激励—缺陷认定标准	−0.426	***	接受
管理层薪酬激励—缺陷认定标准	0.404	***	接受
产品市场竞争—缺陷认定标准	0.787	0.025	接受

注：***表示$p<0.001$。

（2）替换自变量

关于产品市场竞争的度量，现有文献使用的方法较多，其中，使用最广泛的方法主要有两种：一是反映市场集中度的赫芬达尔-赫希曼指数（HHI），二是行业内公司数量。我们借鉴 Nickell（1996）的做法，用行业内上市公司数量的对数（LNN），作为衡量产品市场竞争的替代性指标，该值越大，表明行业内公司数量越多，竞争越激烈。回归结果见表7-7："产品市场竞争—管理层股权激励—缺陷认定标准"路径仍然显著。由于 LNN 和 HHI 数值大小所表示激烈程度的方向不同，所以"产品市场竞争—管理层股权激励"的回归系数与前文检验结果的正负符号刚好相反。这意味着，替换自变量检测后，研究结论与原假设一致，不存在实质性差异。

表7-7   **稳健性检验（2）**

模型路径关系	标准化回归系数	P值	接受/拒绝
产品市场竞争—大股东治理	−0.011	***	接受
产品市场竞争—管理层股权激励	0.064	***	接受
产品市场竞争—管理层薪酬激励	0.030	0.059	接受
大股东治理—缺陷认定标准	1.258	***	接受
管理层股权激励—缺陷认定标准	−0.334	***	接受
管理层薪酬激励—缺陷认定标准	0.784	***	接受
产品市场竞争—缺陷认定标准	−0.103	***	接受

注：***表示p<0.001。

5）进一步研究

在中国资本市场中，实际控制人为国有性质的上市公司比例较高，实际控制人的产权性质成为影响内控信息披露的重要因素（韩晓芳，2012）。本书根据上市公司实际控制人的产权性质，将样本公司区分为国有和非国有两组进行检验，进一步研究实际控制人的产权性质对产品市场竞争、内部治理与内控缺陷认定标准关系的调节效应。检验结果见表7-8："产品市场竞争—管理层股权激励—缺陷认定标准"的影响，在实际控制人为非国有的样本公司中均为显著；"产品市场竞争—管理层股权激励"和"管理层股权激励—缺陷认定标准"的影响，在实际控制人为国有的样本公司中均不显著。这可能因为：国有控股上市公司的经营管理始终涉及国有资产的安全与效率，激励效果不佳。国有控股上市公司的股权激励受到国资委和证监会的双重监管，政策限制较多，实施过程因激励额度、收益比例、薪酬结构等因素的影响而障碍重重。因此，对于国有上市公司的经理人而言，股权激励既是"香饽饽"，又是"金手铐"。管理制度设置的各种红线，限制了股权激励的效果和力度，薪酬和福利仍然是激励的主要工具。而对于具有"经济人"和"政治人"双重身份的国有控股上市公司的经理人来说，政治晋升是对薪酬激励的有效补充，甚至比经济利益的激励作用更加重要（梁上坤等，2013）。政治晋升与经营业绩挂钩，业绩考核结果决定薪酬和职务，要想获得行政级别的提升必须努力提高公司短期业绩，而诸如内控缺陷之类的负面信息披露会起到反作用，宽松的缺陷认定标准成为其规避风险的有效方法。表7-8还显示，"产品市场竞争—缺陷认定标准"的影响只在实际控制人为国有的样本公司中显著。这可能是由于：近年来，国资委将对央企管理者的业绩评价和激励引入相对业绩评价手段，引导公司进行"行业对标"，对公司负责人的业绩考核遵循"同一行业，同一尺度"的原则，使得市场竞争这一外部治理机制对内控缺陷认定标准的影响效果得以强化。

表7-8　　　　　　　　　　　实际控制人性质的调节效应

模型路径关系	实际控制人性质为国有		实际控制人性质为非国有	
	回归系数	P值	回归系数	P值
产品市场竞争—大股东治理	0.065	0.134	0.006	0.816
大股东治理—管理层股权激励	−0.162	***	0.083	0.002
大股东治理—管理层薪酬激励	−0.021	0.634	−0.007	0.789
产品市场竞争—管理层股权激励	−0.027	0.093	−0.110	***
产品市场竞争—管理层薪酬激励	0.038	0.384	−0.020	0.454
大股东治理—缺陷认定标准	0.166	***	0.078	0.002
管理层股权激励—缺陷认定标准	−0.071	0.068	−0.082	0.002
管理层薪酬激励—缺陷认定标准	0.410	***	0.332	***
产品市场竞争—缺陷认定标准	0.079	0.041	0.043	0.094

注：***表示p<0.001。

7.1.4　研究结论与建议

本书研究发现：第一，在内部治理机制中，大股东治理和管理层激励均会对内控缺陷认定标准产生影响。其中，大股东持股比例越高，内控缺陷认定标准越宽松；管理层持股比例越高，内控缺陷认定标准越严格；管理层薪酬水平越高，内控缺陷认定标准越宽松。第二，产品市场竞争和管理层股权激励，在对内控缺陷认定标准的正向影响上，具有显著协同作用。第三，产品市场竞争与内部治理机制对内控缺陷认定标准的协同影响，在国有控股上市公司中更显著。研究结论表明：内控信息披露已进入强制阶段，但由于"自由量裁权"的存在，上市公司内控缺陷认定存在机会主义行为。作为外部治理机制的产品市场竞争，尚处于"心有余而力不足"的阶段，其约束功能在竞争较为激烈的行业才能得以发挥，且对大股东治理和董事会治理的影响有限。市场要实现内控信息披露质量的全面提升，还有赖于内部微观治理水平的提高和外部宏观竞争环境的改善。

7.2 ——市场化程度与内部控制缺陷认定标准——

历经40余年的市场化改革，中国经济基本上实现了由计划经济向市场经济的平稳过渡，并取得了举世瞩目的成就。在开放经济、走向市场的改革过程中，中国经济保持着高速增长，人民生活水平显著提高，国家的经济实力显著增强。由于我国是疆域和人口双重意义上的大国，因此，各地区的市场化程度发展得很不平衡。某些沿海省份的市场化程度已达到了相当高的水平，从而取得了决定性进展，而另一些省份，市场化因素在经济中的占有比例较低（樊纲等，2007），各地区的市场化程度还存在较大差距。制度环境是影响企业行为和契约签订的重要因素，市场化程度是研究企业行为不可忽视的制度背景。随着市场经济的不断完善，对投资者保护的不断增强，政府部门的职责从"干预"向"服务"转型，监管部门的监管力度提升，上市公司的内部治理机制持续优化，对管理层机会主义行为的约束效力不断提高。在此制度背景下，市场化进程成为影响内控缺陷认定标准和内控缺陷认定的重要因素之一。

7.2.1 理论分析与研究假设

上市公司内控缺陷披露分为存在缺陷、发现缺陷和披露缺陷三个环节，公司存在缺陷，内控评价报告将缺陷予以披露，是上市公司董事会和管理层对评价报告承担真实性和可靠性责任的基本体现。但内控缺陷信息的披露会对投资者的决策和判断产生影响，从而提高了市场反应的不确定性程度（于东智和池国华，2004；林钟高和陈曦，2016）。因此，在监管程度较低的情况下，上市公司对重大内控缺陷信息的处理存在机会主义行为（许年行等，2012；Rice和Weber，2012）。这一机会主义行为受到多方面环境因素的影响，如市场发育程度、法律环境、信息环境等。不同的环境决定了内控缺陷认定和信息披露的不同目的和行为倾向，进而决定了内控缺陷认定标准的制定。上述环境影响因素很难通过使用一两个经济或财务指标进行度量和勾勒,本书借用樊纲和王小鲁(2003)的市场化水平概念,并尝试利用该综合量度值的五个二级指标进行进一步分析和检验。

市场化水平是对体制、社会、经济和法律的一系列综合度量,无法根据某一经济指标或规章制度简单判断,樊纲和王小鲁(2003)从五个方面对市场化水平进行了衡量:政府与市场的关系、非国有经济的发展、产品市场的发育程度、要素市场的发育程度、市场中介组织的发育程度和法律环境制度。各地区具有差异化的市场化水平,直接导致处于不同地区的上市公司身处具有差异化的治理环境,对管理层机会主义的约束力和监督力也形成差异。市场化水平推进的过程,也是"服务型"政府的发展过程,企业承担社会目标的"被动局面"逐渐减少,政府监管部门的主动性和独立性不断增加,有利于其对企业行为和管理层行为的监督。在非国有经济发展水平较高的地区,产品和生产要素市场较发达,市场竞争较充分,信息获取渠道较丰富,可以用来监督管理层行为的信息较充分。与此同时,市场化水平较高的地区,中介组织更规范,法律法规执行效果更好,来自行业机构和法律系统的监督更有效,对管理层行为的约束更有力度。除了对管理层行为进行监督和约束之外,市场化程度还可以通过强化公司治理机制,监督约束管理层的机会主义行为,如增强债务治理机制的效果(唐松等,2009),强化管理层薪酬与公司业绩的敏感性(辛清泉和谭伟强,2009),助力机构投资者提升自身的治理效率(伊志宏等,2011),增强媒体治理的效果(醋卫华和李培功,2012)等,这些都为内控信息披露质量提供了制度保证(程新生等,2011)。鉴于此,本书提出如下假设:处于不同市场化程度地区的上市公司,其内控缺陷认定标准存在普遍差异;市场化程度越高,内控缺陷认定标准越严格。

7.2.2 内部控制缺陷认定标准和市场化程度度量方法的确定

1)内控缺陷认定标准的度量

同前文一样,将样本公司的内控评价标准的百分比分别与其对应的基准指标相乘,每个公司得到大于等于一个且不超过四个的重要性水平绝对值,取其最小值的对数作为内控缺陷认定标准指标。

2）市场化程度的度量

研究上市公司内控缺陷认定标准的市场化程度异质性，首先要明确各地区的市场化水平，本书使用国民经济研究所公布的分省、自治区、直辖市的市场化指数（王小鲁等，2016），作为衡量市场化水平的指标，研究市场化程度对内控缺陷认定标准的影响，并分别从政府与市场的关系、非国有经济的发展、产品市场的发育程度、要素市场的发育程度、市场中介组织的发育程度和法律环境制度等二级指标中选取相关指数，进一步研究内控缺陷认定标准的市场化水平二级指标间的异质特征，以对中国上市公司内控缺陷认定标准的市场化程度异质性特征进行全面、深入考察。

7.2.3　研究设计

1）样本选取

"评价指引"和"审计指引"要求企业将内控缺陷按影响程度划分为重大缺陷、重要缺陷和一般缺陷，但并没有给出具体的认定标准，上市公司可以结合自身的风险水平、战略目标、行业特征和企业规模等因素自行确定内控缺陷认定标准。鉴于此，本书逐一查阅了2017年上交所公开发布内控评价报告的3 225家公司，并通过两次筛选和剔除得到样本1 887家。第一次剔除没有披露内控缺陷认定标准的上市公司，被剔除的公司，有些缺陷用百分比法和绝对金额法相结合的方法评价内控缺陷，其中，绝对金额法与换算后的缺陷百分比法出入较大。第二次主要剔除数据不完整以及地区内公司数和行业内公司数较少（小于13家），从而不能形成有效检验结论的公司。样本公司涉及地区覆盖31个省、自治区、直辖市，涉及行业包括农、林、牧、渔业、采矿业、制造业、电力、热力、燃气及水生产和供应业、建筑业、批发和零售业、交通运输、仓储和邮政业、信息传输、软件和信息技术服务业、房地产业等。政府监管数据通过对上海证券交易所官网披露的监管措施公开信息进行手工整理获取，其他相关数据通过CSMR数据库获取，描述性统计分析和回归分析均使用SPSS软件处理。

2）研究方法

首先检验样本公司的内控缺陷认定标准是否具有显著的市场化程度差异，并选取注册所在地的虚拟变量和市场化程度指数作为度量行业差异的指标。与此同时，由于认定标准的制定，是内控评价行为相互协调的结果。其中，贯穿内控制定、执行和评价全过程的董事会、大股东与管理层，是缺陷认定评价标准的制定方，也是缺陷的认定方和披露方；审计师为内控缺陷认定标准提供鉴证服务，是缺陷认定标准的鉴证方；政府承担着对公司内控评价信息披露的监管职责，是内控缺陷认定标准的监管方。因此，为了使检验结果更具科学性和信服力，将缺陷认定标准的制定方、鉴证方和监管方全部纳入模型中进行检验，以判断在其他因素影响下的内控缺陷认定标准，是否具有稳定的市场化程度差异。

本书首先使用 Kruskal-Wallis H 非参数方法进行差异性检验，之后为了判断内控缺陷认定标准是否具有显著的市场化程度特征，且之前检验结果是否源于个别异常值，采用 LSD 检验对不同地区的内控缺陷认定标准进行两两比较。为了进一步检验市场化程度差异性对内控缺陷认定标准影响作用的稳定性，本书首先将市场化指数和注册地虚拟变量作为解释变量，其他影响因素作为控制变量，对样本的内控缺陷认定标准进行多元线性回归。然后将市场化指数构成中的部分二级指标作为解释变量，其他影响因素作为控制变量，对样本的内控缺陷认定标准进行多元线性回归，以进一步考察市场化程度异质性因素对内控缺陷认定标准的影响。回归模型见公式（7-1）和公式（7-2）：

$$DEFI=a_0+\sum_{i=1}^{31} a_1 I_i+a_{32}Market+a_{33}Salary+a_{34}Share+a_{35}Consume+a_{36}Hold+a_{37} Number +$$

$$a_{38}Combina +a_{39}Indep+ a_{40}Meeting+a_{41}Big12+a_{42}Gove+a_{43}HHI + a_{44}Size+\varepsilon \quad (7-1)$$

$$DEFI=b_0+b_1Sub\text{-}criteria +b_2Salary+b_3Share+b_4Consume+b_5Hold+ b_6Number +$$

$$b_7Combina +b_8Indep+ b_9Meeting+b_{10}Big12+b_{11}Gove+b_{12}HHI + b_{13}Size+\varepsilon \quad (7-2)$$

其中，DEFI 表示内控缺陷认定标准；I_i 表示市场化程度虚拟变量，当样本公司注册所在地为 i 时，$I_i=1$，否则 $I_i=0$。

Sub-criteria 表示市场化程度的部分二级指标，包括政府与市场的关系、市场分配经济资源的比例、减少政府对企业的干预、产品市场的发育程度、价格由市场决定的程度、金融业的市场化、金融业的竞争、市场中介组织的发育程度和法律环境制度、行业协会对企业的帮助程度、维护市场的法治环境。

Market 表示市场化程度，用市场化指数衡量。

Salary 表示管理层薪酬水平，用管理层货币薪酬总额的对数度量；Share 表示管理层持股比例，用管理层持有公司股份的比例度量；Consume 表示管理层在职消费，参考陈冬华（2010）和杨蓉（2016）的做法，从上市公司披露的管理费用中提取办公费、差旅费、业务招待费、通信费、出国培训费、董事会费、小车费和会议费等八项费用，取其对数作为在职消费的衡量指标。[①]

Hold 表示控股股东持股比例，用控股股东直接持有公司股份的比例度量；Number 表示董事会人数，用董事会人数的对数度量；Combina 表示董事长和总经理两职合一情况，作为虚拟变量，当董事长和总经理两职合一时取 1，否则取 0；Indep 表示独立董事比例，用独立董事人数占董事会董事总人数的比例度量；Meeting 表示董事会会议次数。

Big12 表示外部审计的会计师事务所规模。中国审计市场在政策干预下经历了资源整合和重大调整，但并未出现国外常见的被国际四大会计师事务所垄断的市场结构，至少到目前为止，国际四大会计师事务所在中国上市公司的市场份额没有超过 50%，因此在本书的讨论中，将国际四大会计师事务所和中注协评出的本土八大会计师事务所，都看成能够为上市公司提供高质量审计服务的会计师事务所，用是否十二大（Big12）作为会计师事务所规模的虚拟变量，是取 1，否取 0。

Gove 表示政府监管，用上海证券交易所是否对上市公司实施过监管措施来衡量，其中，监管措施包括监管关注、通报批评、公开谴责及公开认定、其他等，实施过取 1，反之取 0。

HHI 表示行业竞争程度，同前文一样，以市场销售额占行业总的市场份额比例的平方和计算。当行业内公司数量处于某一区间时，规模相近的企业数量越多，相互间的影响越大，行业竞争程度越激烈。（杨兴全和吴昱昊，2009）。

Size 表示公司规模，用员工人数衡量，用于控制公司规模的影响。

[①]　这八项费用被认为是上市公司高级管理层获得私利的最可能的捷径，同时也是机会主义的"重灾区"。

7.2.4 实证检验与结果分析

1）主要变量的描述性统计

表7-9是样本公司注册所在省、自治区、直辖市的分布情况，按照学者们（樊纲等，2010）对中国省、自治区、直辖市的划分，位于东部地区辖区内的上市公司数量最多，在样本公司中占到69.32%，高于其他辖区；位于东北三省辖区内的上市公司数量最少，在样本公司中只占到4.93%。在东部地区的不同省份之间，上市公司的分布也不均衡，其中，广东和浙江的上市公司数量排前两位，分别为346家和221家，分别占到了样本公司总数的18.34%和11.71%；数量排在最后两位的是天津和海南，分别为30家和12家，分别占到了样本公司总数的1.59%和0.64%。

表7-9　　　　样本公司所在省、自治区、直辖市的分布情况

省、自治区、直辖市	数量（家）	比例	省、自治区、直辖市	数量（家）	比例
北京	163	8.64%	云南	15	0.79%
天津	30	1.59%	广西	21	1.11%
广东	346	18.34%	重庆	23	1.22%
福建	65	3.44%	四川	68	3.60%
浙江	221	11.71%	贵州	13	0.69%
江苏	202	10.70%	内蒙古	14	0.74%
上海	125	6.62%	甘肃	17	0.9%
山东	113	5.99%	西藏	6	0.32%
河北	31	1.64%	新疆	22	1.17%
海南	12	0.64%	陕西	22	1.17%
东部地区总计	1 308	69.32%	宁夏	4	0.21%
河南	45	2.38%	青海	6	0.32%
山西	18	0.95%	西部地区总计	231	12.24%
安徽	52	2.76%	吉林	23	1.22%
江西	20	1.06%	辽宁	48	2.54%
湖南	63	3.34%	黑龙江	22	1.17%
湖北	57	3.02%	东北三省总计	93	4.93%
中部地区总计	255	13.51%			

表7-10是其他变量的描述性统计结果，内控缺陷认定标准（DEFI）的均值和标准差分别是16.7083和1.4668，表明样本公司的内控缺陷认定标准存在较大差异；管理层持股比例（Share）四分之一分位数和四分之三分位数分别为0.0014和0.6260，表明样本公司之间差异较大；第一大股东持股比例（Hold）的均值为0.3150，四分之一分位数和四分之三分位数分别为0.2105和0.4019，表明样本公司一股独大现象较普遍；其他指标比例均与相关研究近似。

表7-10　　　　　　　　　　　　描述性统计分析表

变量名称	样本数	均值	中位数	标准差	最小值	最大值	百分位数		
							四分之一分位	二分之一分位	四分之三分位
DEFI	1 652	16.7083	16.6905	1.4668	10.5757	24.1747	15.7994	16.6905	17.6511
Salary	1 652	15.4445	15.3920	0.6858	13.1476	18.1748	14.9912	15.3920	15.8707
Share	1 652	0.3571	0.0889	0.4753	0.0000	2.3397	0.0014	0.0889	0.6260
Consume	1 652	17.6073	17.3865	1.4603	11.5412	23.9859	16.5615	17.3865	18.5148
Hold	1 652	0.3150	0.2951	0.1358	0.0415	0.8251	0.2105	0.2951	0.4019
Number	1 652	2.1185	2.1972	0.1950	1.6094	2.9444	1.9459	2.1972	2.1972
Combina	1 652	0.2990	0.0000	0.4580	0.0000	1.0000	0.0000	0.0000	1.0000
Indep	1 652	0.3750	0.3333	0.0543	0.2500	0.6667	0.3333	0.3333	0.4286
Meeting	1 652	10.8214	10.0000	4.7947	3.0000	57.0000	8.0000	10.0000	13.0000
Big12	1 652	0.6955	1.0000	0.4603	0.0000	1.0000	0.0000	1.0000	1.0000
Gove	1 652	0.3184	0.0000	0.4660	0.0000	1.0000	0.0000	0.0000	1.0000
HHI	1 652	0.1004	0.0721	0.1057	0.0191	0.9628	0.0289	0.0721	0.1203
Size	1 652	7.8019	7.7068	1.2028	4.4543	12.5555	7.0003	7.7068	8.5352

表7-11是31个省、自治区、直辖市的内控缺陷认定标准的描述性统计分析结果。其中，注册所在地为重庆的样本公司内控缺陷认定标准均值最高，为17.4565，然后依次为山西（17.2867）、江西（17.1865）、内蒙古（16.9745）、北京（16.9487）、青海（16.8919）等；注册所在地为海南的样本公司内控缺陷认定标准均值最低，为15.7195，然后依次为西藏（15.9065）、辽宁（15.9261）、宁夏（15.9547）、陕西（16.1086）等。

表7-11　　　　基于市场化程度的内控缺陷认定标准描述性统计

省、自治区、直辖市	市场化指数	均值	标准差	省、自治区、直辖市	市场化指数	均值	标准差
北京	9.14	16.9487	1.5092	湖北	7.47	16.8211	1.3706
天津	9.78	16.7681	1.9196	湖南	7.07	16.1230	1.2054
河北	6.42	16.6829	1.5598	广东	9.86	16.6722	1.4865
山西	5.66	17.2867	1.4387	广西	6.43	16.7116	1.1307
内蒙古	4.8	16.9745	2.0219	海南	5.28	15.7195	2.1187
辽宁	6.75	15.9261	1.6885	重庆	8.15	17.4565	1.2747
吉林	6.7	16.7232	1.3914	四川	7.08	16.2807	1.6244
黑龙江	6.14	16.5685	1.162	贵州	4.85	16.4575	1.0558
上海	9.93	16.5599	1.5313	云南	4.55	16.8387	1.9465
江苏	9.26	16.5740	1.3678	西藏	1.02	15.9065	1.2052
浙江	9.97	16.6774	1.3816	陕西	6.57	16.1086	1.4044
安徽	7.09	16.7263	1.3353	甘肃	4.54	16.4538	1.0748
福建	9.15	16.7995	1.4841	青海	3.37	16.8919	1.0407
江西	7.04	17.1865	1.2504	宁夏	5.14	15.9547	0.8428
山东	7.94	16.8492	1.4146	新疆	4.1	16.4292	1.8828
河南	7.1	16.5949	1.4385				

2）内控缺陷认定标准的市场化程度差异检验

不同市场化程度的地区间内控缺陷认定标准及其影响因素差异比较的 K-W H 非参数检验结果见表7-12。其中 Panel A 为31个省、自治区和直辖市的内控缺陷认定标准市场化程度间的比较结果，Panel B 至 Panel K 为31个省、自治区、直辖市的内控缺陷认定标准，在部分市场化程度二级指标间的比较结果。从表中列示的检验结果可知，不同市场化程度地区间的内控缺陷认定标准具有显著的差异，在部分市场化程度的二级指标中，只有市场中介组织的发育程度和法律环境制度（Panel I）、行业协会对企业帮助程度（Panel J）两个指标间存在明显差异，其他二级指标间的差异均不显著。

表7-12　内控缺陷认定标准及其影响因素的K-W H非参数检验结果

	DEFI	Salary	Share	Consume	ContR	Number	Combina	Indep	Meeting	Big12	Gove	HHI	Size
Panel A：不同市场化程度地区的内控缺陷认定标准及其影响因素的K-W H非参数检验结果													
卡方	12.103	42.772	74.347	4.891	7.952	32.217	32.066	14.502	10.801	16.799	21.546	13.945	17.411
P值	0.097	0.000	0.000	0.673	0.337	0.000	0.000	0.043	0.148	0.019	0.003	0.052	0.015
Panel B：不同政府与市场关系地区的内控缺陷认定标准及其影响因素的K-W H非参数检验结果													
卡方	7.464	10.455	76.289	4.880	6.542	14.378	12.092	12.051	17.809	18.768	16.420	7.083	13.171
P值	0.382	0.164	0.000	0.675	0.478	0.045	0.098	0.099	0.013	0.009	0.022	0.420	0.068
Panel C：不同市场分配经济资源比例的内控缺陷认定标准及其影响因素的K-W H非参数检验结果													
卡方	6.571	15.370	49.706	9.201	4.903	10.735	17.115	7.627	14.915	51.362	3.609	11.316	9.823
P值	0.362	0.018	0.000	0.163	0.556	0.097	0.009	0.267	0.021	0.000	0.729	0.079	0.132
Panel D：不同非国有经济发展的内控缺陷认定标准及其影响因素的K-W H非参数检验结果													
卡方	8.074	22.478	78.379	13.691	5.724	13.520	22.578	4.599	15.016	51.792	16.584	14.592	4.195
P值	0.326	0.002	0.000	0.057	0.572	0.060	0.002	0.709	0.036	0.000	0.020	0.042	0.757
Panel E：不同产品市场发育程度的内控缺陷认定标准及其影响因素的K-W H非参数检验结果													
卡方	5.586	24.375	51.734	4.120	3.673	7.394	13.103	11.501	33.402	12.651	13.060	17.676	14.918
P值	0.471	0.000	0.000	0.660	0.721	0.286	0.041	0.074	0.000	0.049	0.042	0.007	0.021
Panel F：不同价格由市场决定程度的内控缺陷认定标准及其影响因素的K-W H非参数检验结果													
卡方	5.956	17.775	26.400	5.800	3.937	12.395	12.895	7.655	27.978	5.616	13.216	12.407	12.069
P值	0.545	0.013	0.000	0.563	0.787	0.088	0.075	0.364	0.000	0.585	0.067	0.088	0.098
Panel G：不同金融业市场化的内控缺陷认定标准及其影响因素的K-W H非参数检验结果													
卡方	9.939	32.804	88.741	5.975	5.229	20.853	40.325	19.927	31.042	58.936	21.721	17.131	13.697
P值	0.269	0.000	0.000	0.650	0.733	0.008	0.000	0.011	0.000	0.000	0.005	0.029	0.090
Panel H：不同金融业竞争的内控缺陷认定标准及其影响因素的K-W H非参数检验结果													
卡方	12.843	27.568	59.071	8.911	10.833	10.002	16.578	11.679	23.853	24.751	22.121	13.515	22.465
P值	0.117	0.001	0.000	0.350	0.211	0.265	0.035	0.166	0.002	0.002	0.005	0.095	0.004
Panel I：不同市场中介组织的发育程度和法律环境制度的内控缺陷认定标准及其影响因素的K-W H非参数检验结果													
卡方	23.352	71.686	88.142	9.637	7.755	27.496	39.246	16.191	57.491	68.335	31.730	28.302	20.219
P值	0.025	0.000	0.000	0.648	0.804	0.001	0.000	0.183	0.000	0.000	0.002	0.005	0.063
Panel J：不同行业协会对企业帮助程度的内控缺陷认定标准及其影响因素的K-W H非参数检验结果													
卡方	21.579	62.131	86.270	20.110	16.400	30.145	49.195	20.877	61.588	119.350	30.990	17.453	29.344
P值	0.088	0.000	0.000	0.127	0.290	0.007	0.000	0.105	0.000	0.000	0.006	0.233	0.009
Panel K：不同维护市场法治环境的内控缺陷认定标准及其影响因素的K-W H非参数检验结果													
卡方	5.585	54.400	70.207	8.263	8.718	23.502	21.731	12.712	49.290	74.917	18.427	19.885	11.746
P值	0.694	0.000	0.000	0.408	0.367	0.003	0.005	0.122	0.000	0.000	0.018	0.011	0.163

173

　　注：均值差异的检验方法是t检验，中位数差异的检验方法是多个独立样本非参数检验。

为考察不同市场化程度地区间内控缺陷认定标准差异的具体情况，本书对31个省、自治区、直辖市进行了两两检验比较，结果发现：有57.3%的检验结果在90%的置信水平上显著，且分布于多个地区，说明不同地区间内控缺陷认定标准的差异性普遍存在于31个省、自治区、直辖市。在对部分市场化程度二级指标进行两两检验比较之后，我们发现结果与表7-12中的Panel B至Panel K的检验结果相同，即大部分市场化程度二级指标之间的内控缺陷认定标准两两不显著（为节约篇幅此处不再一一列出）。

3）内控缺陷认定标准市场化程度特征的回归结果分析

根据表7-12内控缺陷认定标准及其影响因素的K-W H非参数检验结果，接下来我们对样本公司内控缺陷认定标准与市场化程度总体评分变量、市场中介组织的发育程度和法律环境制度、行业协会对企业帮助程度之间的关系进行回归，回归分析的结果见表7-13。假设1、假设2和假设3分别是市场化程度总体评分度量、市场中介组织的发育程度和法律环境制度、行业协会对企业帮助程度与内控缺陷认定标准的相关性分析结果，可以看出：市场化程度总体评分变量与内控缺陷认定标准具有显著正相关关系，市场中介组织的发育程度和法律环境制度与内控缺陷认定标准具有显著正相关关系，而行业协会对企业的帮助程度与内控缺陷认定标准的相关性不显著。这说明，市场化程度总体水平较高的地区的上市公司，其内控缺陷认定标准较宽松；市场中介组织发育越完善、法律环境制度越好的地区的上市公司，其内控缺陷认定标准较宽松。

表7-13　内控缺陷认定标准市场化程度差异及影响因素的回归结果

	假设1	假设2	假设3
常数	9.370*** (12.162)	9.631*** (12.882)	9.814*** (13.160)
Market	0.050** (2.293)		
Medium		0.047** (2.131)	
Guild			0.013 (0.600)

	假设1	假设2	假设3
Salary	0.109*** (4.337)	0.110*** (4.386)	0.115*** (4.572)
Share	−0.046** (−1.956)	−0.046** (−1.950)	−0.040** (−1.707)
Consume	0.107*** (3.791)	0.105*** (3.735)	0.107*** (3.796)
Hold	0.067*** (3.055)	0.066*** (3.011)	0.068*** (3.076)
Number	0.038 (1.393)	0.037 (1.372)	0.034 (1.232)
Combina	0.009 (0.381)	0.008 (0.358)	0.010 (0.423)
Indep	0.010 (0.400)	0.011 (0.410)	0.008 (0.296)
Meeting	0.044** (2.016)	0.043** (1.970)	0.044** (2.013)
Big12	0.048** (2.205)	0.046** (2.120)	0.050** (2.269)
Gove	0.002 (0.111)	0.003 (0.150)	0.001 (0.063)
HHI	0.047** (2.178)	0.046** (2.139)	0.046** (2.104)
Size	0.356*** (12.352)	0.358*** (12.386)	0.355*** (12.239)
观测值	1 652	1 652	1 652
Adj_R²	0.296	0.296	0.294
F值	51.262	51.184	50.724
Sig	0.000	0.000	0.000

注：*、**、***分别表示10%、5%、1%的显著性水平。

7.2.5 研究结论与建议

本节以 2017 年中国沪、深两市 A 股上市公司的经验数据和内控评价报告相关信息为样本，对企业内控缺陷认定标准的市场化程度异质性进行了全面且深入的实证研究。研究结果发现：市场化程度是上市公司内控缺陷认定标准的影响因素之一。不同地区上市公司的内控缺陷认定标准存在差异，而这种差异在不同地区间普遍存在，并非源于个别地区的异常值。市场化程度总体水平与内控缺陷认定标准显著正相关；市场中介组织发育程度和法律环境制度与内控缺陷认定标准显著正相关。同一地区间上市公司的内控缺陷认定标准具有稳定性，地区间的差异也具有稳定性。该研究结果表明，市场化程度总体水平较高地区的上市公司，其内控缺陷认定标准较宽松；市场中介组织发育越完善、法律环境制度越好的地区的上市公司，其内控缺陷认定标准较宽松。

这一检验结果似乎与主流认知大相径庭，究其原因，可能是拥有缺陷认定标准"自由量裁权"的上市公司在权衡利弊之后的最优选择。企业获得银行贷款的融资成本与内控质量息息相关，大量的理论研究和企业实践均证实，内控质量较高的企业的融资成本较低，而在金融市场较发达的地区，这一关系更为显著（陈汉文和周中胜，2014）。那么，判断内控质量高低的标准是什么呢？从目前来看，理论界和实务界均以是否存在内控缺陷为标准，来判断上市公司内控质量的优劣。不存在内控缺陷，则认为该公司的内控质量较高；存在内控缺陷，首先不会认为该公司的内控质量高，接着会按照缺陷等级对内控质量进行再判断。为了避免被银行和其他投资者认为内控质量不高导致融资成本的提高，上市公司尽可能不披露内控缺陷。根据前文对近 10 年中国上市公司内控评价结论的总结可以发现，除了少数以"纸包不住火"的形式披露内控重大缺陷的上市公司以外，绝大多数上市公司不存在内控重大缺陷，大部分上市公司不存在内控缺陷。

出现这一局面的原因在于，上市公司拥有内控缺陷认定标准的"自由量裁权"，通过操纵认定标准，可以达到降级披露或不披露内控缺陷的目的。而目前的监督体系，即使在法治环境较好的地区，也尚未深入到内控缺陷认定标准这么细微和具体的环节，选择宽松或是严格的认定标准，是企业根据所处行业和自身特点做出的自由选择，只要不存在明显违背法律法规的舞弊行为，就不会受到特别的关注和监管。因此，相较披露缺陷会提高融资成本的现实，选择宽松的缺陷认定标准是企业自我保护的有效措施。而在市场化水平较高的地区，发达的金融市场更体现出了这种保护措施的效果，在优质的法治环境不能充分发挥作用的情况下，这种效果又得到了强化。因此，市场化水平较高地区的上市公司，反而呈现出较宽松的内控缺陷认定标准。但这并不意味着，市场化水平较高的地区，上市公司的内控质量低。因为目前并没有确凿证据证明，内控质量高的上市公司一定要选择严格的缺陷认定标准，选择宽松的缺陷认定标准的上市公司，内控质量不高。在现实中，处于市场化水平较高地区的上市公司，面临着较为激烈的产品市场竞争，其对高质量内控的需求具有自发性，加强内控是关系到公司生存和发展的大事。但由于融资成本与内控缺陷的高敏感性，企业在披露内控缺陷的过程中需要做到谨小慎微，因此，对内施行严格的内控标准，对外选择宽松的缺陷认定标准以降低或避免由此带来的负面影响，可能成为很多上市公司的最优选择。

客观的内控缺陷认定标准无疑能够为投资者提供更真实、准确的决策信息，但也可能会给上市公司带来成本压力，成本效益既是任何以营利为目的的上市公司不可避免的决策环节，又是内控的局限性之一。因此，要破解这一困境，单方面地要求监管部门制定相应法规，提升监管力度是不够的，还需要整个资本市场观念的升级，对内控的信息披露，特别是缺陷信息的披露给予客观分析，为上市公司提高信息披露质量提供更为理性和成熟的市场环境。

7.3 政府监管与内部控制缺陷认定标准

内控信息为各利益相关者提供决策支持，是公共政策关注的重要问题，也是政府管制体系中重要的监管内容之一。对内控信息披露进行监管，不但可以使政府监管部门了解上市公司内控制度的建设和运行情况，及时发现内控信息披露和监管制度方面存在的问题，积极进行修订和完善，而且可以通过外部压力，完善内控制度，提升公司治理水平，保护投资者利益。政府监管作为重要的外部治理机制，对内控缺陷认定和信息披露等决策行为起着重要的影响作用。资本市场是充满机会和陷阱的博弈场，为了维护市场秩序，建立正式制度以制约和威慑市场参与者是必要的且必需的。上市公司的信息披露行为存在机会主义行为，成本收益原则在这里体现得淋漓尽致，为了保护投资者的利益，以法律、法规或准则的形式规范上市公司的信息披露行为成为一种现实选择，对于促进上市公司信息披露水平和信息披露质量的提高具有积极的现实意义（谢志华和崔学刚，2005；方俊雄和向晓曦，2009）。随着内控法规和制度的不断健全，上市公司内控体系建设和运行得到了长足发展，内控信息披露范围不断扩大，披露质量不断提升，内控自我评价结果逐渐被公众重视，成为投资者、审计师和政府监管部门进行决策的必要参考。但财务造假、高管舞弊、职务腐败等恶性事件仍层出不穷，究竟是内控本身在监管部门的强势推动下徒有其表，还是政府监管部门对内控的监督和引导没有达到应有的效果。对于上市公司的内控来说，企业自律和行业监管能起到的作用有限，其内控建设的实质是政府与企业之间的博弈，政府监管是外部监督的重要内容，在规范上市公司行为中发挥着重要的作用，缺失了政府监管会严重影响内控的有效性（赵息和路晓颖，2010）。

7.3.1 理论分析与研究假设

由于舞弊事件频发，因此，内控监管在各个国家和地区得到了广泛关注和重视，各国制定了法律法规以提高内控的监管水平。政府监管是其中重要的外部监管形式，对内控建设及其有效实施产生重要影响。我国的内控建设经历了自由执行和强制执行两个阶段，内控信息披露也经历了自由披露和强制披露两个阶段。2012年之前，上市公司处于内控信息自由披露阶段，政府监管力度相对薄弱，监管效果也有待提升。薄弱的监管力量不能为内控建设和实施带来积极影响，企业存在内控缺陷的可能性较大。但由于处于内控信息的自由披露阶段，"报喜不报忧"可以作为上市公司的现实选择，内控缺陷认定标准没有了实质上的标准功能，也不会被利益相关者所关注。2012 年之后，内控建设和内控信息披露都进入强制时代，政府监管在减少内控缺陷、提高内控质量方面的作用很快得以体现，政府监管的介入不但提高了上市公司的治理水平，而且对内控缺陷修复具有强制作用。具有权威性和强制性特征的政府监管，通过法律法规或其他行政手段，可以约束上市公司的行为并对之形成威慑。强制阶段的上市公司内控信息披露存在机会主义行为，其外部原因除了源于对负面影响的逃避，也有对法规和监管的规避。作为判断内控缺陷等级和存在与否的标准，缺陷认定标准在内控信息强制披露阶段的根本实质和功能逐渐回归，但目前公众和监管部门的关注点，还是主要聚焦在内控缺陷上，且普遍认为内控是否有效与上市公司是否披露内控缺陷息息相关。如果缺陷认定标准是客观的，这一联系是存在且合理的，那么一旦缺陷认定标准被操纵，这种联系就会产生偏差，没有披露内控缺陷不能说明内控是没有缺陷的，也不能说明内控是有效的。更不能说明，比起没有披露内控缺陷的上市公司，披露了内控缺陷的上市公司其内控质量更低。从 2012 年至今，内控信息强制披露措施已实施 10 年，理论研究和实务案例均说明，由于存在自由量裁权，上市公司的内控缺陷认定存在机会主义行为，缺陷认定标准的客观性有待提高（王慧芳，2010；林斌等，2012；丁友刚和王永超，2013；杨婧和郑石桥，2017）。因此，为了实现内控信息披露为包括投资者在内的利益相关者提供决策参考的目标，相关部门需要对上市公司的内控信息披露行为进行监管，其中，内控缺陷认定环节有着重要但隐秘的特点。缺陷认定标准决定了内控缺陷的等级并最终影响内控评价结果，但缺陷认定标准本身并不在政府监管的范畴之内，且没有明文规定缺陷认定标准的制定流程和参考依据，政府监管无法直接对缺陷认定行为本身进行监督，更无法对缺陷认定标准施加直接影响，但内控缺陷认定环节之于内控评价的重要性，又决定了政府监管对内控缺陷认定标准的影响是不容忽视的。

　　由于资本业务繁冗，因此，政府监管很难做到全面覆盖。政府监管的作用往往体现在已经出现较大内控缺陷的上市公司方面，各种形式的监管措施就是政府监管的主要体现。被采取过监管措施的上市公司被公众和监管部门所关注，其行为更会小心翼翼。内控缺陷会对公司产生负面影响，选择宽松的缺陷认定标准，降级披露或不披露内控缺陷成为这些上市公司

179

的现实选择。国有控股上市公司承担着发展战略、社会就业、国家税收和社会稳定等多重目标，在比非国有控股上市公司拥有更多盈利机会的同时，经营风险在无形中被降低。对政府监管的信任，使得投资者对国有控股上市公司的内控信息披露（特别是内控缺陷信息）更具理智和包容，加之国有控股上市公司管理层的业绩评价体系是多元化的，内控缺陷认定标准更趋向客观。基于此，本书提出如下假设：

假设1：被政府监管机构实施过监管措施的上市公司，其内控缺陷认定标准较宽松。

假设2：政府监管对内控缺陷认定标准的效应在国有控股上市公司中更明显。

7.3.2　研究设计

本书以2010年出台的企业内控配套指引为准绳，考察政府监管对内控缺陷认定标准的影响。从这一影响作用落地到体现在内控评价报告中，上市公司又经历了一段时间的试探和摸索，直到2014年，财政部和证监会联合发布《公开发行证券的公司信息披露编报规则第21号——年度内控评价报告的一般规定》，上市公司内控评价报告中的关于内控缺陷认定标准的信息才逐步稳定并被细化，这也与政策从出台到实施的时间差，以及上市公司信息披露的特点有关。因此，本部分的实证数据主要以2014—2017年沪、深两市上市公司披露的相关数据为准，采用双重差分法，以评价指引实施作为准自然实验。以对上市公司实施监管措施为标志的政府监管，旨在规范上市公司行为，对内控信息披露产生影响。本书选用没有被证监会或沪、深两市证券交易所实施过监管的上市公司，作为被监管过的上市公司的参照组，此外，还考虑到政府监管对规范上市公司行为作用的长期效应。本书构建了双重差分模型，具体模型设定如下：

$$DEFI = a_0 + a_1 Gove + \sum b_i \cdot X + \sum ind + \sum region + \varepsilon \qquad (7-3)$$

$$DEFI = a_0 + a_1 Gove + a_2 Owner + a_3 Gove \cdot Owner + \sum b_i \cdot X + \sum ind + \sum region + \varepsilon \qquad (7-4)$$

其中，被解释变量DEFI表示样本公司的内控缺陷认定标准，与本书其他章节相同。Gove表示政府监管措施，用近三年上市公司是否被证监会或沪、深两市交易所实施过监管措施衡量（陈工孟和高宁，2005；李莉，2012），实施过取 1，反之取 0。根据现有文献（谭燕等，2016；杨婧和郑石桥，2017；尹律等，2019；杨婧和许晨曦，2020），Owner 表示控股股东性质，国有控股上市公司取 1，反之取 0。选取控制变量集 X，包括股权结构（H10）、两职合一（Combina）、外部审计会计师事务所规模（Big12）、是否有融资需求（SEO）、规模（Size）、债务权益比（Debt）等指标。$\sum$ ind 表示行业固定效应，$\sum$ region 表示地区固定效应。根据假设，若 $a_1 > 0$ 且显著，则表示内控缺陷认定标准与政府监管正相关，假设 1 成立；若 $a_2 > 0$ 且显著，则表示内控缺陷认定标准与政府监管之间的效应，在非国有控股上市公司更明显，假设 2 成立。模型 1 和模型 2 均在控制行业固定效应和地区固定效应的基础上采用混合 OSL 法进行估计。其中，行业固定效应通过加入 16 个行业门类和 70 个细分次类，从 1 至 70 依次赋值加以控制。地区固定效应通过加入 31 个省份的虚拟变量来衡量。相关变量的详细界定见表 7-14。

表7-14　　　　　　　　　　**变量定义**

变量	变量代码	含义及计算方法
内控缺陷认定标准	DEFI	根据财务指标和百分比计算出的最小重要性水平绝对值
政府监管	Gove	被采取过监管措施取 1，否则取 0
控股股东性质	Owner	国有控股企业取 1，否则取 0
股权结构	H10	上市公司前十大股东持股比例的平方和
两职合一	Combina	董事长和总经理是两职合一取 1，否则取 0
外部审计会计师事务所规模	Big12	审计鉴证由前十二大会计师事务所承担取 1，否则取 0
是否有融资需求	SEO	上市公司有融资需求取 1，否则取 0
规模	Size	员工人数的对数
债务权益比	Debt	债务资本÷所有者权益

7.3.3 样本选取与数据来源

见第5章第4节。

7.3.4 实证检验与结果分析

1）主要变量的描述性统计

表7-15是描述性统计结果，内控缺陷认定标准（DEFI）的均值和标准差分别是16.7083和1.4668，表明样本公司的内控缺陷认定标准存在较大差异；政府监管（Gove）的均值和标准差分别为0.3184和0.4660，且其四分之一分位数和二分之一分位数均为零，表明被监管机构执行过监管措施的样本公司占比不超过50%；其他指标比例均与相关研究近似。

表7-15 描述性统计分析

变量名称	样本数	均值	中位数	标准差	最小值	最大值	百分位数		
							四分之一分位	二分之一分位	四分之三分位
DEFI	1652	16.7083	16.6905	1.4668	10.5757	24.1747	15.7994	16.6905	17.6511
Gove	1652	0.3184	0.0000	0.4660	0.0000	1.0000	0.0000	0.0000	1.0000
Owner	1652	0.2924	0.0000	0.4550	0.0000	1.0000	0.0000	0.0000	1.0000
H10	1652	0.1435	0.1189	0.1049	0.0038	1.1492	0.0663	0.1189	0.1907
Combina	1652	0.2990	0.0000	0.4580	0.0000	1.0000	0.0000	0.0000	1.0000
Big12	1652	0.6955	1.0000	0.4603	0.0000	1.0000	0.0000	1.0000	1.0000
SEO	1652	0.0654	0.0000	0.2473	0.0000	1.0000	0.0000	0.0000	0.0000
Size	1652	7.8019	7.7068	1.2028	4.4543	12.5555	7.0003	7.7068	8.5352
Debt	1652	0.2712	0.0759	1.9432	0.0000	76.8479	0.0177	0.0759	0.2327

2）初步验证

各变量间的Pearson相关性分析系数见表7-16。政府监管（Gove）在5%的水平上与内控缺陷认定标准相关，所有权性质（Owner）在1%的水平上与内控缺陷认定标准显著相关，初步验证了相关假设。表7-16还显示，模型所涉及的各解释变量之间相关性系数的绝对值均不超过0.3，可以认为模型不存在多重共线性问题，各变量可放入同一模型进行回归分析。

表7-16 主要变量的相关系数矩阵

	DEFI	Gove	Owner	H10	Combina	Big12	SEO	Size	Debt
DEFI	1.0000	−0.043**	0.159***	0.270***	0.202**	0.264***	0.085***	0.042***	0.222***
Gove		1.0000	−0.040	0.002	−0.072**	−0.024	−0.009	−0.046	0.009
Owner			1.0000	0.211***	0.201***	0.102***	−0.072**	0.110***	0.156***
H10				1.0000	0.076*	0.151***	−0.081***	0.199***	0.007
Combina					1.0000	0.163**	−0.012	0.162***	0.188**
Big12						1.0000	−0.056***	0.281***	0.122***
SEO							1.0000	0.022	0.044
Size								1.0000	0.192***
Debt									1.0000

注：*、**和***分别表示在10%、5%和1%水平上显著。

表7-17是基于方程（1）的估计结果。列（1）仅控制了行业效应，未控制地区效应；从列（1）的估计结果可以发现，政府监管（Gove）的估计系数为−0.9532，且在5%的水平上显著。列（2）在列（1）的基础上控制了年度固定效应，结果发现假设1仍然成立。列（3）在列（2）的基础上，控制了地区固定效应，结果发现政府监管（Gove）的估计系数为−0.8822，且在5%的水平上显著。说明政府监管对上市公司的内控缺陷认定标准是具有积极影响的。上述分析初步表明，假设1是成立的。为了验证假设2，列（4）在列（3）的基础上，控制了企业的所有制变量（Owner），并加入了交互项，结果发现该所有制变量和交互项的系数分别为0.2669和−0.2657，且分别在5%的水平上显著，说明政府监管对内控缺陷认定标准的效应在国有控股上市公司中更明显。回归结果初步表明，假设2也是成立的。将所有变量纳入回归后，主要变量的回归系数没有发生实质性变化，表明回归结果具有稳健性。

表7-17 基准回归

因变量	DEFI			
模型	（1）	（2）	（3）	（4）
Gove	−0.9532**	−0.9402**	−0.8822**	−0.8076**
	（−0.53）	（−0.50）	（−0.48）	（−0.51）
Owner				0.2669**
				（2.12）
Gove*Owner				−0.2657**
				（2.11）
H10	2.3356***	2.3478***	2.1273***	2.2222***
	（5.45）	（5.22）	（4.95）	（5.03）
Combina	0.5301	0.5213	0.4999	0.5001
	（2.40）	（2.20）	（2.03）	（1.90）
Big12	0.4631***	0.4527***	0.4255***	0.4343***
	（3.02）	（2.97）	（3.12）	（3.10）
SEO	0.4762***	0.4757***	0.4177***	0.4149**
	（3.05）	（3.04）	（2.69）	（2.64）
Size	0.0002***	0.00002***	0.00001***	0.00001***
	（7.53）	（7.53）	（3.88）	（3.63）
Debt	1.1219***	1.1257***	0.8191***	0.7257***
	（4.00）	（4.02）	（2.91）	（2.50）
行业效应	Yes	Yes	Yes	Yes
年度效应	No	Yes	Yes	Yes
地区效应	No	No	Yes	Yes
N	1 652	1 652	1 652	1 652
F值	23.70***	23.73***	19.82***	12.16***
Adj_R^2	0.2493	0.2496	0.2397	0.2522

注：*、**和***分别表示在10%、5%和1%水平上显著，括号内为稳健性标准误差。

第 7 章　内部控制缺陷认定标准的环境影响因素分析

3) 稳健性检验

表 7-18 是稳健性检验的估计结果，首先，列（1）和列（2）用资产总额与相应百分比乘积的对数，代替之前检验中的内控缺陷认定标准并进行稳健性检验，估计结果没有实质性变化。列（3）和列（4）用法制环境代替之前检验中的政府监管指标，这里的法制环境指标参考邵传林（2015）的做法，用《中国分省份市场化指数报告（2016）》中的"中介组织发育与法律"指数度量，回归结果也未发生实质性改变。此外，在之前的回归中，模型仅控制了地区固定效应对假设 1 和假设 2 的影响，但按经济社会和法律环境的发展进程，中国东、中和西部三块区域还存在较大差异。因此，为了进一步控制不可观测的地区性差异因素对回归结果的影响，列（5）和列（6）在控制地区新因素的基础上对假设 1 和假设 2 进行回归，即地区效应通过加入中部地区虚拟变量和东部地区虚拟变量来实现，结果表明，回归结果没有实质性变化。上述稳健性测试，进一步验证了假设 1 和假设 2。

表7-18　　　　　　　　　　　　稳健性检验

因变量	DEFI					
模型	（1）	（2）	（3）	（4）	（5）	（6）
Gove	−0.9702** (−0.49)		−0.9327** (−0.45)		−0.9633** (−0.42)	
Owner		0.2478** (2.21)		0.2268** (1.98)		0.2056** (2.11)
Gove*Owner		−0.2347** (2.03)		−0.2347** (2.03)		−0.2347** (2.03)
控制变量	H10、Combina、Big12、SEO、Size、Debt					
行业效应	Yes	Yes	Yes	Yes	Yes	Yes
年度效应	Yes	Yes	Yes	Yes	Yes	Yes
地区效应	Yes	Yes	Yes	Yes	Yes	Yes
N	1 317	1 317	1 652	1 652	1 652	1 652
F 值	10.63***	11.68***	12.12***	10.66***	12.11***	11.02***
Adj_R²	0.3775	0.3337	0.3397	0.4301	0.3887	0.3911

注：*、**和***分别表示在10%、5%和1%水平上显著，括号内为稳健性标准误差。

7.3.5 研究结论与建议

本部分讨论了政府监管作为环境因素对内控缺陷认定标准的影响，并进行了实证检验。实证结果表明：被政府监管机构实施过监管措施的上市公司，其内控缺陷认定标准较宽松；政府监管对内控缺陷认定标准的效应在国有控股上市公司中更明显。这一结果说明，政府监管对上市公司的内控信息披露能够产生影响，但目前的影响似乎并未达到监管的初衷。其中，主要原因是政府监管制度未与内控信息披露相关规范条文准确对接，以及政府监管力度未与资本市场环境相互协调。

▶ 第8章 ◀

研究结论与展望

　　客观的内控缺陷认定标准有利于内控信息披露质量的提升，政府监管部门为了监督上市公司的信息披露行为、维护资本市场的安全和公平，制定了一系列规章制度，企业也在不断探索向投资者提供恰当的内控信息的新途径。但目前来看，总体效果甚微，上市公司的内控缺陷认定和信息披露质量整体水平不高。学者们对其原因进行了很多有意义的探索，指出内控缺陷认定标准的制定是影响内控缺陷信息披露的主要因素。本书通过系统梳理和讨论，将内控缺陷认定标准的影响因素分为认定主体因素、认定任务因素和认定环境因素，从公司治理、股权结构、业务流程、外部审计、政府监管、行业竞争、市场化程度等视角，讨论了内控缺陷认定标准的影响因素。本章对全书进行总结，并进行研究展望。

8.1 ——————— 研究结论

　　现有关于内控缺陷认定和披露的研究都隐含了一个假设前提：上市公司的内控缺陷信息披露情况反映的是其真实的内控缺陷情况。然而，事实并非如此。由于内控缺陷信息的负面性和牵连性，因此，很多上市公司公开披露的内控缺陷信息，并不只是依赖其真实的内控缺陷，而是受到多种因素的影响，即使在内控信息强制披露的背景下，上市公司普遍存在操纵缺陷认定标准，选择性地披露内控缺陷的行为。本书规避开"披露了内控缺陷才存在内控缺陷"的前提，而是将关注环节前移，讨论内控缺陷披露的前置环节，即内控缺陷认定。以上市公司披露的内控缺陷认定标准为研究样本，考察了影响内控缺陷认定标准的三个核心要素：一是内控缺陷认定主体，包括：内控缺陷认定标准的制定者（管理层）；内控缺陷认定标准的评估者和监督者（董事会）；内控缺陷认定标准的主要内部影响者（大股东）。二是内控缺陷认定客体（或任务），这与具体的业务流程相关，不同性质和类别的业务，其内控缺陷认定标准的影响因素也各不相同。三是内控缺陷认定环境，包括内控缺陷认定标准的法律环境（政府监管）、内控缺陷认定标准的竞争环境（产品市场竞争）、内控缺陷认定标准的市场环境（市场化程度）。本书得出主要的研究结论如下：

（1）上市公司内控体系不断完善，已形成了制度、评价、鉴证、监督相结合的综合框架，其中，内控缺陷认定标准的披露在数量上和形式上均在积极向好的趋势上发展。

运用内容分析法，本书查阅并梳理了近10年我国上市公司内控信息披露情况，发现：随着相关法规制度的出台和落地，上市公司的内控缺陷认定标准呈现出三个阶段的不同特征：2008—2010年，约有60%的上市公司发布了内控自我评价报告，并在评价报告中披露了内控缺陷，没有公司对内控缺陷认定标准进行披露；2010—2013年，近90%的上市公司发布了内控自我评价报告，并在评价报告中披露了内控缺陷，约有10%的公司披露了内控缺陷认定标准；2013—2019年，超过99%的上市公司发布了内控自我评价报告，并同时披露了内控缺陷认定标准。《企业内部控制基本规范》为企业内控体系建设勾勒了基本框架，对上市公司内控自我评价和信息披露进行了初步规范，《企业内部控制配套指引》是《企业内部控制基本规范》的补充和说明，为上市公司自我评价提供了细化和明确的操作，为内控缺陷认定提供了指导和示范。上市公司内控体系的不断完善，已形成了制度、评价、鉴证、监督相结合的综合框架，自我评价报告的信息含量和质量在逐步提升，内控缺陷认定和披露仍是社会关注的热点之一。

内控信息披露不仅满足了监管部门的要求，而且以此为契机，提升内控信息质量，优化内控制度，完善企业的内部治理，从而提升企业价值。内控评价的核心内容是内控缺陷的识别和认定，内控缺陷认定标准的披露在一定程度上缓解了内控评价"黑箱"和信息不对称问题。虽然目前上市公司的内控缺陷认定标准的制定，存在机会主义行为和相机选择性行为，但在披露数量和披露形式上，仍在向积极的方向发展。

（2）由于大股东的自利动机和资本市场的不理性，因此，内控真实信息（特别是缺陷信息）的自愿披露缺乏动力，内控信息的有效需求得不到满足。

实现内控信息的有效披露至少需要两个推力：一是外部监管强有力的威慑，且能针对关键环节和实质问题实施监管；二是信息存在有效需求，能够激发披露主体的积极性和主动性。一方面，由于我国内控法规建设尚处于发展期和完善期，因此，许多方面的规定还处于框架搭建和细化中，类似内控缺陷认定标准这样细节性的问题，目前还没能找到恰当的监管途径和方法，靠"自由量裁"制定的缺陷认定标准不符合通过外部监管实现有效披露的条件。另一方面，有效的内控信息可以满足利益相关者的某些特定需求，如投资决策、融资成本等。从目前来看，由于对上市公司内控信息的质量高低、有效与否，缺乏科学的评价依据，因此，利益相关者对内控信息的依赖程度也参差不齐。披露了内控缺陷，特别是重大内控缺陷的内控评价结果，会引起公众的关注，利益相关者也会据此做出相应的经济决策。与此同时，对没有披露内控缺陷的内控评价结果，利益相关者的依赖程度尚不得而知。因此，从利益相关者的角度来看，没有披露内控缺陷不代表企业不存在内控缺陷，但披露了内控缺陷（特别是重大缺陷），则一定代表企业的内控有效性存在问题。这样一来，内控自我评价的初衷，即客观、真实地反映企业内控的有效性，没有得到体现，公众只把关注点聚焦在是否存在内控缺陷（或重大内控缺陷）上，这并没有形成对内控信息"客观真实"的有效需求。反馈到上市公司，趋利避害的做法就是不披露或降级披露内控缺陷，而这些可以通过操纵缺陷认定标准来实现。

强化监管部门对上市公司的监督作用，细化对内控信息披露的规范和要求；建立健全资本市场，完善资本市场功能，引导理性的缺陷信息反应，增加对上市公司内控信息披露的有效需求，是提高上市公司内控信息披露质量的可行途径。

（3）监管水平影响上市公司内控缺陷认定标准的制定。

政府监管程度和监管环境，是内控缺陷认定标准的重要影响因素，提升监管水平，可以有效提升内控缺陷认定标准的客观程度和信息披露质量。在对缺陷认定标准的环境影响因素进行实证分析时，本书发现，被政府监管机构实施过监管措施的上市公司，其内控缺陷认定标准较宽松；政府监管对内控缺陷认定标准的效应在国有控股上市公司中更明显。这一结果说明，政府监管对上市公司的内控信息披露能够产生影响，但目前的影响程度似乎并未达到监管的初衷，其中，政府监管制度未与内控信息披露相关规范条文准确对接，政府监管力度未与资本市场环境相互协调，是其主要原因。

（4）不同信息披露主体对内控缺陷认定标准的态度均不相同。

建立并执行有效的内控制度是董事会和管理层的职责，管理层最熟悉企业的内控体系，最有能力也最方便进行内控评价，董事会对内控自我评价报告的评估结果负责。受治理结构、设立时间等因素的影响，现阶段监事会的监督作用相对有限，只对内控缺陷认定和评价发表形式上的独立意见，董事会、管理层和大股东是影响内控缺陷认定标准的直接主体因素。实证研究发现，管理层薪酬水平越高，内控缺陷认定标准越宽松；管理层持股比例越高，内控缺陷认定标准越严格；管理层在职消费水平越高，内控缺陷认定标准越宽松；大股东持股比例越高，内控缺陷认定标准越宽松；董事会会议次数越多，内控缺陷认定标准越严格。从实证结果可以看出，基于现有研究成果的假设，基本上都得到了支持。说明关于管理层特征、大股东特征这两方面的现实情况和理论描述基本一致，加强大股东治理、制定合理的管理层激励制度、提升公司总体治理水平，都是解决内控缺陷认定标准被"操纵"问题的有效途径。

从激励机制方面来看，企业管理层团队成员能力的发挥与企业绩效息息相关，管理层的行为对内控缺陷识别和认定具有显著影响。相关规范以及能够对管理层起到激励效果的奖惩机制，驱使管理层作决策时能够更多考虑企业业绩而非自我效用。企业设计管理层的业绩目标时，除了考虑企业的治理结构、业务特点和行业类型外，还应考虑权责对等。将内控信息披露质量目标融入企业和管理层的业绩目标，真正实现个人目标与企业目标的统一性和一致性。当设计管理层薪酬机制时，企业要合理设置货币薪酬、股份激励和在职消费等不同形式激励手段的比例，明晰各种激励措施期望达到的激励目标，透明、合理、规范的薪酬体系才能够使管理层的个人长期和短期利益与企业的整体利益趋于一致。从大股东治理方面来看，随着经济转型进程加快，市场化程度提高，公众对高质量内控信息披露的需求日益迫切，但股权高度集中且市场约束机制匮乏的治理现状，导致大股东与中小股东之间的治理冲突难以化解，高质量内控信息披露缺乏支撑动力。当大股东有效治理缺失加之国有产权"所有者缺位"时，这一问题进一步加重并趋于复杂化。

要解决使用内控评价信息披露企业内容质量的问题，首先要解决的还是"大股东有效治理"这一老生常谈的问题。近几年，致力于完善公司内部治理结构的改革制度（如审计委员会和监事会制度等）都是有效的实施手段，要使其发挥预期的作用，还需要企业在观念上本着对投资者负责、自身自治自律的态度，如审计委员会作为内部治理的核心监督部门，就应担负起有效监督内部治理并聘请高质量外部审计的职责，在全公司内倡导全员参与，形成诚信、真实、合规、完整、高效的信息披露文化。除了通过完善的内部治理结构缓解代理冲突，还可以借助股东身份的调整形成监督和制衡，如鼓励机构投资者提高投资比例，一方面可以有效制衡国有股、法人股；另一方面监督包括内控信息在内的信息披露行为，从而形成非监管约束，提升信息披露质量。

（5）内控缺陷认定和信息披露程度是上市公司权衡成本和收益的结果。

现阶段资本市场的成熟度和理性化尚未完善，内控信息披露的收益没有体现也无法度量，而披露成本和负面信息的影响却显而易见。规模较大的上市公司，在作为循规守法标杆的同时，也受到监管部门更多的监管和关注，更重视自身的形象和声誉。真实的内控缺陷信息并不能帮助企业树立良好的市场形象，更不用说改善与投资者的关系，客观的内控缺陷认定和真实的信息披露并不是上市公司的最优选择。因此，激发

191

上市公司信息披露的自我服务意识，使内控信息披露的信号作用得以发挥，还需要完善资本市场建设，引导投资者做出客观评判，使优质企业能够从中获益，避免出现在信息披露过程中"劣币驱逐良币"的恶性循环。

（6）内控缺陷认定标准受地区特征的影响。

地处不同经济发展水平、法治化水平和市场化程度地区的上市公司，因为市场竞争程度、资源需求和获得、投资者诉求以及管理层业务水平等因素的不同，其内控缺陷认定标准也存在显著不同。实证研究发现，市场化程度总体水平与内控缺陷认定标准显著正相关；市场中介组织的发育程度和法律环境制度，与内控缺陷认定标准显著正相关。该研究结果表明，市场化程度总体水平较高地区的上市公司，其内控缺陷认定标准较宽松；市场中介组织的发育越完善、法律环境制度越好地区的上市公司，其内控缺陷认定标准较宽松。这可能是拥有内控缺陷认定标准"自由量裁权"的上市公司在权衡利弊之后的最优选择。企业获得银行贷款的融资成本与内控质量息息相关，大量的理论研究和企业实践均证实，内控质量较高的企业能够取得较低的融资成本，而在金融市场较为发达的地区，这一关系更为显著。理论界和实务界以是否存在内控缺陷为标准，来判断上市公司内控质量的优劣，为了避免被银行和其他投资者认为内控质量不高而导致融资成本提高，上市公司通过操纵内控缺陷认定标准，尽可能不披露内控缺陷等方式实现。而目前的监督体系尚未深入到内控缺陷认定标准这么具体的细微环节，相较披露内控缺陷会提高融资成本的现实，选择宽松的内控缺陷认定标准是企业自我保护的有效措施，在优质的法律环境制度不能充分发挥作用的情况下，这种效果又得到了强化。

客观的内控缺陷认定标准无疑能够为投资者提供更真实、准确的决策信息，但可能会给上市公司带来成本压力，成本效益既是任何以营利为目的的上市公司不可避免的决策环节，又是内控的局限性之一。因此，要摆脱这一困境，单方面地要求监管部门制定相应法规，加强监管力度是不够的，还需要整个资本市场观念的升级，对内控的信息披露，特别是内控缺陷信息的披露给予更加客观和冷静的分析，为上市公司提高信息披露质量提供更为理性和成熟的市场环境。

（7）产品市场竞争是影响内控缺陷认定标准的重要环境因素。

作为重要的外部治理机制，产品市场竞争通过竞争淘汰机制和标杆对标机制，可显著降低利益相关者的监督成本，是一种可以有效缓解代理问题、减少机会主义行为的治理机制。实证研究发现，产品市场竞争和管理层股权激励，在对内控缺陷认定标准的正向影响上，具有显著的协同作用。产品市场竞争与内部治理机制，对内控缺陷认定标准的协同影响，在国有控股上市公司中更显著。研究结论表明：内控信息披露已进入强制阶段，但由于"自由量裁权"的存在，上市公司内控缺陷认定存在机会主义行为。作为外部治理机制的产品市场竞争，尚处于"心有余而力不足"的阶段，其约束功能还只在竞争较为激烈的行业得以发挥，且对大股东治理和董事会治理的影响有限。要实现内控信息披露质量的全面提升，还有赖于内部微观治理水平和外部宏观竞争环境的同步改善。

（8）安全环保管理业务的内控缺陷认定标准受到组织机构、管理制度、信息沟通、责任落实等四个方面的任务因素影响。

调研结果显示：安全环保机构设置合规性、职责明确程度、成员构成合理性是组织机构内控缺陷认定标准的影响因素；管理制度是否符合国家、行业、两级公司有关安全环保法律法规、标准规范的要求，管理制度是否覆盖安全环保风险管控范围，管理制度的制定是否具有合理性、科学性、可操作性以及落实过程中的可追溯性、可考核性是管理制度内控缺陷认定标准的影响因素。信息沟通方面的内控缺陷认定标准影响因素包括：信息传递流程、命令链、报告链、横向沟通链等方面；责任落实方面的内控缺陷认定标准影响因素可以总结为13个重要事项，包括：年度安全环保工作计划和目标；安全生产责任制；危险源辨识、风险评估和风险控制；岗位标准作业流程管理机制；承包商管理；安全、消防、职业健康和环保"三同时"；变更管理程序；安全生产费用；安全环保检查制度；安全环保事故（事件）调查和处理；安全环保未遂事件；突发事件的应急预案体系；安全环保考核和奖惩机制。

8.2 —————研究不足和未来研究方向—————

本研究以进入内控信息强制披露阶段的中国上市公司为研究对象，深入考察认定主体因素、认定任务因素和认定环境因素对内控缺陷认定标准的影响，得出了一些有意义的研究结论和政策建议。与此同时，限于时间、精力和能力，以及一些客观因素的限制，本书也存在一些缺憾，亟待后续研究做进一步拓展。

1）样本取样和计量

受制于信息处理和量化的局限，本书的内控缺陷认定标准仅限于财务报告内控缺陷认定定量标准，这种情况可能导致本书对内控缺陷认定标准的影响因素只窥到了"冰山一角"，因而在后续的研究中，可以对这一影响因素的内容和计量做进一步充实和完善。

2）因素选择

内控缺陷认定标准的制定过程类似一个"黑箱"，其影响因素颇为复杂，虽然根据前人的研究和现有文献构建起的影响因素理论框架和回归方程具有一定的解释力和说服力，但模型中的自变量对因变量的解释能力有强有弱，仍有众多影响因素需要纳入研究框架给予进一步考虑和分析。本书对内控缺陷认定标准的影响因素予以实证分析而建立的多元回归模型和结构方程，还处于尝试和探索阶段，后期还有待深入，以进一步提高理论框架的全面性和实证模型的解释力。

3）任务因素

安全环保管理业务如同管理实践中的沧海一粟，本书选取其作为讨论内控缺陷认定标准任务影响因素的主要内容，也是限于内控缺陷认定标准的特殊性和专属性，并没有准确勾勒出任务因素对内控缺陷认定标准影响的整体轮廓。因此，在后续研究中还需进一步扩大内控对象的业务涵盖范围，总结任务因素影响过程中的规律和特点，进而完善内控缺陷认定标准影响因素的理论框架。

4）环境因素

市场化程度是一个地区发展的经济环境基调，影响着地方经济政策、政府对公司的干扰程度、产品市场竞争、资本结构以及经理人的市场竞争等。我国处于市场经济转轨时期，各个地区的市场化程度受地理位置、文化传统、人口结构、地方政策等多方面影响，处于不同地区的上市公司信息披露情况也不尽相同。遗憾的是，目前国内相关的研究还不多见，未来可以从市场监管、融资成本、中介机构等更多方面，探讨内控缺陷认定标准的影响因素，为理论研究提供更全面的学术认知，为实务操作提供更具体的证据参考。

主要参考文献

[1] KENL, BECHMANN A. A Survey of Corporate Governance [J]. The Journal of Finance, 1997, 52 (2): 737-783.

[2] JEAN C B, LYNFORD G. Detection and Severity Classifications of Sarbanes-Oxley Section 404 Internal Control Deficiencies [J]. The Accounting Review, 2011, 86 (3): 825-855.

[3] BECKER C.The Effect of Audit Quality on Earnings Management [J]. Contemporary Accounting Research, 1998, 15 (1): 1-24.

[4] 曹裕. 产品市场竞争、控股股东倾向和公司现金股利政策 [J]. 中国管理科学, 2014, 22 (3): 141-148.

[5] 陈冬华, 梁上坤, 蒋德权. 不同市场化进程下高管激励契约的成本与选择: 货币薪酬与在职消费 [J]. 会计研究, 2010 (11): 56-64.

[6] 陈凌云, 李宇立. 企业内部控制评价: 基于管理层和审计师的博弈分析 [J]. 江西财经大学学报, 2010 (1): 27-33.

[7] 陈汉文, 周中胜. 内部控制质量与企业债务融资成本 [J]. 南开管理评论, 2014, 17 (3): 103-111.

[8] 陈若晴.内部控制信息披露的历史演进和研究展望 [J]. 会计之友, 2010 (11): 42-44.

[9] 陈信元, 夏立军. 审计任期与审计质量: 来自中国证券市场的经验证据 [J]. 会计研究, 2006 (1): 44-53.

[10] 陈工孟, 高宁. 我国证券监管有

效性的实证研究［J］.管理世界，2005（7）：40-47.

［11］陈武朝.在美上市公司内部控制重大缺陷认定、披露及对我国企业的借鉴［J］.审计研究，2012（1）：103-109.

［12］程新生，谭有超，廖梦颖.强制披露、盈余质量与市场化进程——基于制度互补性的分析［J］.财经研究，2011，37（2）：60-71.

［13］醋卫华，李培功.媒体监督公司治理的实证研究［J］.南开管理评论，2012，15（1）：33-42.

［14］池国华，张传财，韩洪灵.内部控制缺陷信息披露对个人投资者风险认知的影响：一项实验研究［J］.审计研究，2012（2）：105-112.

［15］崔志娟.规范内部控制的思路与政策研究——基于内部控制信息披露"动机选择"视角的分析［J］.会计研究，2011（11）：52-56.

［16］CHOI J，CHANSOG F，KIM J.Audit Office Size，Audit Quality，and Audit Pricing［J］.Auditing：A Journal of Practice & Theory，2010，29（1）：73-97.

［17］迪博企业风险管理技术有限公司.中国上市公司2015年内部控制白皮书［N］.证券时报，2015-06-09.

［18］迪博企业风险管理技术有限公司.中国上市公司2016年内部控制白皮书［N］.证券时报，2016-07-14.

［19］迪博企业风险管理技术有限公司.中国上市公司2017年内部控制白皮书［N］.证券时报，2017-07-04.

［20］丁友刚，王永超.上市公司内部控制缺陷认定标准研究［J］.会计研究，2013（12）：79-85.

［21］董卉娜，朱志雄.审计委员会特征对上市公司内部控制缺陷的影响［J］.山西财经大学学报，2012，34（1）：114-124.

［22］董美霞.我国企业内部控制评价研究［D］.大连：东北财经大学，2009.

［23］EARLEY C E，HOFFMAN V B，JOE J R.Reducing Management's Influence on Auditors'Judgments：An Experimental Investigation of SOX 404 Assessments［J］.The Accounting Review，2008，83（6）：1461-1485.

［24］樊纲，王小鲁，张立文，等.中国各地区市场化相对进程报告［J］.

经济研究，2003（3）：9-18.

　　［25］樊纲，王小鲁，马光荣.中国市场化进程对经济增长的贡献［J］.经济研究，2011，46（9）：4-16.

　　［26］方军雄，向晓曦.外部监管、制度环境与信息披露质量——基于中小企业板上市公司的证据［J］.证券市场导报，2009（11）：58-63.

　　［27］方军雄.市场化进程与资本配置效率的改善［J］.经济研究，2006（5）：50-61.

　　［28］FAMA E F，JENSEN M C.Separation of Ownership and Control［J］.Journal of Law and Economics，1983，26（2）：301-325.

　　［29］FEE C E，HADLOCK C J.Management Turnover and Product Market Competition：Empirical Evidence from the US Newspaper Industry［J］.The Journal of Business，2000，73（2）：205-243.

　　［30］FINKELSTEIN S，HAMBRICK D.Strategic Leadership：Top Executives and their Effect on Organizations［M］.Eagan：West Publishing Company，1996.

　　［31］FINKELSTEIN S.Power in Top Management Teams：Dimensions，Measurement and Validation［J］.The Academy of Management Journal，1999，35（3）：505-538.

　　［32］FRANCIS J R，WANG D.The Joint Effect of Investor Protection and Big 4 Audits on Earnings Quality around the World［J］.Contemporary Accounting Research，2008，25（1）：157-191.

　　［33］盖地，盛常艳.内部控制缺陷及其修正对审计收费的影响——来自中国 A 股上市公司的数据［J］.审计与经济研究，2013，28（3）：21-27.

　　［34］郭军.企业内部控制缺陷影响因素研究——基于高管权力视角［D］.天津：天津大学，2015.

　　［35］黄蕾.产品市场竞争、董事会治理与上市公司信息披露质量［J］.财经理论与实践，2013，34（2）：83-87.

　　［36］姜付秀，黄继承.市场化进程与资本结构动态调整［J］.管理世界，2011（3）：124-134.

[37] 蒋荣, 陈丽蓉. 产品市场竞争治理效应的实证研究: 基于CEO变更的视角 [J]. 经济科学, 2007 (2): 102-111.

[38] SILKE I J, JENS K, JOACHIM K W. Product Market Competition, Corporate Government and Firm Performance: An Empirical Analysis for Germany [J]. Research in Economics, 2002, 56 (3): 299-332.

[39] JENSEN M C, MECKLING W H. Theory of the Firm: Managerial Behavior, Agency Costs and Ownership Structure [J]. Journal of Financial Economics, 1976, 3 (4): 305-360.

[40] 李凤鸣, 韩晓梅. 内部控制理论的历史演进与未来展望 [J]. 审计与经济研究, 2001 (4): 3-8.

[41] 李莉. 会计信息披露违规处罚有效性研究 [D]. 武汉: 武汉大学, 2012.

[42] 李红琨. 我国上市公司独立董事制度研究 [D]. 成都: 西南财经大学, 2009.

[43] 李慧云, 刘镝. 市场化进程、自愿性信息披露和权益资本成本 [J]. 会计研究, 2016 (1): 71-78.

[44] 李庆. 企业管理层特征对内部控制信息披露质量的影响研究 [D]. 南昌: 江西财经大学, 2015.

[45] 李庆玲. 董事会类型、会计专长与内部控制缺陷认定标准 [D]. 武汉: 中南财经政法大学, 2014.

[46] 李馨弘. 内部控制信息披露影响因素的实证研究 [D]. 杭州: 浙江大学, 2007.

[47] 李文贵, 余明桂. 所有权性质、市场化进程与企业风险承担 [J]. 中国工业经济, 2012 (12): 115-127.

[48] 李越冬, 张冬, 刘伟伟. 内部控制重大缺陷、产权性质与审计定价 [J]. 审计研究, 2014 (2): 45-52.

[49] 李宇立. 内部控制缺陷识别与认定的技术路线——基于管理层视角的分析 [J]. 中南财经政法大学学报, 2012 (3): 113-119.

[50] 李颖琦, 陈春华, 俞俊利. 我国上市公司内部控制评价信息披

露：问题与改进——来自2011年内部控制评价报告的证据［J］．会计研究，2013（8）：62-68.

［51］赖建清，李常青，谢志峰．公司董事会特征与绩效研究综述［J］．当代财经，2004（8）：74-77.

［52］赖一锋．企业内部控制缺陷认定标准及实践方法探析［N］．中国会计报，2012（15）：1-2.

［53］廖高玲．企业内部控制缺陷认定框架设计［J］．会计师，2013（13）：60-61.

［54］LENNOX C. Audit Quality and Auditor Size：An Evaluation of Reputation and Deep Pockets Hypotheses［J］．Journal of Business Finance &Accounting，1999，26（7）：779-805.

［55］林斌，饶静．上市公司为什么自愿披露内部控制鉴证报告？——基于信号传递理论的实证研究［J］．会计研究，2009（2）：45-52.

［56］林斌，刘春丽，舒伟，等．中国上市公司内部控制缺陷披露研究——数据分析与政策建议［J］．会计之友，2012（25）：9-16.

［57］林野荫．内部控制缺陷、公司价值与债务资本成本研究［D］．天津：天津财经大学，2014.

［58］刘建伟，郑瞳．内部控制缺陷概念、分类与认定［J］．财会月刊，2012（34）：74-75.

［59］刘明辉．内部控制鉴证：争论与选择［J］．会计研究，2010（9）：43-50.

［60］刘峰，谢斌，黄宇明．规模与审计质量：店大欺客与客大欺店？——基于香港市场大陆上市公司的经验数据［J］．审计研究，2009（3）：45-54.

［61］刘峰，周福源．国际四大意味着高审计质量吗——基于会计稳健性角度的检验［J］．会计研究，2007（3）：79-87.

［62］刘焱，姚海鑫．高管权力、审计委员会专业性与内部控制缺陷［J］．南开管理评论，2014，17（2）：4-12.

［63］刘亚莉，马晓燕，胡志颖．上市公司内部控制缺陷的披露：基

于治理特征的研究［J］. 审计与经济研究，2011，26（3）：35-43.

［64］刘月升，郑石桥. 内部控制缺陷认定标准：理论框架和例证分析［J］. 会计之友，2017（20）：116-121.

［65］刘莹莹. 国际四大所与国内大所审计质量市场认同度差异性研究［J］. 财会通讯，2012（36）：46-49.

［66］吕景胜，赵玉梅. 董事会特征对内部控制失效的影响研究——基于中国上市公司的数据分析［J］. 中国软科学，2016（5）：93-106.

［67］LVS W. Law Suits Against Auditors［J］. Journal of Accounting Research，1994，5（32）：65-93.

［68］彭凡. 内部控制缺陷的分类与认定［J］. 现代审计与经济，2015（4）：33-34.

［69］PELLED L H. emographic Diversity Conflict and Work Group Outcomes：An Intervening Process Theory［J］. Organization Science，1996，7（6）：615-631.

［70］权小锋，吴世农，文芳. 管理层权力、私有收益与薪酬操纵［J］. 经济研究，2010（11）：73-86.

［71］齐保垒，田高良. 财务报告内部控制缺陷披露影响因素研究——基于深市上市公司的实证分析［J］. 山西财经大学学报，2010，32（4）：114-120.

［72］齐保垒，田高良，李留闯. 上市公司内部控制缺陷与财务报告信息质量［J］. 管理科学. 2010，23（4）：38-47.

［73］施赟，蒋华林，徐玉琳. 内部控制缺陷认定标准研究［J］. 财会月刊，2019（7）：38-43.

［74］沈向光. 中国上市公司控股大股东代理问题研究［D］. 秦皇岛：燕山大学，2013.

［75］邵传林. 法治环境、所有制差异与债务融资成本——来自中国工业企业的微观证据［J］. 浙江社会科学，2015（9）：19-31.

［76］宋京津. 内部控制信息披露问题研究——一个分析框架［D］. 南昌：江西财经大学，2010.

［77］宋绍清. 中国上市公司内部控制信息披露制度性研究［D］. 武

汉：华中科技大学，2008．

[78] 宋增基，卢溢洪，张宗益．董事会规模、内生性与公司绩效研究 [J]．管理学报，2009，6（2）：213-221．

[79] SHLEIFER A，VISHAY R.A Survey of Corporate Governance [J]. Journal of Finance，1997，52（2）：737-783．

[80] 谭燕，施赟，吴静．董事会可以随意确定内部控制缺陷定量认定标准吗？——来自A股上市公司的经验证据 [J]．会计研究，2016（10）：70-77．

[81] 谭云清，刘志刚，朱荣林．产品市场竞争、管理者激励与公司绩效的理论与实证 [J]．上海交通大学学报，2008（11）：1823-1826．

[82] 唐松，杨勇，孙铮．金融发展、债务治理与公司价值——来自中国上市公司的经验证据 [J]．财经研究，2009，35（6）：4-16．

[83] 田高良，齐保垒，李留闯．基于财务报告的内部控制缺陷披露影响因素研究 [J]．南开管理评论，2010，13（4）：134-141．

[84] 田娟，余玉苗．内部控制缺陷识别与认定中存在的问题与对策 [J]．管理世界，2012（6）：180-181．

[85] 王慧芳．上市公司内部控制缺陷认定：困境破解及框架构建 [J]．审计研究，2011（2）：71-76．

[86] 王慧芳．内部控制缺陷认定：现状、困境及基本框架重构 [J]．会计研究，2011（8）：61-67．

[87] 王玲玲．利益相关者对上市公司内部控制缺陷影响的实证研究 [D]．武汉：华中科技大学，2013．

[88] 王俊．上市公司内部控制缺陷定量标准及其变更：含义与后果 [D]．北京：中央财经大学，2018．

[89] 王文杰．上市公司内部控制信息披露质量研究 [D]．大连：东北财经大学，2011．

[90] 王曾瑜，贾芳芳．宋代地方与中央之关系问题研究 [J]．西北大学学报，2008（5）：96-101．

[91] 王小鲁，樊纲，余静文．中国分省份市场化指数报告（2016）[M]．北京：社会科学文献出版社，2016．

［92］王曾瑜. 回眸中国古代地方政治的贪腐与黑暗［J］. 史学集刊，2011（1）：3-19.

［93］吴育辉，吴世农. 高管薪酬：激励还是自利？——来自中国公司的证据［J］. 会计研究，2010（11）：40-48.

［94］吴寿元. 企业内部控制审计研究［D］. 北京：中国财政科学研究院，2012.

［95］WATTS R L，ZIMMERMAN J L.Positive Accounting Theory［M］. New Jersey：Prentice Hall，1986.

［96］吴联生，刘慧龙. 中国审计实证研究：1999—2007［J］. 审计研究，2008（3）：36-46.

［97］吴昊旻，王华. 代理冲突及其制度渊源、事务所规模与审计质量［J］. 审计研究，2010（5）：68-72.

［98］席龙胜. 内部控制信息披露管制研究［D］. 青岛：中国海洋大学，2013.

［99］谢凡，施赟，舒伟. 财务报告内部控制缺陷定量认定标准能否抑制代理成本？［J］. 审计研究，2018（5）：121-128.

［100］辛清泉，谭伟强. 市场化改革、企业业绩与国有企业经理薪酬［J］. 经济研究，2009，44（11）：68-81.

［101］许宁宁. 内部控制信息披露违规的动因、经济后果与预警研究［D］. 天津：天津大学，2014.

［102］许江波，白喆. 内部控制有效性、市场化程度与僵尸企业脱困［J］. 财会月刊，2020（14）：114-121.

［103］薛爽，蒋义宏. 会计信息披露时机与内幕交易——基于年报首季报披露时差与异常超额交易量的实证研究［J］. 中国会计评论，2008（6）：207-222.

［104］严也舟. 上市公司大股东—管理者合谋与公司治理效率研究［D］. 武汉：华中科技大学，2010.

［105］严也舟，袁迪. 法治环境、政府干预与董事会独立性的关系［J］. 财会月刊，2009（30）：25-27.

［106］杨有红，李宇立. 内部控制缺陷的识别、认定与报告［J］. 会

计研究，2011（3）：76-80.

[107] 杨有红，何玉润，王茂林. 市场化程度、法律环境与企业内部控制自我评估报告的披露——基于沪市 A 股上市公司的数据分析 [J]. 上海立信会计学院学报，2011，25（1）：9-16.

[108] 杨清香，俞麟，宋丽. 内部控制信息披露与市场反应研究——来自中国沪市上市公司的经验证据 [J]. 南开管理评论，2012，15（1）：123-130.

[109] 杨兴全，吴昱昊. 行业特征、产品市场竞争与公司现金持有量——来自中国上市公司的经验证据 [J]. 经济评论，2009（1）：69-76.

[110] 杨婧，郑石桥. 上市公司内部控制缺陷认定标准的行业异质性研究 [J]. 当代财经，2017（3）：117-125.

[111] 杨婧，许晨曦. 产品市场竞争、内部治理与内部控制缺陷认定标准 [J]. 会计研究，2020（6）：158-170.

[112] 杨程程. 企业内部控制缺陷选择性披露的影响因素与披露成本 [D]. 北京：北京交通大学，2016.

[113] 杨玉凤. 内部控制信息披露：国内外文献综述 [J]. 审计研究，2007（4）：74-78.

[114] 杨玉凤. 上市公司内部控制信息披露研究 [D]. 徐州：中国矿业大学，2009.

[115] 姚刚. 内部控制审计制度研究：一种新的内部控制审计观及其实现 [D]. 北京：中国财政科学研究院，2012.

[116] 伊志宏，李艳丽，高伟. 市场化进程、机构投资者与薪酬激励 [J]. 经济理论与经济管理，2011（10）：75-84.

[117] 尹律，徐光华，易朝晖. 环境敏感性、产品市场竞争和内部控制缺陷认定标准披露质量 [J]. 会计研究，2017（2）：69-75.

[118] 尹律. 盈余管理和内部控制缺陷认定标准披露——基于强制性内部控制评价报告披露的实证研究 [J]. 审计研究，2016（4）：83-89.

[119] 伊志宏，姜付秀，秦义虎. 产品市场竞争、公司治理与信息披露质量 [J]. 管理世界，2010（1）：133-141.

[120] 于东智，池国华. 董事会规模、稳定性与公司绩效：理论与经

验分析 [J]. 经济研究，2004（4）：70-79.

[121] 于忠泊，田高良. 内部控制评价报告真的有用吗——基于会计信息质量、资源配置效率视角的研究 [J]. 山西财经大学学报，2009，31（10）：110-118.

[122] 原红旗，李海建. 会计师事务所组织形式、规模与审计质量 [J]. 审计研究，2003（1）：32-37.

[123] 袁敏. 财务报表重述与财务报告内部控制评价——基于戴尔公司案例的分析 [J]. 会计研究，2012（4）：28-35.

[124] 张莉. 关于内部控制缺陷判断一致性的审计实验 [J]. 财会月刊，2011（33）：71-73.

[125] 张瑶. 上市公司内部控制信息披露质量研究 [D]. 北京：北京交通大学，2015.

[126] 张立萍. 内部控制缺陷认定中存在的问题及对策 [J]. 中国内部审计，2011（2）：48-49.

[127] 张黎焱. 上市公司内部控制评价研究 [D]. 北京：中国财政科学研究院，2010.

[128] 张霖琳，刘峰，蔡贵龙. 监管独立性、市场化进程与国企高管晋升机制的执行效果——基于2003—2012年国企高管职位变更的数据 [J]. 管理世界，2015（10）：117-131.

[129] 张阳. 中国上市公司董事会特征与内部控制有效性的相关性研究 [D]. 西安：西北大学，2013.

[130] 张振新，杜光文，王振山. 监事会、董事会特征与信息披露质量 [J]. 财经问题研究，2011（10）：60-67.

[131] 郑石桥. 内部控制缺陷判断差异：基于管理层和外部审计师视角 [J]. 会计之友，2017（21）：126-131.

[132] 郑石桥. 内部控制缺陷识别和认定：概念和逻辑框架 [J]. 会计之友，2017（18）：119-124.

[133] 赵息，许宁宁. 管理层权力、机会主义动机与内部控制缺陷信息披露 [J]. 审计研究，2013（4）：101-109.

[134] 赵息，路晓颖. 上市公司内控信息披露与政府监管的有效

性——基于信息不对称理论的博弈分析［J］．山西财经大学学报，2010，32（4）：33-38.

［135］赵建凤．上市公司股权结构对内部控制有效性的影响研究［D］．北京：首都经济贸易大学，2013.

［136］黄珺，周春娜．股权结构、管理层行为对环境信息披露影响的实证研究——来自沪市重污染行业的经验证据［J］．中国软科学，2012（1）：133-143.

［137］朱红军，夏立军，陈信元．转型经济中审计市场的需求特征研究［J］．审计研究，2004（5）：53-62.